Carolyn Haines
Das Mädchen im Fluss

Carolyn Haines

Das Mädchen
im Fluss

Aus dem Amerikanischen von
Karl-Heinz Ebnet

Titel der amerikanischen Originalausgabe: »Penumbra«
Für die Originalausgabe ©2006 by Carolyn Haines
Published by arrangement with St. Patrick's Press, New York

Genehmigte Lizenzausgabe für Barton Verlag,
ein Imprint der Velbrück GmbH Bücher & Medien
Meckenheimer Straße 47, 53919 Weilerswist-Metternich

Das Werk einschließlich aller seiner Teile ist urheberrechtlich
geschützt. Es ist nicht gestattet, Texte dieses Buches zu digitalisieren,
auf PCs, CDs oder andere Datenträger zu speichern
oder auf Computern zu verändern oder einzeln oder zusammen mit
anderen Texten wiederzugeben
(original oder in manipulierter Form),
es sei denn mit schriftlicher Genehmigung des Verlages.

Alle Rechte vorbehalten
Printed in Germany

Für
Rebecca Barrett
und Jan Zimlich

1

Staubwolken wirbelten auf, als das schwarze Cadillac-Cabrio den Sandweg entlangraste. Der geschwungene Wagen verschwand hinter einer Ansammlung von dunklen Kiefern, die der Landschaft etwas unerklärlich Ödes verliehen. Neben dem Weg, auf einer von der gleißenden Sonne versengten Wiese, weidete ein altes Maultier; aus dem Schatten einer klapprigen Scheune ertönte das Muhen einer Kuh. Der Wagen, nicht mehr als eine flüchtige Erscheinung, jagte daran vorbei, nur sich setzender Staub und der Geruch von versengter Erde blieben zurück.

Hinter dem Steuer schob Marlena Bramlett die dunkle Sonnenbrille etwas höher. Ein weißer Schal schützte ihre Frisur, lediglich einige mit Haarspray befestigte Locken fielen ihr in die Stirn. Die Abnäher ihrer rot-weiß gestreiften Bluse betonten die schmale Taille. Ihr Profil erinnerte an die Gallionsfigur eines Schiffes.

Neben ihr auf der Mitte des Sitzes stand ein sechsjähriges Mädchen mit dem Gesicht im Fahrtwind, stürmisch flatterten seine braunen Zöpfe mit den weißen Schleifen an den Spitzen.

»Ich seh ihn!« Suzanna zeigte nach vorn. Ihre Kinderstimme überschlug sich vor Aufregung. »Er ist da. Er wartet auf uns.«

»Setz dich«, sagte Marlena. »Du benimmst dich ja wie eine Wilde.«

»Ob er Oliven hat? Die mit den roten Dingern in der Mitte?«
Suzanna hüpfte auf dem Sitz auf und ab.

»Ich weiß es nicht.« Marlena strich sich mit dem Handrücken über die Stirn und glättete ihre blonden, erst vor einer
halben Stunde so mühevoll hindrapierten Locken.

»Big Johnny wohnt am roten Weg, und er riecht nach Schokolade«, sagte Suzanna.

»Er *schenkt* dir Schokolade«, korrigierte Marlena sie. »Und
er hält dich für ziemlich schlau. Aber das ist unser Geheimnis,
vergiss das nicht. Wenn du es irgendjemandem verrätst, darfst
du nicht mehr mit.« Schatten fielen über den Wagen, als sie in
ein dichtes Kieferngehölz fuhren. Der Weg verengte sich, die
Räder wühlten Sand auf.

»Ich werde nichts verraten.« Gekränkt sah Suzanna zu ihrer Mutter. »Ich erzähl nie was über dich.«

Marlena brachte den Wagen zum Stehen. Sie zog ihre Tochter an sich. »Ich weiß, dass du nichts erzählst. Du hast mich
doch am meisten lieb.« Sie küsste Suzanna auf die Wange und
wischte ihr den feinen Staub von der Haut. »Wenn ich dir nicht
trauen könnte, würde ich dich nicht mitnehmen. Aber jetzt
wollen wir uns doch mal vergewissern, ob wir auch gut aussehen.« Sie drehte den Rückspiegel zu sich und betrachtete
ihren rubinroten Lippenstiftmund.

»Hält Big Johnny mich wirklich für schlau?« Suzanna
drehte beide Zöpfe ineinander. »Er sagt, dass ich hübsch bin,
genau wie du.«

»Tut er das?« Marlena sah zu dem Mann, der im Schatten
seines Wagens kaum zu erkennen war. Langsam fuhr sie an
den zweifarbigen Chevy heran und blieb parallel zu ihm stehen. Der Mann hinter dem Steuer war groß, er hatte schwarzes, mit Brylcreme nach hinten gekämmtes Haar, sein weißes
Hemd stand am Kragen offen. Schlank und braun gebrannt
lag die Hand an der Fensterscheibe; die Nägel waren sauber

geschnitten, kein Ring. Rhythmisch trommelte er mit einem Finger gegen die Tür.

»Du kommst zu spät.«

»Ich konnte nicht weg. Lucas hat jemanden zum Essen mitgebracht.«

Suzanna spürte die Spannung zwischen den beiden Erwachsenen. Big Johnny war wütend, er wirkte erhitzt, innerlich wie äußerlich. Seine gebräunte Haut glänzte vor Schweiß, in seinen schwarzen Augen lag ein brennender Blick. Noch Tage danach war ihre Mutter völlig durcheinander, wenn sich Johnny ihr gegenüber wieder einmal scheußlich benommen hatte.

»Ich kann bis hundert zählen«, sagte Suzanna.

»Tut mir leid, dass es so spät geworden ist«, sagte Marlena. »Es ging nicht früher.«

»Wir haben Eistee dabei«, sagte Suzanna. Big Johnny liebte Eistee. Sie hielt den schweren Krug hoch. Zitronen trieben auf der Oberfläche, Eiswürfel schlugen gegen das Glas. »Ich hab auch Gläser. Und Mama hat mir Würmer ausgegraben.« Jetzt endlich hatte sie Big Johnnys Aufmerksamkeit.

»Du hast Würmer mitgebracht?« Er klang aufgesetzt fröhlich. »Würmer für Susie-Belle-Ring-o-ling?« Big Johnny stieg aus, auf den Lippen ein angestrengtes Lächeln. In der Hand hielt er einen Lederbeutel. Er ging zur Beifahrertür und stieg ein. Suzanna stand zwischen den beiden Erwachsenen auf dem Sitz, und plötzlich hatte sie das Gefühl, in der Falle zu stecken. Marlena legte den Gang ein und fuhr langsam los.

»Ich hab dich vermisst«, sagte Marlena. Sie hatte die Hände am Steuer, ihr Blick war auf den Weg gerichtet, der sich vor ihnen durch den Kiefernwald schlängelte. »Wo hast du gesteckt?«

»Oben in Mendenhall und Magee, Collins und Hattiesburg. Ich hab Lews Route übernehmen müssen, er hat mit

Fieber im Bett gelegen. Ich hätte dich angerufen, aber das geht ja nicht.« Er klang verbittert. »Könnte ja sein, dass dein Mann rangeht.«

Marlena sah ihn an. Suzanna bemerkte ihren flehenden Blick. »Tut mir leid. So ist es nun mal.«

»Ich habe es satt, dass es so ist«, sagte Big Johnny leise. Er starrte vor sich hin.

Suzanna lehnte sich gegen den Sitz, an ihren Beinen spürte sie das aufgeheizte, verstaubte Leder. Sie mochte es nicht, wenn ihre Mutter und Big Johnny wütend aufeinander waren. Sie mochte es, wenn sie lachten und sich neckten, dann funkelten die blauen Augen ihrer Mutter, und sie war wunderschön und fröhlich. Wenn sie wütend waren, wich alle Freude aus ihrer Mutter, bis nur noch die harte, kalte Schale ihres Körpers übrig blieb.

»Mama sagt, wir können heute angeln gehen«, sagte Suzanna. Meistens gefiel es Big Johnny, wenn sie angeln gingen.

»Ich hab keine Zeit.« Es klang wie eine Bestrafung.

»Bitte, Johnny.« Marlena wandte sich ihm zu. »Ich hab mir was einfallen lassen müssen, damit ich für drei Stunden wegkann. Es ist schwierig, überhaupt so viel Zeit aufzubringen.«

»Es kommt mir vor, als würde ich dich mieten. Pass auf, wo du hinfährst«, blaffte er.

»Sag so was nicht.«

»Ist aber so. Ich komme mir so billig vor.« Johnny zog eine Zigarette aus der Tasche und zündete sie an. Der Fahrtwind blies den Rauch fort. Er lachte schroff. »Ist das nicht das Beste? *Ich* komme mir billig vor. Ich will mehr, Marlena.«

Es folgte ein langes Schweigen, das Suzanna wütend machte. Sie hasste Big Johnny, und sie hasste ihren Vater. Einfaltspinsel, das waren sie. Das Wort hatte sie in der Schule aufgeschnappt, und sie war mächtig stolz darauf.

Schließlich brach Marlena das Schweigen. »Mehr kann ich dir nicht geben, Johnny, im Moment jedenfalls nicht. Wenn du willst, bring ich dich zum Wagen zurück.«

Suzanna beobachtete die Mundwinkel ihrer Mutter, die winzigen Kerben in ihren Lippen und ihrer Haut. Ihr Kinn zitterte. Gleich würde ihre Mutter zu weinen anfangen. Wütend ging Suzanna auf den Mann neben sich los. »Ich hasse dich!« Sie holte mit dem Fuß aus und trat ihn in die Rippen. Er gab einen seltsamen Laut von sich und sackte nach vorn.

»Suzanna!« Marlena stieg mit voller Wucht auf die Bremse. Der Cadillac geriet ins Schleudern und stellte sich quer, die Räder blockierten, gaben ein Kreischen von sich und schlitterten durch den Sand.

»Verdammt noch mal!« Johnny beugte sich über den Sitz, packte das Lenkrad und riss es herum. Der Wagen schlingerte, richtete sich aus und kam mitten auf dem Weg zum Stehen. »Du hättest uns alle umbringen können!« Mit einem Arm hielt er Suzanna, die sich oben an der Windschutzscheibe abstützte, an den Beinen umfasst. »Sie wäre fast aus dem Wagen geflogen, hätte ich sie nicht aufgefangen.«

»Es tut mir leid … es tut mir leid.« Marlenas Kopf fiel nach vorn auf das Lenkrad. »Ich weiß nicht, warum ich überhaupt am Leben bin«, sagte sie. »Ich will sterben.«

»Mama!« Suzanna wand sich aus dem Griff des Mannes. »Mama, schon gut. Nicht weinen.« Sie drückte sich an die Schulter ihrer Mutter und spürte erneut den Zorn auf den Mann neben sich. Finster sah sie ihn an. »Mach es wieder gut«, forderte sie.

Johnny stieg aus und ging um den Wagen herum zur Fahrerseite. Marlena rutschte hinüber und lehnte sich mit dem Gesicht gegen Suzanna.

Im Flüsterton sprang der Wagen an, dann fuhr Johnny los. Er sah nicht herüber, er sagte nichts, er legte nur den angewinkelten Arm auf die Tür und fuhr, während ihm der Wind den Schweiß auf der Stirn trocknete.

Noch bevor Johnny abbremste, erkannte Suzanna den im Schatten liegenden Holzweg, auf den sie abbiegen mussten. Ihr Lieblingsplatz zum Angeln. Der Weg, nicht mehr als zwei von zahlreichen Schlammlöchern durchzogene Fahrspuren, wand sich zum Fluss. Das langsam fließende braune Gewässer wies tiefe, von verfaulendem Laub verdunkelte Stellen auf, in deren Strudel sich Baumstämme verfingen, dazu verdammt, für immer dort zu bleiben. Es war warm genug, damit sie in die seichten Abschnitte waten konnte, wenn ihre Mutter sie ließ. Sie konnte nicht schwimmen. Keiner hatte bislang Zeit gefunden, es ihr beizubringen.

Als der Wagen angehalten hatte, schnappte sich Suzanna vom Rücksitz die Angelrute und die Dose mit den Würmern, die auf dem Boden stand. Sie hasste es, die Würmer an den Haken zu spießen, aber Big Johnny hatte ihr gezeigt, wie es ging, und er würde sich über sie lustig machen, wenn sie sich zickig anstellte. Mit der Rohrrute und der Dose schlenderte sie zum Flussufer.

»Wie hieß der Indianerstamm, der an diesem Fluss gelebt hat?«, fragte Johnny, während er seinen Beutel aus dem Wagen hob.

»Die Chickasawhay. Das waren Choctaw«, antwortete Suzanna, unfähig, ihre Aufregung zu verbergen, weil sie die Antwort wusste. Jedes Mal, wenn sie sich trafen, brachte Big Johnny ihr etwas Neues bei, und das nächste Mal fragte er sie ab. Und immer wusste sie die Antwort. Es gefiel ihr, wie er dabei lächelte. »Mama, kann ich ins Wasser?«

Marlena ging ans Wasser. Etwa eineinhalb Meter vor dem Ufer lag knapp unter der trägen Oberfläche eine Sandbank. »Nicht weiter als bis zu dieser Sandbank«, sagte sie. »Und zieh deine Schwimmweste an.«

Suzanna stellte sich bockig. »Ich hasse die Schwimmweste. Sie stinkt. Und ich kann die Angel nicht richtig halten. Ich will nicht …«

»Dann setz dich ans Ufer.« Scharf unterbrach Johnny ihr Genörgel.

Sie war wie vom Donner gerührt. Big Johnny redete sonst nie so mit ihr. Normalerweise war es ihr Vater, der so zu ihr sprach. »Ich will heim«, sagte sie. Sie warf die Angel auf den Boden. »Ich will heim, sofort.«

»Liebes, du kannst bis zur Sandbank waten«, sagte Marlena. Sie warf Johnny einen Blick zu.

»Ich hab aber keine Schwimmweste an.« Suzanna forderte die beiden heraus.

»Gut, aber nicht weiter als bis zur Sandbank.« Marlena holte den Krug mit dem Tee und eine Decke. Johnny nahm den mit einem Tuch zugedeckten Picknickkorb, der im Fond des Wagens auf dem Boden stand. »Wir richten das Picknick her. Zu essen gibt es aber erst, wenn du drei Fische gefangen hast. Und vergiss nicht, erst rufen, bevor du kommst, okay?«

Suzanna nickte. Sie mochte es, wenn sie in Ruhe gelassen wurde und allein sein konnte. Sie setzte sich ans Ufer und zog ihre Keds aus, nagelneue Schuhe, bei denen der weiße Gummi entlang der Sohlen so gut wie makellos war. Sie hatten sie bei Marcel's gekauft, dem einzigen Bekleidungsgeschäft in Drexel; ein besonderes Geschenk von ihrer Mutter, Schuhe, die sie noch den ganzen Sommer tragen konnte.

Sie hörte Johnnys tiefes Lachen und das Kreischen ihrer Mutter. Sie waren nicht mehr böse aufeinander. Sie wandte sich wieder dem Fluss zu. Sie würde eine Menge Brassen fangen, wenn sie erst einmal den Köder am Haken hatte.

Mit festem Griff zog sie einen sich ringelnden Wurm aus der Dose. Johnny hatte ihr gesagt, sie solle den Wurm mit einer Glasscherbe in der Mitte durchschneiden, aber das wollte sie nicht. Dreimal spießte sie den Regenwurm auf den Haken und warf die Leine in die dunkle Stelle am Ufer. Der rot-weiße Korken trieb unter einen überhängenden Zweig, wo im dunklen Wasser die großen Fische hungrig ihre Kreise zogen. Blinzelnd, den Blick in die grellen Lichtspiegelungen auf dem Wasser gerichtet, wartete sie.

Dichte Dornbüsche, Hartriegel, Liguster und Heidelbeersträucher verbargen ihre Mutter, aber sie hörte deren leises Lachen und ihr wohliges Seufzen. Suzanna wusste, sie sollte sich fernhalten. Wenn sie störte, würde Big Johnny ihr die Geschenke nicht geben, die er in seinem Beutel mitgebracht hatte. Einmal hatte sie ihre Mutter gefragt, was sie da machten. »Ich habe schreckliche Schmerzen, genau hier«, hatte ihre Mutter geantwortet, ihre Hand genommen und sie sich zwischen die Brüste gelegt. »Manchmal, wenn Johnny die Stelle berührt, wird es besser.«

Seit dieser Zeit sorgte sich Suzanna, dass ihre Mutter sterben könnte. Manchmal hatte ihre Mutter im Wald wirklich Schwierigkeiten, Luft zu bekommen. Suzanna hatte sie gehört, mehr als einmal, wie sie schwer nach Luft rang und tiefe, kehlige Laute ausstieß, als hätte sie eine Gräte verschluckt.

Suzannas Korken hüpfte im Wasser, sie riss an der Leine und zog eine über zehn Zentimeter lange Brasse heraus. Der silbrige Fisch wand und krümmte sich am Haken, ein winziger Blutstropfen rann über die Schuppen am Kopf und versickerte zwischen den sich blähenden Kiemen.

Johnny hatte ihr beigebracht, den Fisch fest mit dem Schuh gegen den Boden zu drücken, damit die scharfen Rückenflossen sich nicht in ihre Hand bohren konnten. Jetzt aber packte sie den Fisch zwischen Daumen und Zeigefinger und löste den Haken aus der Knochenplatte unter den an einer Stelle aufgerissenen Lippen. Der Fisch öffnete und schloss das

Maul und war kurz davor, den Überlebenskampf in der sau-
erstoffreichen Luft zu verlieren. Mit großem Schwung warf
sie ihn in die Mitte des Flusses. Ihr war die Lust vergangen,
sich das Essen zu angeln.

Sie steckte die Rute in den Boden, schlich über das verwit-
terte Laub der Eichen und Platanen, ging schließlich auf die
Knie und kroch an die Heidelbeersträucher heran. Sie hatte
versprochen, das nie, nie zu tun und es vor allen geheim zu
halten, besonders vor ihrem Vater. Ihre Mutter und Big Johnny
waren mittlerweile verstummt, nur ein langes Seufzen war
noch zu hören, ein zufriedenes Ausatmen. Sie setzte sich auf
den Knien auf und streckte die Hand in das dichte Blattwerk.
Als sie die unteren Zweige zur Seite strich, sah sie ihre Mutter
gegen einen Baumstamm gelehnt. Vor ihrem blassweißen
Bauch und ihren hellen Oberschenkeln zeichnete sich dunkel
Big Johnnys Kopf ab. Die großen Brüste ihrer Mutter standen
direkt vor seinem Gesicht, und dann umschloss er eine Brustwarze mit dem Mund. Ihre Mutter warf den Kopf zurück, und
ihr langer, weißer Hals kam zum Vorschein, auf den sie jeden
Abend ihre Milchlotion auftrug.

»Mein Gott, tut das gut«, sagte Marlena.

»Ich zeig dir was noch Besseres«, sagte Johnny mit seltsam
rauer Stimme. Er setzte sich auf und zog sie weiter zu sich auf
die blaue Picknickdecke herab.

Suzanna entfuhr ein überraschter Laut.

Big Johnny hob den Kopf, mit zusammengekniffenen Ko-
jotenaugen suchte er das Unterholz ab. »Wo ist das Mädchen?«,
fragte er und richtete sich auf. Er trug noch seine Hose, nur
das Hemd hatte er ausgezogen. »Wenn sie nicht am Ufer an-
gelt, werde ich ihr den Hintern versohlen, was sie schon die
letzten fünf Jahre verdient hätte.«

Suzanna kroch rückwärts aus den Sträuchern, rannte zum
Fluss, packte ihre Angelrute und warf ihren köderlosen Ha-

15

ken aus. Der Korken platschte in dem Moment auf die Oberfläche, als es hinter ihr knackte.

Big Johnny sagte nichts. Suzanna spürte ihn hinter sich am Ufer, spürte, wie er hinter ihr aufragte. Reglos starrte sie auf das Wasser und musste daran denken, dass die Form der überschwemmten Sandbank der rundlichen Hüfte ihrer Mutter ähnelte.

Hinter ihr knackte ein weiterer Zweig. Ein unterdrückter Laut war zu hören, dann jemand, der das Ufer hinunterlief. Sie wollte sich umdrehen, wollte sich Big Johnny in den Weg stellen und ihm sagen, dass sie seine Süßigkeiten und Geschenke aus dem schwarzen Beutel nicht wollte. Dass sie ihrem Vater von den Angelausflügen erzählen und er es dann nie mehr wagen würde, ihr mit Prügel zu drohen. Trotzig fuhr sie herum, einer ihrer Zöpfe strich ihr über den Brustkorb. Sie wollte den Mund öffnen.

Eine Hand legte sich darauf, ein Griff, so fest, dass sie glaubte, ihr würde der Kiefer ausgerenkt. Eine weitere Hand packte sie an den Haaren und hob sie hoch. Ihr Schrei, halb aus Wut, halb aus Angst, wurde erstickt. Sie strampelte, wehrte sich gegen den Sack, der ihr über den Kopf gestülpt wurde, und als sie wegen des Mehlstaubs, der ihr in Augen, Mund und Nase drang, niesen und husten musste, hörte sie Gelächter.

»So eine wilde kleine Hexe«, sagte ein Mann. Sie kannte die Stimme nicht.

»Halt den Mund und bring sie her«, kam es von einem anderen Mann, den sie ebenfalls nicht kannte. Wo war Big Johnny? Wo war ihre Mutter?

Und dann wurde sie hochgehoben, ihr Rücken wurde gegen den Brustkorb des Mannes gedrückt, der sie festhielt. Sie kreischte auf, rief nach ihrer Mutter, aber ihre Schreie wurden von den brutalen Fingern des Mannes erstickt. Sie schlug wild um sich und rammte schließlich dem Mann so hart wie möglich die Ferse zwischen die Beine. Er krümmte sich vor Schmerzen, sein Griff lockerte sich nicht.

»Du kleine Schlampe«, fauchte er ihr ins Ohr.

Der andere lachte. »Bring sie zum Schweigen«, sagte er. »Wir wollen uns von dem Balg doch nicht die Überraschung verderben lassen.«

2

*J*ade Dupree stand allein in dem gefliesten Raum. Der menschliche Körper auf dem Tisch vor ihr war starr, leblos. Sie zögerte; ihr schwindelte vom Geruch der Verwesung sowie dem seltsamen, süßlichen Duft, den sie nie zuvor mit dem Tod in Verbindung gebracht hatte. Horace Bradshaw war tot, seine sterblichen Überreste warteten unter dem Tuch auf sie. Noch immer rührte sie sich nicht. Sie verschränkte die nackten Arme vor der Brust, am Rücken spannte sich ihr rosafarbenes, weiß gepunktetes Kleid; ein Hauch von Sommer in der Kühle des Balsamierraums.

Jade schloss die Augen und senkte den Kopf. Das Licht an der Decke brach sich in ihren dunklen, skandalös kurz geschnittenen Locken. Nach einer Weile trat sie vor. Hinter ihr schwankten leicht die mit farblosen Balsamierflüssigkeiten gefüllten Infusionsflaschen an den Ständern.

Ihre hochhackigen, makellos weißen Schuhe klackten auf den Fliesen, während sie zum Porzellantisch ging. Es würde schlimm werden. Sie hatte das Gerede gehört. Kobe war in den Schönheitssalon gestürmt und hatte ihr gesagt, sie solle kommen, »sofort, Mr. Lavallette braucht dich. Auf der Stelle. Ein Notfall«. Sie hatte Mrs. Moss, die Lockenwickler noch im grauen Haar, unter der großen Trockenhaube sitzen lassen.

Mit dem Versprechen, in zwanzig Minuten zurück zu sein, war sie die vier Straßenzüge zum Rideout-Bestattungsinsti-

tut gelaufen. Den ganzen Nachmittag über hatte die Tragödie in der Luft gelegen. Sie hatte es in der Dauerwellenlösung
für Betty Johnson gerochen und in der Färbung, die sie Letty
Wells ins kastanienbraune Haar massiert hatte. Sie hatte es
gespürt, als sie hinter ihrem Salon die gewaschenen Handtücher auf die Leine hängte. Und jetzt lag er vor ihr. Der Tod.
Es war niemals einfach, selbst wenn er herbeigesehnt worden war, immer blieben Schäden zurück. Sie wollte sich den
Leichnam nicht ansehen. Der Geruch allein reichte, um zu
wissen, dass ein Wunder vonnöten wäre, sollte der Tote wieder vorzeigbar werden.

Mit beiden Händen zog sie das Tuch zurück und enthüllte
die Überreste von Horace Bradshaw. Sie ließ den Blick über
ihn wandern. Mehrere Ameisen krochen aus dem linken Na-
senloch. Oder dem, was davon noch übrig war. Jetzt erkannte
sie auch den Geruch. Sie hatte ihn im Sommer auf Billy Dees
Kuhweide aufgeschnappt. Es war der Geruch der Lumpen, die
Billy Dee an Bäumen befestigt hatte, damit die Kühe darunter
durchlaufen und die Fliegen abtöten konnten, die sie quälten.
Ein Insektizid. Junior Clements, der County-Coroner, musste
die Leiche mit so etwas besprüht haben, um die Ameisen zu
verscheuchen.

Sie wischte die Insekten weg und begutachtete das Aus-
maß der Schäden. Die Augen fehlten, die geschwollenen Lider
waren in den Schädel gesunken. Auch die weichen Lippen
waren weggefressen, unter der zum Teil ebenfalls zerstörten
Nase zeigten sich gelbe Zähne. Was von Haut und Fleisch
noch übrig war, war fleckig und aufgedunsen. Selbst die Schä-
deldecke, erkennbar unter dem dünnen grauen Haar, war an-
gefressen. Sie hatte die Gerüchte gehört. Mr. Bradshaw habe
den Verstand verloren, er sei, nur mit Boxershorts bekleidet,
zu den Nachbarn seiner Tochter gelaufen, habe sich unschick-
lich berührt und obszöne Sachen geschrien. Manchmal wer-

den die Alten verschroben. Das gehört zum Kreislauf des Lebens. Das Alter ändert jeden, auch Bankiers.

Jade hörte, wie die Tür aufging. Sie sah auf. Statt des erwarteten Elwood Lavallette, ihres Auftraggebers, stand Junior Clements vor ihr. Ihr Blick fiel auf seine Hände. Sie waren wie immer mit Pusteln bedeckt, grindig und verschorft, ein Spiegelbild seiner Seele. Sie hatte damit zu kämpfen, ihren Abscheu zu verbergen. Sie bemühte sich, Junior aus dem Weg zu gehen, vor allem, wenn sie allein war.

»Mr. Elwood sagt, die Familie will einen offenen Sarg.«

Jade hörte ihren eigenen, langsamen Atem, als sie das Tuch wieder über den Toten breitete und ihn vor Juniors neugierigem Blick verbarg. »Verstehe.«

Junior schloss die Tür hinter sich und kam näher. Der Insektizidgeruch war plötzlich kaum mehr auszuhalten. Jade rückte vom Tisch weg.

»Die Leute erzählen, du sprichst mit den Toten«, kam es von Junior. Wenn er redete, bildete sich ein dünner Speichelfaden zwischen seinen Lippen. »Die Leute erzählen, die Toten kommen nachts hierher, um dir zu helfen. Stimmt das?«

Jade richtete den Blick zu Boden. Sie hatte vor langer Zeit gelernt, vor Männern wie Junior keine Gefühle zu zeigen. Ihr Abscheu ihnen gegenüber löste bei solchen Männern nur Angst und Grausamkeit aus. »Die Toten verlassen diese Welt nicht immer sofort«, sagte sie. »Manchmal treiben sie sich noch ein bisschen herum. Wenn ihnen was auf dem Herzen liegt.«

»Willst du mir einen Schrecken einjagen?«, fragte Junior wütend.

»Ich nicht«, sagte Jade. »Nein, Sir.«

»Scheiße«, sagte Junior. »Ich hab keine Angst vor Toten.« Mit drei langen Schritten war er am Tisch und zog mit seinen räudigen Händen das Tuch zurück. »Schau dir bloß diese

Sauerei an. Der arme Kerl, hat mindestens drei Tage im Ameisenhügel gelegen. Hat sich die Hüfte gebrochen, hat also nicht aufstehen können. Und jetzt plärrt die Familie, ›der arme Daddy, der arme Daddy‹. Scheiß auf den armen Daddy. Wahrscheinlich haben sie Angst, wegen grober Fahrlässigkeit angezeigt zu werden.« Sein Blick wanderte zu ihren Brüsten. »Wie willst du es anstellen, damit er im Sarg wieder wie ein Mensch aussieht?«

Jade antwortete nicht. Sie wandte sich ab. »Ich brauche Murmeln. Wachs. Kalkteig.« Sie würde sich mit dem Leichnam beschäftigen, wenn sie ihre Arbeit im Schönheitssalon beendet hatte und ihre Kunden gegangen waren. »Am besten wäre es, wenn wir einen Hut bekommen könnten.« Die roten offenen Stellen am Kopf waren unter dem dünnen grauen Haar deutlich zu sehen. »Und Handschuhe. Was er nach Meinung der Familie getragen haben könnte. Oder wir verdecken die Hände mit einem Blumengesteck.« Sie hielt den Blick gesenkt. »Können Sie Mr. Lavallette sagen, dass ich diese Dinge brauche?« Wenn Junior einen Auftrag hatte, der ihm eine gewisse Wichtigkeit verlieh, würde er gehen.

»Klar. Werd ich ihm ausrichten.« Er ging zur Tür und öffnete sie. »Du wartest hier.«

Sie sah nicht auf. »Mr. Clements, vergessen Sie nicht: Die Toten können sehen. Sie sehen und sie wissen alles. Sie erinnern sich.« Sie hob den Kopf, ihre grünen Augen leuchteten. »Und manchmal kommen sie zurück und statten jemandem einen Besuch ab, wenn sie meinen, es gibt noch eine Rechnung zu begleichen.«

Junior verschwand durch die Tür. Jade lächelte, als sie daraufhin selbst in den Gang trat. Junior würde sie an diesem Tag nicht mehr belästigen. In ein, zwei Tagen würde sich seine Angst wieder legen, aber im Moment hatte sie Ruhe vor ihm. Sie musste zum Schönheitssalon, sie musste sich um ihre

Kunden kümmern und davor noch mit Mr. Lavallette reden und ihm versichern, dass sie am Abend wiederkommen und für den Toten alles in ihrer Macht Stehende tun würde.

Der Gang vor dem Balsamierraum führte zu einer großen Holztür. Sie öffnete sie einen Spaltbreit und lauschte. Die meisten im Jebediah County wussten, dass sie es war, die die Toten herrichtete. Manche verlangten ausdrücklich nach ihr und erhofften sich, sie würde mit ihren Fertigkeiten die Jahre zurückdrehen, sie würde an den geliebten Verstorbenen die Spuren der Krankheit oder des Todes abmildern. Es gab aber auch andere, solche, denen es nicht recht war, dass eine Negerin ihre Toten berührte. Mr. Elwood war gut zu ihr, sie wollte ihm keine Probleme bereiten. Menschen waren manchmal ziemlich abergläubisch, wenn es um die Toten ging.

Im vorderen Empfangszimmer hörte sie Stimmen. Den leisen, sanften Tonfall von Elwood Lavallette. Sie verstand seine Worte nicht, aber sie wusste, was er sagte, sie hatte es so oft gehört. Die Sprache der Erlösung. Es war Elwood Lavallettes Aufgabe, jenen zu helfen, die am diesseitigen Ufer des Flusses Jordan zurückblieben, damit sie von denen lassen konnten, die auf die andere Seite übergesetzt hatten.

Auf Zehenspitzen lief sie über den Holzboden zum teuren burgunderrot- und goldfarbenen Wollläufer, der ihre Schritte dämpfte. Sie würde Elwood später anrufen. Sie musste zum Schönheitssalon. Doch dann hörte sie das Geräusch einer verrosteten, mit Gewalt aufgerissenen Gittertür. Und eine Stimme, die durch die gesamte Tonleiter fiel, bevor sie sich in einer menschlichen Stimmlage wiederfand und schließlich zu einem Schluchzen wurde.

»Daddy!«, kreischte die Frau. »Daddy! Wo ist mein Daddy!« Ein Stuhl wurde umgeworfen.

»Miss Cora, Sie können ihn nicht sehen, nicht so.« Elwoods Stimme klang tröstend, freundlich.

»Ich muss ihn sehen. Junior hat mir erzählt, er ist von Ameisen zerfressen worden!« Die Stimme überschlug sich, zitterte, zersprang. »Von Ameisen! Mein Daddy hat in einem Ameisenhügel gelegen, Mr. Lavallette. Er ist inmitten von Feuerameisen gestorben.«

»Miss Cora, so dürfen Sie sich nicht an Ihren Daddy erinnern. Denken Sie an die Zeit, als Sie den nagelneuen Ford bekommen haben. Erinnern Sie sich noch? Ich habe Sie durch die Stadt fahren sehen wie eine Königin auf einer Parade. Ihr Lächeln war so strahlend, dass ich davon fast geblendet wurde. Ihr Daddy war so stolz, als er Ihnen den Wagen geschenkt hat.«

Die Totenklage der Frau verebbte. Jade trat in eines der Besucherzimmer. Mr. Lavallette und die Frau befanden sich zwischen ihr und der Tür. Sie zögerte. Sie wollte nicht in die Trauer der Frau einbrechen.

»Sie waren doch mit Duke Farley zusammen, oder? Ja, richtig.« Elwoods Stimme, ihr auf- und absteigender Singsang, beschwichtigte die Frau. »Duke war so ein aufgeweckter Junge. Ich hab gehört, er macht sich wirklich gut oben in Canton.«

»Wer wird Daddy für den Sarg herrichten?« Schluchzend, stockend kam die Frage. »Ich will, dass er aussieht wie früher. Wie damals, als er noch nicht den Verstand verloren hatte.«

»Miss Dupree ist schon bei ihm«, sagte Elwood. »Sie ist die Beste im ganzen Südosten. Beruhigen Sie sich, Miss Cora, wir kümmern uns darum.«

Jade hörte Stühlerücken. Mr. Elwood hieß Cora im vorderen Empfangszimmer Platz nehmen. Jade wollte sich bereits zurückziehen, als erneut Cora zu hören war. »Jade kann ihn wieder herrichten. Dieses Nigger-Mädel vollbringt Wunder. Wenn sie in New Orleans oder einer anderen großen Stadt leben würde, wäre sie reich.«

Die Worte ließen Jade an Ort und Stelle verharren. Sie lebte nicht in einer Großstadt. Sie lebte in Drexel, Mississippi, einer Kleinstadt an einer Kreuzung im Herzen einer kiefernbestandenen Ödnis. Ihr Leben war eine armselige Behausung, lediglich von dem zusammengehalten, was alles möglich sein könnte. *Wenn* sie in einer Großstadt geboren wäre, könnte sie als eine Weiße durchgehen. *Wenn* sie in eine Großstadt ziehen würde, könnte sie als weiße Frau mit dunklem Haar und Augen in der Farbe von kostbarster Jade ganz von vorn anfangen. *Wenn* der Mann ihrer Mutter der Gemeinde nicht einen Schweigepakt aufgenötigt hätte, wäre sie jetzt die rechtlich anerkannte Erbin eines forstwirtschaftlichen Vermögens, eines Vermögens, das am Spieltisch verwettet worden war. *Wenn* Frösche Flügel hätten, würden sie mit dem Arsch nicht über den Boden rutschen. »Wenn« war ein kleines Wort, dem die Macht der Zerstörung innewohnte. »Wenn nur« waren zwei Wörter, die einen zugrunde richten konnten.

Jade wollte raus, sie musste sich bewegen und Cora Bradshaw und was sie über ihr Leben gesagt hatte hinter sich lassen. Junior hielt sich höchstwahrscheinlich bei der Rampe an der Rückseite des Bestattungsinstituts auf, wo die Toten hereingerollt wurden. Mr. Elwood befand sich am Vordereingang. Blieb also nur der Seiteneingang. Dort gelang es ihr, durch die Tür unter dem Säulenvorbau zu schlüpfen, wo der Leichenwagen während des Trauergottesdienstes parkte. Üppig mit Blüten und Blättern bestandene Trompetenwinden sorgten dafür, dass der Vorbau in dichtem Schatten lag. Ein Dutzend der orangefarbenen Blüten waren auf die Muschelkalk-Anfahrt gefallen. Jade wich ihnen aus. Wie sehr sie doch Blutflecken glichen.

Sie trat aus dem Schatten in die Augusthitze. Der Salon lag lediglich vier Straßenzüge entfernt. Da ihr Wagen in der Gasse von einigen Kunden eingeparkt war, hatte sie zu Fuß gehen müssen. Jetzt, in der nachmittäglichen Schwüle, würden es vier lange Straßenzüge werden. Die Stunde zwischen drei und vier Uhr war die heißeste des Tages.

Zu spät bemerkte sie beim Überqueren des Parkplatzes, dass sie mit den Absätzen im aufgeweichten Teer einsank. Die Schuhe waren teuer, ihr bestes Paar. Kurz überlegte sie, ob sie barfuß gehen sollte, aber wenn sie dabei gesehen wurde, würden sich alle nur wieder den Mund zerreißen. Die Leute würden sich nur in ihrer Ansicht bestätigt fühlen, dass sie trotz ihres weißen Aussehens nur eine verkleidete Feldarbeiterin war. Ein Tropfen Negerblut reichte aus, damit man zum Nigger wurde. Wie ein Storch stand sie auf dem Parkplatz, als der Wagen des Sheriffs einbog.

Sheriff Huey Jones fuhr an ihr vorüber, als wäre sie gar nicht vorhanden. Nur Deputy Frank Kimble auf dem Beifahrersitz drehte sich um und sah ihr nach. Sie zog einen ihrer Absätze heraus und setzte sich in Bewegung. Hinter ihr wurden zwei Autotüren zugeknallt.

»Miss Dupree, warten Sie!«, rief Frank.

Sie drehte sich um und sah den Sheriff die Backsteinstufen hocheilen und gleich darauf im kühlen Schatten des Bestattungsinstituts verschwinden. Frank kam auf sie zu und bot ihr den Arm an. Er hatte dichtes, schwarzes Haar, sein Blick war voller Unruhe.

Jade zögerte, hakte sich bei ihm unter und ließ sich von ihm über den Teer führen. Seine Füße waren so groß, dass kaum die Gefahr des Einsinkens bestand. Am Rand des Anwesens drehte sie sich ihm lächelnd zu. »Danke, Mr. Frank.« Kurz ging ihr die Frage durch den Kopf, warum er nach Drexel zurückgekehrt war. Während des Krieges war er als Fallschirmjäger bei einem geheimen Einsatz in Deutschland in Gefangenschaft geraten. Die Frauen im Schönheitssalon hatten über ihn geredet, vor allem die jüngeren. Sie sagten, er würde von

Träumen verfolgt, die Toten würden ihm erscheinen, und für den Bruchteil einer Sekunde glaubte Jade, Sorgenfalten in seinen Mundwinkeln zu erkennen.

»Keine Ursache, Miss Dupree. Bitte nennen Sie mich Frank.« Er wischte sich den Schweiß von der Stirn. »Wenn Sie noch etwas warten können, fahr ich Sie zurück. Der Sheriff wird mir den Streifenwagen überlassen.«

Sie war überrascht, dass er sie wie eine Weiße behandelte. »Nennen Sie mich Jade«, sagte sie. »Was ist los?« Der Sheriff, der es so eilig gehabt hatte, ins Haus zu kommen, hatte ihre Neugier geweckt.

Frank sah an ihr vorbei. »Ich will Sie nicht beunruhigen, aber Mr. Bramlett hat den Sheriff gerufen, weil seine Frau vermisst wird. Und das kleine Mädchen.«

Jade glaubte, man habe ihr ein Stück Draht ins Rückgrat gestoßen. »Marlena wird vermisst?«

Frank nickte. »Tut mir leid. Ich weiß, dass Sie … dass Sie sich nahestehen. Lucas sagt, Marlena sei mit dem Kind nach dem Mittagessen weggefahren. Sie wollte zur Kirche, um Kleidung für die Armen auszusortieren. Aber da ist sie nie aufgetaucht. Sie ist nirgends zu finden.« Er fasste sie am Ellbogen. »Alles in Ordnung?«

»Ja«, sagte Jade. In ihrem Kopf schwirrte es wie in einem Wespennest. Marlena hatte sie zwar nie ins Vertrauen gezogen, aber es sah ihr ganz und gar nicht ähnlich, dass sie ihrem Mann nicht sagte, wohin sie wollte.

»Haben Sie irgendeine Ahnung, wohin Marlena gefahren sein könnte?« Frank starrte ihr in die Augen, als könnte er dort die Antwort ablesen.

Jade zögerte. Etwas lag in seiner Frage. »Ich weiß es nicht.«

»Sie passen manchmal auf das Mädchen auf. Man sagt, sie sei ein schwieriges Kind.«

Viel zu deutlich spürte sie seine Hand auf ihrer Haut. Sie

dachte an die Sechsjährige und ihre Zöpfe, die so lang waren, dass sie sich daraufsetzen konnte. Die Leute im Ort hielten sie für ein verzogenes Gör. Das war sie auch, aber Jade hatte eine besondere Beziehung zu ihr. »Die Leute in Drexel reden viel. Suzanna ist nicht so schlimm, man muss sie nur vernünftig behandeln.«

»Sie mögen sie«, sagte Frank.

Jade sagte nichts. Wenn es um Marlena und Suzanna Bramlett ging, legte sie jedes Wort auf die Goldwaage. Ihre Zuneigung ging nur sie selbst etwas an.

»Marlenas Wagen wird ebenfalls vermisst.« Erneut wischte sich Frank über die Stirn. »Vielleicht hat sie eine Freundin besucht oder eine lange Spazierfahrt unternommen.«

»Bestimmt«, erwiderte Jade, obwohl sie es keinen Augenblick lang glaubte. Etwas stimmte nicht. Ganz und gar nicht. Sie hatte Brandgeruch in der Nase. Ein schlechtes Omen.

»Mit Ihnen ist wirklich alles in Ordnung?« Frank legte ihr die andere Hand auf den Rücken, um sie zu stützen.

Sie hatte es gewusst. Eine Tragödie hatte über der Stadt gelegen. Unheil. Nicht das von Horace Bradshaw, sondern etwas anderes, viel Schlimmeres. »Ich muss zum Laden«, sagte sie. Die Trockenhaube fiel ihr wieder ein und Mrs. Moss' Locken, die mittlerweile kraus und knusprig und verbrannt sein mussten. Sie löste sich aus seinem Griff und eilte davon, besorgt um ihre Halbschwester und ihre Nichte und beunruhigt wegen Frank Kimble und den Fragen, die er nicht gestellt hatte.

3

Die untergehende Sonne fiel auf den zweifarbigen Chevy, dessen metallisch rotes Glitzern sich wie eine Blutlache über den Sandweg ergoss. Der Wagen stand am Wegrand. Die beiden Männer daneben zeichneten sich als schwarze Silhouetten vor dem westlichen Horizont ab. Frank Kimble hörte den Sheriff brummen, als er mit dem Streifenwagen am Wegrand anhielt, fast so, als wollte er den Chevy blockieren, falls dieser von allein beschließen sollte, die Flucht zu ergreifen.

»Sieht aus wie ein Bild aus der Hölle«, sagte Huey. Seine Nackenwülste wölbten sich über den Hemdkragen. Er spie Kautabak aus dem Seitenfenster. »Dann wollen wir mal sehen, was wir hier haben.«

Frank sah zu, wie sich der Sheriff aus dem Wagen wuchtete, erneut ausspuckte und den nach unten gerutschten Revolvergürtel samt Hose halb über den Hintern nach oben zog. Durch die Windschutzscheibe erkannte er die beiden Männer, die neben dem verlassenen Wagen standen. Junior Clements und Pet Wilkinson. Juniors staubbedeckter Pick-up lief noch klopfend im Leerlauf. Er musste mit Höchstgeschwindigkeit hierher gerast sein, damit er später behaupten konnte, als Erster am Tatort gewesen zu sein. Tatort? Ein verlassener Wagen? Frank ließ den Blick über die beiden Männer schweifen, stieg aus und folgte dem Sheriff.

Neben Junior stand Pet, die Hand auf der Pistole im Halfter. Auch einer, der sich gern aufspielte. Er besaß keinerlei Amtsgewalt und damit keine offizielle Befugnis, eine Waffe zu tragen, er hatte aber auch kein Vorstrafenregister, das es ihm untersagt hätte. Als Frank die Waffe betrachtete und Pets dreckige Finger, die auf den quer gefaserten Griff klopften, spürte er ein Ziehen zwischen den Schultern.

»Irgendwas im Wagen?«, fragte der Sheriff Junior und fasste zum Türgriff.

Frank schob sich vor den Sheriff. »Vielleicht sollten wir erst sehen, ob es Fingerabdrücke gibt«, schlug er vor. Huey war ein von der Gemeinde gewählter Polizist ohne jede Ausbildung. Die Fingerabdrücke dürften vermutlich wertlos sein. Junior und Pet hatten höchstwahrscheinlich jeden Zentimeter des Wagens begrapscht und alles an sich genommen, was irgendwie von Wert sein konnte. An jedem Tatort, an dem sie auftauchten, fehlten später ein paar Sachen. Frank verstand nicht, warum Junior immer wieder zum Coroner gewählt wurde, obwohl alle wussten, dass er ein kleiner mieser Dieb war. In der Stadt lästerte man, er würde den Leichen, die er zum Bestattungsinstitut brachte, die Goldfüllungen klauen.

»Überprüf das Kennzeichen«, sagte der Sheriff. »Es stammt aus dem Forrest County. Der alte Eubanks sagt, der Wagen steht schon seit Mittag hier rum. Er hat nicht gesehen, wer drin war. Er meint nur, als er hier vorbeikam, um einen Blick auf seine Bohnen zu werfen, war der Wagen noch nicht da gewesen. Aber auf dem Rückweg, da war er da und keiner zu sehen.«

Frank ging zum Streifenwagen zurück und griff sich das Funkgerät. Er gab Kennzeichen und Autotyp der Dienststelle durch, damit sie von dort aus im Forrest County nachfragen konnten. Das würde etwas dauern, aber wenn das Kennzeichen dort wirklich registriert war, würden sie wissen, wem der Wagen gehörte. Es war nur so ein Gefühl, aber Frank glaubte, der Wagen stünde irgendwie mit dem Verschwinden von Marlena Bramlett und ihrer Tochter in Zusammenhang. Er konnte nicht sagen, warum, aber er hatte gelernt, seiner Intuition zu vertrauen. Nur deshalb war er noch am Leben.

»Sieht so aus, als würden hinten ein paar Sachen hängen.« Huey deutete auf einen Anzug und fünf saubere weiße Hemden, die an Bügeln an einer Metallstange aufgehängt waren.

»Ja, Sir.« Frank nickte. Huey war ein Meister des Offensichtlichen. Für Frank erzählten die Kleidungsstücke etwas über den Fahrer des Wagens. Er war männlich und verdiente sich seinen Lebensunterhalt durch Reisen. Er hatte einen Beruf, in dem er sauber und adrett aussehen musste. Wahrscheinlich eine Art Handelsvertreter.

Ein weiterer Wagen war zu hören, der über den quer gerillten Weg holperte. Frank erkannte den großen Lincoln. Lucas Bramletts Ankunft überraschte ihn nicht. Huey informierte Lucas über jeden Schritt, den er unternahm. Die Haltung der Männer um ihn herum veränderte sich. Huey trat vor und wartete, dass der Wagen anhielt und der große Fahrer hinter dem Lenkrad ausstieg. Roter Staub wirbelte an den Beinen seines schwarzen Anzugs und seiner polierten schwarzen Budapester Schuhe auf.

»Wir überprüfen ihn, Mr. Bramlett«, sagte Huey.

»Ist meine Frau hier?« Bramlett sah sich um. Mit seinem scharfen Blick nahm er sofort alles in Besitz.

»Nein, Sir, so weit wir sehen können, nicht.« Huey lockerte den Kragen. »Wir werden sie finden, Lucas. Sie haben mein Wort darauf.«

»Sie meinen, sie ist hier irgendwo?«, fragte Mr. Bramlett. Für Frank klang es beinahe so, als wüsste Bramlett besser als die anderen Anwesenden, wo sie sich aufhalten könnte.

»Wir überprüfen nur diesen verlassenen Wagen. Ich bin

mir sicher, Marlena geht es gut«, erwiderte Huey, während ein aufmunterndes Grinsen seine Hängebacken zum Schwabbeln brachte. »Wahrscheinlich hat sie einfach nur eine große Runde gedreht, vielleicht hat's ein Problem mit dem Wagen gegeben oder so. Wir werden von ihr hören.«

»Der Wagen ist neu«, erwiderte Bramlett.

Huey verstummte. Er sah zu Frank. »Such nach Hinweisen«, befahl er ihm.

Seit zwei Jahren war Frank jetzt wieder in Drexel. Als er sich zur Armee gemeldet hatte und zur Fallschirmjägerausbildung nach Fort Benning, Georgia, gegangen war, hatte er gedacht, er würde nie wieder zurückkehren. Er war mit seinem von einem alten Gürtel zusammengehaltenen Koffer in den Bus gestiegen und nach Norden gefahren und hatte sich während der gesamten langen Busfahrt durch Mississippi und Alabama kein einziges Mal umgedreht. Er hatte nur nach vorn geblickt. Zum ersten Mal in seinem Leben hatte er die sanft geschwungenen Bergzüge der Smokey Mountains gesehen, die bläulichen Nebel, die über ihnen lagen und von denen sie ihren Namen hatten. Er hatte andere verrückte Kerle getroffen, Farmerjungen aus anderen Kleinstädten genau wie Drexel. Er war hart und zäh geworden und hatte gelernt zu töten. Er hatte nach der Detonation einer Mörsergranate die Überreste seiner Freunde aus Schützenlöchern und Gräben geklaubt. In Paris hatte er Mädchen geküsst, die froh gewesen waren, noch am Leben zu sein. Das alles hatte er getan, ohne auch nur einen einzigen Gedanken daran zu verschwenden, zu den schwülen Sommern in Mississippi zurückzukehren. Dennoch war er jetzt wieder hier, entlassen aus einem Krankenhaus, wo man ihm gesagt hatte, er sei von Verletzungen geheilt, die außer ihm niemand sehen würde.

»Frank!«

Er drehte sich zum Sheriff um.

»Mr. Bramlett sagt, seine Frau hat eine rot-weiße Bluse getragen und eine weiße Freizeithose.«

Er fragte sich, was er mit diesen Informationen anstellen sollte. »Gut.«

»Dazu Riemchensandalen.«

»Gut«, sagte Frank, weil es keine andere Erwiderung gab. »Ich werde mal den Weg runtergehen«, sagte er. Er verfolgte kein richtiges Ziel, er wollte nur fort von diesen Männern, die sich so geschäftig um Bramlett scharten, dass sie ganz vergessen hatten, warum sie sich bei Sonnenuntergang auf diesem selten befahrenen Weg eingefunden hatten.

Der Sand wies Vertiefungen auf, ausgetretene Spuren, in denen sich das schräg einfallende Licht fing, aber der Untergrund war zu weich, um brauchbare Abdrücke zu bewahren. Er folgte über eine halbe Meile weit den Spuren, immer am Straßengraben entlang, sah schließlich, wo sie vom Weg abbogen und zwischen den dicht stehenden Kiefern verschwanden.

Sein Nacken kribbelte, als würde ihn jemand anhauchen. Er schluckte und trat in den Wald. Dunkelheit umfing ihn, ein kühles Versprechen. Tiefer hinein, zwischen den schwarzen Stämmen hindurch, die sich deutlich im einfallenden goldenen Licht abzeichneten. Seine Schritte wurden von der dichten Schicht der Kiefernnadeln verschluckt. Früher, vor langer Zeit, war das Land mit Laubbäumen bewachsen gewesen. Die Bäume waren gefällt und die Flüsse hinabgeflößt worden. Kiefern, die nicht wie Eichen hundert, sondern nur dreißig Jahre brauchten, um ihre volle Größe zu erreichen, waren stattdessen gepflanzt worden. Er musste an die Säge denken, die an seiner hinteren Veranda gehangen hatte. Die Schrotsäge seines Großvaters Gustav, die er in jungen Jahren mit seinem Bruder Alfred benutzt hatte.

In Gedanken noch immer bei der Säge, entdeckte er etwas,

32

was wie eine weiße Taube aussah. Im trüben Licht näherte er sich dem Vogel, der über dem Boden schwebte, sich leicht hin und her bewegte und ein tiefes Gurren von sich gab.

Eindringlich starrte er darauf, bis er erkannte, dass es kein Vogel war. Sondern ein Fuß. Er rannte durch das Unterholz. Dann hörte er das Stöhnen. Er richtete sich auf und erkannte ihren Körper, die weiße Hüfte, die sich auf dem Kiefernnadel-bett erhob, die langen Beine, Brüste, die sacht in dem Hals und Oberkörper bedeckenden Blut hin und her schwangen.

Sie lebte.

Marlena Bramletts Gesicht war bis zur Unkenntlichkeit entstellt. Die geschwollenen Augen waren geschlossen, die Haut, um ihren Mund herum aufgeplatzt, färbte sich pur-purn.

»Marlena«, sagte er und kniete sich neben sie. Mit den Händen strich er über ihre kühle Haut. Sie hatte an beiden Brüsten Schnitte und war vom Brustbein bis zum Becken auf-geschlitzt. Die Wunde schien nicht lebensbedrohlich, aber ihr gesamter Körper war blutüberströmt. Blut bedeckte auch Beine und Oberschenkel, aber es war nicht zu erkennen, wo-her es stammte.

»Marlena«, wiederholte er.

»Nicht«, sagte sie und schüttelte den Kopf. Ihre blonden Locken waren mit Erde und Blut verschmiert.

Er hob sie auf. Sie wehrte sich kurz, ließ es dann bleiben, ihr Kopf hing nach unten, während er sie aus dem Wald trug.

Er ging zum Weg zurück, vorsichtig setzte er unter der Last der Frau seine Schritte. Die Männer auf dem Weg drehten sich zu ihm um, einer nach dem anderen. Frank ignorierte Huey und Junior und Pet. Sein Blick war auf Lucas Bramlett gerich-tet. Selbst als er so nah war, dass Bramlett seine Frau erkannte, rührte dieser sich nicht.

»Großer Gott«, stieß Huey hervor. Er eilte zum Streifenwagen und orderte über die Dienststelle einen Krankenwagen.

Noch immer hatte Frank Marlena auf den Armen. Junior und Pet starrten sie an, verschlangen ihren nackten Körper mit den Augen.

»Hinten im Streifenwagen liegt eine alte Decke«, sagte Frank. »Holen Sie sie.« Er sagte es Lucas, aber es war Pet, der zur Decke davonsprang, Pet, der sie über die bewusstlose Frau in Franks Armen breitete, deren Beine und Arme schlaff nach unten hingen, während langsam das Blut in den trockenen Sand auf dem Weg tropfte.

4

as alte Kimble-Haus war einst die Sehenswürdigkeit von Drexel gewesen. Alfred und Gustav Kimble, zwei Brüder, die vor der wirtschaftlichen Not des unter russischer Herrschaft stehenden Finnlands emigriert waren, hatten mit ihren eigenen Händen ein Haus gebaut, wie es wunderlicher nicht sein konnte und das im völligen Gegensatz zu ihrer tiefen Ernsthaftigkeit und ihrem Zwang stand, von Sonnenaufgang bis Sonnenuntergang zu arbeiten. Wie alles, was die Brüder angingen, hatten sie auch das Haus gemeinsam errichtet. Ihrem Plan zufolge wollten sie heiraten und die beiden Bräute in das Haus führen, das mit Türmchen und allerlei Schnickschnack verziert war sowie mit goldfarben bemalten Schindeln, die in der Morgensonne glitzerten. Zur Unterhaltung ihrer Frauen zimmerten sie versteckte Treppen und eine Bibliothek, die sie mit Biografien und Werken der Klassiker und der Dichtkunst ausstatteten. Die große Küche beherbergte zwei Herde, zwei Spülen und Schränke, geräumig genug für das Geschirr zweier Köchinnen. Die Brüder planten und werkten, nahmen dazu die eigenhändig geschlagenen Stämme und verwendeten ausschließlich das Kernholz. Bis das Haus fertig war, waren die Brüder weit in den Vierzigern. Sie waren ansehnliche Männer, groß und aufrecht von Gestalt und Gesinnung. Als sie zu heiraten beschlossen, wollten sie es ebenfalls gemeinsam tun. Alfred fand als Erster eine Braut, ein schwermütiges Mädchen mit Augen in der Farbe eines Winterhimmels. Sie hieß Anna. Die Braut, die Gustav fand, hätte nicht gegensätzlicher sein können. Greta war groß und blond und voller Fröhlichkeit. Sie hielten eine Doppelhochzeit ab, und die Brüder vermählten sich inmitten von roten Rosen und weißen Lilien, Blumen, die die beiden Bräute symbolisierten.

In den ersten fünf Jahren war das Kimble-Haus ein Hort der Lebensart in der Stadt. Dann wurde Greta schwanger. Gerüchte kamen auf, wonach Anna vor Eifersucht den Verstand verloren habe. Bald darauf wirkte Alfreds Gattin ungepflegt, ihre dunklen, glänzenden Haare, sonst immer kunstvoll aufgesteckt, hingen ihr ungewaschen über die Schultern.

Greta gewöhnte sich an, bereits frühmorgens das Haus zu verlassen, in die Stadt zu gehen und einzukaufen und Freundinnen zu besuchen. Sie sagte, sie fürchte sich vor ihrer Schwägerin, fürchte sich, im Haus zu bleiben, wenn Gustav zur Arbeit fort war. Es kam zu Auseinandersetzungen, die darin endeten, dass die Frauen weinten und die Männer sich prügelten. Als die Zwillinge Thomas und George Kimble zur Welt kamen, sprachen die Brüder nicht mehr miteinander. Im Haus herrschte Zwietracht. Ein brüchiger Frieden wurde aufrechterhalten, bis zu dem Morgen, an dem Greta und Gustav aufwachten und feststellten, dass eines ihrer Kinder fehlte. Greta und Gustav suchten ihre Seite des Hauses ab. Vom Baby keine Spur. Der Sheriff wurde gerufen. Den kleinen George fand man tot in den Armen seiner Tante. Ihm war das Genick gebrochen worden.

Gustav verlor den Verstand. Er nahm seine Pistole und schoss seiner Schwägerin mitten ins Herz. Dann richtete er die Waffe auf seinen Bruder und schoss ihm in die Stirn. Schließlich richtete er die Waffe gegen sich selbst, sodass seine Witwe den einzigen Erben des Namens Kimble allein großziehen musste. Greta packte das Kind und ihre Sachen und zog nach Sumrall, wo eine Schwester lebte.

Danach stand das Haus jahrelang leer, bis Thomas alt genug war, um zu heiraten und nach Drexel zurückzukehren. Er brachte seine Braut mit in das Haus, in dem sie zwei Stockwerke dichtmachten und nur noch die Räume im Erdgeschoss bewohnten. Frank Kimble war in diesem Haus geboren. Er war hier aufgewachsen und hatte scheinbar die ganze Jugend damit verbracht, nach den wahren Eigentümern Ausschau zu halten und auf ihre Rückkehr zu warten. Sein Großvater und sein Großonkel sowie seine Großtante verbargen sich in den dunklen Ecken der unbenutzten Zimmer im ersten und zweiten Stock. Den Großteil seiner Kindheit hatte ihm das Haus Angst eingejagt. Nach dem Krieg kehrte er hierher zurück. Es gab nicht mehr viel, was ihn mit Schrecken erfüllen konnte, außerdem war Drexel das Einzige, was ihm geblieben war.

Das alte Haus lag in Dunkelheit, als Frank in den Hof einbog. Er ging die Treppe hinauf, bemerkte wie bei jeder Heimkehr, dass die Veranda gestrichen werden müsste. Im ersten Sommer nach seiner Rückkehr hatte er sämtliche Außenfassaden mit Sandpapier abgeschliffen, hatte sie in verschiedenen Grüntönen lackiert und die losen Schindeln an allen Türmchen ausgebessert. Die überladenen Zierleisten hatte er blendend weiß bemalt. Doch irgendwie war er nie zu den grauen Dielen der Veranda gekommen.

Innen standen die Möbel, die er seit seiner Kindheit kannte. Er trat durch den Vordereingang und ließ die Gittertür hinter sich zuknallen. Dadurch wachten die Geister auf. Er erhaschte sie aus den Augenwinkeln, die schlanke Gestalt seiner Großtante Anna, in den Armen den toten Säugling, der das Blut verbarg, das sich über ihren Brustkorb zog. Er ging zur Küche und zum Ausguss, wo er sich die Hände wusch. Rosarot wurde das Blut über das weiße Porzellan gespült. Ein Ambulanzwagen hatte Marlena ins Krankenhaus gebracht. Sie hatte deliriert und ihm nicht sagen können, was ihr zugestoßen war.

Von dem Kind, Suzanna, oder dem Besitzer des am Wegrand abgestellten Chevy fehlte jede Spur. Frank allerdings hatte sich bereits ein Bild zusammengesetzt. Jemand hatte Marlena fast umgebracht und sich Suzanna gegriffen. Wenn ihn sein Gefühl nicht trog, würde in wenigen Stunden eine Lösegeldforderung eingehen.

Marlena wurde gerade operiert. Der Arzt hatte gesagt, sie habe schwere innere Verletzungen. Es würde Stunden dauern, bis sie wieder sprechen könne, und dann bestand die Gefahr, dass sie nicht mehr klar bei Verstand war. Der Arzt hatte gesagt, die Schläge gegen den Kopf und ins Gesicht seien so gravierend, dass sie zu Schädigungen des Gehirns führen könnten, falls sich eine innere Schwellung gebildet habe.

Marlenas zerschlagenes Antlitz stand ihm vor Augen, als er ins Wohnzimmer ging und sich Whiskey in eines der geschliffenen Kristallgläser einschenkte, die seine Großmutter Greta einst für ihre Gesellschaften benutzt hatte. Er kippte den Whiskey hinunter und schenkte sich nach. In der entlegenen Zimmerecke stand sein Großonkel Alfred und beobachtete ihn. Das Einschussloch in der Mitte seiner Stirn glich einem dritten Auge. Frank ignorierte den Großonkel. Er nahm seinen Drink mit ins Badezimmer, wo er sich rasierte, ein heißes Bad nahm, sich wieder anzog und sich darauf vorbereitete, ins Krankenhaus zu fahren.

Das Krankenhaus war ein flaches Gebäude mit einem metallenen Laufgang auf der betonierten Rampe, vor der die Ambulanzwagen parkten. Die Verletzten wurden aus dem Wagen gezogen, die Beine der Rollbahren wurden ausgeklappt, dann schob man sie über die Rampe in die Notaufnahme. Zwei

Lehnstühle waren im Gang aufgestellt, für jene, die dort auf die Notfallopfer oder auf die gerade operierten Angehörigen warteten. Jade saß auf einem der Stühle und wartete auf Lucas Bramlett. Er war von der Bildfläche verschwunden, nachdem er sie ins Krankenhaus gerufen hatte. Marlena kämpfte im OP-Saal um ihr Leben.

Schließlich tauchte Lucas hinter einer Trennwand auf, sein Blick ruhte für einen Moment auf Jade. »Vielleicht ist es ein Segen, wenn sie stirbt«, sagte er.

Jade war bemüht, keinerlei Regung zu zeigen. »Was ist mit Suzanna?«

»Marlena hat noch nichts gesagt. Die Täter müssen sich Suzanna geschnappt haben.« Er setzte sich und stützte sich mit den Ellbogen auf den Knien ab. »Sie wissen nicht, ob sie jemals wieder reden kann.« Er erhob sich, als könnte er es nicht ertragen, ruhig zu sitzen. »Wirst du bei ihr bleiben, Jade?«

»Ich werde die Nacht über hierbleiben«, antwortete sie.

»Nein, ich meine, für länger. Sie wird jemanden brauchen, der sie pflegt. Sie kann noch nicht mal essen. Marlena war immer gut zu dir. Sie …« Abrupt verstummte er.

»Ich werde die Nacht über hierbleiben. Über alles andere können wir morgen nachdenken.« Jade spürte jeden Knochen im Leib. Sie war müde. Sie hatte den ganzen Tag in ihrem Salon gearbeitet, dann im Bestattungsinstitut Elwood geholfen, Horace Bradshaw für die Beerdigung herzurichten. Kaum damit fertig, war Lucas erschienen und hatte sie gebeten, ins Krankenhaus zu kommen.

»Ich werde mich um eine Liege kümmern«, sagte er.

»Sie werden Ihnen keine Liege für mich geben«, sagte Jade. »Sorgen Sie dafür, dass ein Stuhl da ist.«

Er verließ sie, ging zur Schwesternstation, wo er den beiden mittelältlichen Frauen in weißen Uniformen Befehle erteilte. Jade lehnte sich mit dem Kopf gegen die Wand. In ihrer Erinnerung sah sie Marlena an ihrem Hochzeitstag. Jade war angeheuert worden, um zu helfen, sie hatte den Brautjungfern das Haar geschmückt und Marlenas lange blonde Locken zu einer raffinierten Frisur drapiert.

Das weiße, seidene Hochzeitskleid hatte eine lange Schleppe mit winzigen, angenähten Kristallen gehabt, in denen sich das Licht fing. Der Schleier, der ihr vor dem Gesicht schwebte, verbarg das siegessichere Funkeln in ihren Augen. Mit ihren siebzehn Jahren hatte sich Marlena den begehrenswertesten Junggesellen im Jebediah County und der gesamten südöstlichen Ecke des Staates geangelt. Der zweikarätige Diamant an ihrem Finger zeugte davon, und in nicht ganz einer Stunde würde sie einen Goldring tragen, der die Ehe besiegelte. Jade hatte mit Marlena damals nicht über ihren zukünftigen Ehemann gesprochen. Sie hatte damals nichts von den Geschichten erzählt, die ihr von zwei schwarzen Mädchen zu Ohren gekommen waren, die ihren Körper zum Vergnügen der weißen Männer verkauften. Jade hatte nichts davon erzählt, weil sie wusste, dass Marlena keine andere Wahl hatte. Es war ihr bestimmt gewesen, sich Lucas Bramlett zu schnappen. Und jetzt hatte sie ihn, und Lucille Longier, Marlenas Mutter, würde weiterhin ihre Rolle als First Lady in Drexel spielen können. Lucas' Geld würde dafür sorgen.

Sie hörte die Tür zum OP-Saal aufgehen. Dr. Nelson McMillan kam mit finsterer Miene in den Gang. Sein Hemd war blutverschmiert. »Wo ist Lucas?«, fragte er.

Jade stand auf. Ihre weißen, so geliebten Schuhe drückten hart gegen die Zehen. »Er ist zur Schwesternstation.« Aber jetzt war er fort. Verschwunden.

»Ich muss nach Hause und mich ein wenig ausruhen«, sagte der Arzt. »Richten Sie ihm aus, ich werde morgen gegen Mittag wieder hier sein.«

»Wie geht es ihr?« Er hielt inne. Sie sprach von Marlena nicht als ihrer Schwester – nie hatte sie das Wort laut ausgesprochen. Sie sorgte sich um Marlena, und sie tat ihr schrecklich leid. Jade spürte, wie nötig es war, sie vor Lucas und Lucille zu schützen. Die beiden Menschen, die Marlena eigentlich am meisten lieben sollten, schienen unfähig zu sein, überhaupt noch Liebe zu empfinden. Jade hingegen vergaß nie, dem Schicksal für Jonah und Ruth zu danken. »Kann ich Marlena sehen?«

Der Arzt sah sie an, etwas Dunkles brodelte in seinen müden Augen. »Ihre Verletzungen sind sehr ernst. Es ist ein Wunder, dass sie überhaupt noch am Leben ist.«

»Wird sie wieder gesund?«

Er überlegte, in seinem rastlosen Blick bewegte sich etwas. »Ich weiß es nicht.«

»Ihr kleines Mädchen. Hat sie etwas über Suzanna gesagt?«

Er schüttelte den Kopf. »Sie hat nicht gesprochen. Ich weiß nicht, ob sie es kann. Wenn sie Glück hat, wird sie sich, wenn sie wieder zu Bewusstsein kommt, nicht an viel erinnern.« Sein Mund zuckte. »Diese Scheißkerle haben sie mit einem Kiefernast vergewaltigt. Ihre Gebärmutter und der Gebärmutterhals sind gerissen. Sie wird keine Kinder mehr bekommen können. Sie hat Blutungen unter der Netzhaut. Vielleicht bleibt sie für immer blind. Die zugefügten Schnitte sind nicht lebensbedrohlich, das sind dann auch schon die einzigen guten Nachrichten. Obwohl über zweihundert Stiche notwendig waren, um sie zu nähen. Aber verglichen mit allem anderen ist das zweitrangig.«

Der Arzt, zu wütend, um noch länger zu bleiben, entfernte sich. Auf halbem Weg durch den Gang schleuderte er seine OP-Maske und Kopfbedeckung zu Boden.

Jade kehrte zu ihrem Stuhl zurück. Dort war sie noch immer, als die Bahre mit Marlena herausgerollt und durch den Gang geschoben wurde. Jade folgte ihr in ein Einzelzimmer. Keiner sprach mit ihr. Die Schwestern richteten die Tropfinfusionen her, schalteten die Leuchtstoffröhren über dem Bett an und gingen.

Das Krankenzimmer war grün gestrichen, eine Farbe, die das Blut in Marlenas Haar schwarz färbte und das Blond ihrer Locken billig aussehen ließ. Das einzige Geräusch war Marlenas schwerer Atem, die einzige Bewegung das Heben und Senken ihres Brustkorbs. Draußen vor der halb geöffneten Tür quietschten die Schuhe der Schwestern auf dem gewachsten Linoleum.

Jade trat aus dem Schatten, nahm sich einen weißen Waschlappen und ließ das Waschbecken mit Wasser vollaufen. Sie wrang den Lappen aus, strich Marlena behutsam über Schläfen und Stirn und entfernte das verkrustete Blut. Dann schob sie den Krankenhauskittel zur Seite. Die schwarzen Stiche zogen sich in gerader Linie vom Brustbein bis zum Becken. Es sah aus, als hätte jemand versucht, sie auszuweiden. An beiden Brüsten befanden sich weitere Stiche in Gestalt eines X.

Erneut tauchte Jade den Waschlappen ins Wasser und musste daran denken, dass Marlena bei den Sommerpartys, die sie an ihrem privaten Swimmingpool gab, nunmehr ihren schwarz-gelben Bikini nicht mehr würde tragen können. Alles hatte sich für sie geändert.

5

as frühmorgendliche Licht sickerte durch die gelben Schlafzimmervorhänge im ersten Stock. Eine Fliege summte, ihr irisierend grüner Leib prallte gegen das Gitter und begehrte Einlass. Dotty Strickland drehte den Kopf, das Licht fiel ihr auf die Wange. Sie betrachtete ihr Bild im Spiegel und suchte nach Fältchen in den Augenwinkeln, die den Anfang vom Ende markieren würden. Zufrieden trug sie Lippenstift auf und strich die Locken aus, die sie soeben von den Lockenwicklern befreit hatte. Ein letztes Mal begutachtete sie ihr Spiegelbild und musste daran denken, dass Jade Dupree recht gehabt hatte. Sie sah mindestens fünf Jahre jünger aus, nachdem sie sich die Haare hatte schneiden lassen. Das gefärbte goldene Blond war Jades Idee gewesen. Die Oberlippe zwischen die Zähne geklemmt, lief sie die Treppe zur Küche hinunter.

Hitze schlug ihr entgegen, als sie die metallene Kasserolle und das Backblech mit den Brötchen aus dem Ofen nahm. Sie stellte die Kasserolle auf die Herdplatte, zog die Stanniolfolie zurück und nickte, zufrieden über die perfekte braune Käsekruste. Kein Mann der Welt konnte ihrer Kasserolle mit Würstchen, Eiern, Maismehl und Käse widerstehen.

Sie gab die heißen Brötchen in einen Korb und bedeckte ihn mit einem Tuch, nahm die Kasserolle und ging zu ihrem Wagen, einem älteren Ford. Es herrschte kein Verkehr, als sie über die Hauptstraße in Drexel fuhr. Ihre Uhr zeigte halb sieben. Genau rechtzeitig.

Mit einer Hand bauschte sie ihre Locken auf, während sie Drexel hinter sich ließ und die zwei Meilen zum einstöckigen grauen Haus hinausfuhr, in dem ihre beste Freundin Marlena wohnte. Nachdenklich runzelte sie die Stirn. Marlena war im Krankenhaus. Sie war überfallen und fast umgebracht worden. Die ganze Stadt redete davon, und die Einzelheiten, die aus dem Krankenhaus drangen, waren fürchterlich. Jemand hatte Marlena mit einem Ast vergewaltigt. Schrecklich. Und sie war aufgeschnitten worden. Aufgeschlitzt wie eine ausgeweidete Kuh.

Dotty verbannte das Bild aus ihren Gedanken und konzentrierte sich auf die bevorstehenden Aufgaben. Als Marlenas Freundin versuchte sie auszuhelfen, indem sie Lucas Bramlett das Frühstück machte. Lucas, mit einem Silberlöffel im Mund geboren, war nicht der Mann, der sich in der Küche auskannte. Frühstück nahm er um sechs Uhr fünfundvierzig ein. Pünktlich auf die Minute. Jeden Morgen. Marlena hatte es ihr mit einem Augenrollen erzählt. »Als würde die Welt untergehen, wenn er um Viertel vor sieben nichts Warmes auf den Tisch bekommt.«

Damals hatte sie Marlenas Sarkasmus ignoriert. Marlena wusste es eben nicht zu schätzen, einen Mann wie Lucas zu haben. Sie war Marlenas beste Freundin, aber Marlena tat Dinge, die schlichtweg nicht gut für sie waren. Wie beispielsweise sich darüber zu beschweren, einem Mann das Frühstück zu bereiten, der ihr diesen ganzen Luxus und Komfort ermöglichte.

Sie hielt vor dem Haus an, stieg aus und bewunderte den grauen Anstrich mit den weißen Verzierungen, die grünen Pflanzen und die weißen Korbmöbel auf der Veranda. Alles sah aus wie in einer Zeitschrift. Ständig beschwerte sich Marlena, dass sie sich um die Pflanzen kümmern musste. Sie brauchten mehr Wasser als durstige Feldarbeiter, sagte sie. Die Pflanzen allerdings verliehen der Veranda etwas Lebendiges. Als sie über die Holzdielen ging, berührte sie einen Farnwedel. Er brauchte Wasser. Sie würde ihn später gießen. Da Marlena weiß Gott wie lange im Krankenhaus sein würde, beschloss sie auf der Stelle, regelmäßig vorbeizukommen und die Pflanzen zu wässern, damit sie nicht vertrockneten. Schlimm genug, dass sich Lucas um seine verletzte Frau und seine kleine entführte Tochter Sorgen machen musste. Wie sollte er da noch einen Kopf für die Pflanzen haben?

Auf ihr Klopfen erschien Lucas persönlich an der Tür. Trotz seiner Sorgen war er makellos gekleidet. »Ich habe dir ein Frühstück gebracht, Lucas«, sagte sie und hob die heiße Kasserolle hoch, die sie mit ihrem Kochhandschuh in Händen hielt.

»Dotty«, sagte er und klang noch nicht mal überrascht, »was für eine Arbeit. Komm rein.« Er trat einen Schritt zurück, damit sie eintreten konnte.

Dotty brachte das warme Essen in die Küche. »Irgendwas über Suzanna?«, fragte sie über die Schulter hinweg.

»Nichts.«

Sie musste seine Miene nicht sehen, um zu wissen, dass er über seine vermisste Tochter nicht reden wollte. »Ich deck mal schnell auf. Nimm am Tisch Platz, ich servier dir dann. Ist Kaffee schon gemacht?« Sie sah zur unberührten Kaffeemaschine. »Ich setz welchen auf.« Sie fand es wunderbar, sich in Marlenas Küche zu schaffen zu machen. Alles war so makellos, immer gab es die neuesten Geräte. Es musste eine Freude sein, in einer solchen Küche Essen zuzubereiten, keine Plackerei, wie Marlena es immer beschrieb.

Sie füllte Wasser und Kaffee in die Maschine und steckte

das Kabel in die Steckdose. Während der Kaffee durchlief, gab sie eine ausgiebige Portion ihrer Kasserolle auf einen Porzellanteller. Mit der frischen Butter, die Joe Mergenschoers Frau jeden zweiten Tag schlug, bestrich sie zwei noch warme Brötchen. Sie nahm Silberbesteck und eine saubere Leinenserviette aus der Schublade und brachte alles zum Tisch, an dem Lucas wartete.

Sie setzte ihm das Essen vor und strich dabei mit der Hand leicht über seine Schulter. Kaum spürte sie die Kammgarnwolle seines Jacketts. »Ich weiß, es ist nicht so gut wie bei Marlena, aber ich tu, was ich kann.«

Lucas lachte. »Bei Marlena kann man schon von Glück reden, wenn sie die Rühreier nicht anbrennen lässt. Ich habe sie nicht wegen ihrer Talente in der Küche geheiratet.«

Dotty trat zurück. Marlena hatte mit ihr nie über ihr Sexleben gesprochen. Nicht weil Dotty nicht versucht hätte, sie in diese Richtung zu lenken. Tatsächlich hatte sich Dotty häufig in ihren Phantasien ausgemalt, wie es wäre, sich mit Lucas Bramlett in den Laken zu wälzen. Er hatte etwas an sich, was ihre Vorstellungskraft beflügelte. Eine gebieterische Ausstrahlung, als würde er einfach tun, wonach ihm der Sinn stand. Das erregte sie. Sie wollte sich hilflos fühlen und mit Gewalt genommen, von einem skrupellosen Mann zum Höhepunkt gebracht werden. Lucas spielte in ihren Phantasien, wenn sie nachts allein in ihrem Bett lag, eine große Rolle.

Sie bemerkte, dass er mit ihr sprach.

»Jade war letzte Nacht bei Marlena. Könntest du es einrichten, dass du tagsüber bei ihr bist? Ich hab im Büro zu tun.«

»Klar«, erwiderte Dotty. »Wenn ich helfen kann, mach ich alles. Ich meine, Marlena ist doch meine beste Freundin.«

Lucas musterte sie, als hätte er plötzlich das Rezept für einen erfolgreichen Aktienkauf entdeckt. Nach einer Weile sagte er: »Ich sehe, du willst hier aushelfen.«

Sie spürte, wie sich ihr unterhalb des Nabels alles zusammenzog. Unter seinen Worten lag eine weitere Botschaft verborgen. »Ja«, antwortete sie atemlos. »Ich will aushelfen.«

Es war ihm anzusehen, dass er wusste, welche Wirkung er auf sie hatte. Sein Lächeln war nicht mehr als ein Zucken der Mundwinkel.

»Du willst wirklich aushelfen?«, fragte er und legte die Serviette neben das kaum angerührte Essen.

»Ja.« Das Wort war kaum ein Flüstern. Sie presste die Oberschenkel unter dem langen Rock ihres Marinekleids zusammen. Sie hatte die seltsame Vorstellung, er könnte ihr unter den Rock schauen und erkennen, dass sie ihren ausgefallensten Slip trug, dessen Vorderseite ganz aus weißer Spitze bestand. Ihre Schamhaare bildeten darunter ein dunkles Dreieck, mysteriös und weiblich.

»Dotty, ich weiß, du bist Marlenas beste Freundin«, sagte er, schob den Stuhl zurück und sah sie an, die Hände entspannt auf den Lehnen, in seinem Gesicht der Ausdruck milder Neugier. »Und du willst mir doch helfen, oder?«

Er spielte mit ihr. Sie wusste es, und es gefiel ihr. »Ja«, sagte sie, während sie die Schenkel gegen die Empfindung presste, die ihr durch den Unterleib kroch. Sie war keinen halben Meter von ihm entfernt und außerstande, sich ihm zu nähern oder zu gehen.

»Zieh dich aus«, sagte er. »Beug dich über den Tisch.«

Die Bäume fielen Frank als Erstes auf. Er stand an der Stelle, wo er Marlena gefunden hatte. Er wusste, dass es die Stelle sein musste, weil dort, wo das Blut sich gesammelt hatte, die Erde dunkler erschien. Wäre nicht das Bild ihres blutüberströmten Körpers gewesen, hätte er den Ort wunderschön finden können. Alte Eichen, deren Äste fast bis zum Boden reichten, bildeten einen Kreis. Die Morgensonne fiel schräg durch die moosbewachsenen Äste und verlieh dem Ort den Anschein, als hätten hier altertümliche Rituale stattfinden können, druidische Riten, wie er sich ausmalte.

Vom Cadillac fehlte jede Spur, aber es gab Hinweise darauf, dass Marlena sich durch das Unterholz geschleppt hatte, bevor sie hingefallen und liegen geblieben war. Nach eingehender Betrachtung des Bodens fand er Spuren dessen, was er suchte. Die Abdrücke führten zum Fluss. Marlena war von dort gekommen und hatte dabei den rechten Fuß leicht nachgezogen.

Er folgte der Spur, die sich in den Kiefernnadeln abzeichnete, in Gedanken allerdings war er bei Totem-Joe, einem Codesprecher der 101. Luftlandedivision, die im Krieg schwere Verluste hatte hinnehmen müssen. Joe war noch ein Kind gewesen, ein achtzehnjähriger Bengel, dessen richtiger Name Joseph Longfeather gewesen war. Totem-Joe war nur sein Spitzname gewesen, aus Boshaftigkeit verliehen und in Freundschaft angenommen. Joe hatte Frank in die Kunst des Spurenlesens eingeführt. Noch immer konnte Frank dessen sanfte Stimme hören, die ihn immer an das Rascheln von Pappeln erinnerte. »Die Erde erzählt viele Geschichten, wenn man geduldig und achtsam genug ist, sie zu lesen.« Frank hatte beschlossen, ein solcher Mensch zu werden. Obwohl fünf Jahre älter, wurde Frank zum Schüler von Joseph Longfeather. Beide zusammen hatten sie während des Krieges so manche Spur gefunden. Und Joe hatte die Informationen mithilfe seiner seltsamen Schnarr- und Klopflaute ans Armee-Hauptquartier gesendet. Er hatte vielen das Leben gerettet, sein eigenes hatte er nicht retten können. Als Frank aufblickte, sah er ihn wieder vor sich, teilweise von den alten Eichen verdeckt. Joe trat vor, die Hände vor dem Bauch, wo die Schrapnellsplitter ihn getroffen und ihm den Leib aufgerissen hatten. Blut und rotes Körpergewebe quollen zwischen seinen Fingern hervor.

Er ließ Joe, wo er war, und folgte Marlenas Spur zum sandigen Flussufer. Ihre Schritte hatten flache Vertiefungen im Sand hinterlassen, die schließlich in der braunen Strömung des Chickasawhay verschwanden. Sie war aus dem Fluss gekommen, wie er anhand des Winkels ihrer Schritte erkennen konnte. Vielleicht hatte sie nach Osten gewollt, in Richtung Drexel. Oder zum Chevy, der, wie er mittlerweile wusste, auf einen John Hubbard registriert war. Ein Schuss ins Blaue, aber bislang hatte sich niemand gemeldet, der den Wagen eingefordert hätte. Seiner Erfahrung nach haute man nicht einfach ab und ließ einen fast neuen Chevy an einem kaum befahrenen Weg zurück. Der Überfall auf Marlena, die Entführung des Mädchens und der Wagen standen in einem Zusammenhang.

Die Überlegungen zum Chevy brachten seine Gedanken auf das Cadillac-Cabrio. Lucas hatte bislang kein Wort darüber verloren. Er hatte auch keinerlei Aussage abgegeben, und vom Sheriff hatte Frank die Anweisung, sich vom Bramlett-Haus fernzuhalten. Bei seinen beiden Besuchen im Krankenhaus gestern Abend und heute Morgen hatte er nur Jade in Marlenas Zimmer angetroffen. Beim ersten Mal hatte Jade auf dem Stuhl geschlafen, den Kopf gegen die Wand gelehnt. Beim letzten Mal hatte sie der Verletzten mit einem kühlen Tuch das Gesicht gesäubert. Selbst von der Tür aus war zu erkennen, dass Marlena noch nicht aufgewacht war. Er war gegangen, ohne mit einer der beiden Frauen gesprochen zu haben. Nun dachte er darüber nach, wie er sich in Anwesenheit von Jade Dupree und ihrer Halbschwester Marlena Bramlett fühlte.

Die Ähnlichkeit der beiden Frauen war frappierend und zeigte sich weniger in ihrem Äußeren als in ihrer Ausstrahlung. Die eine war wie Limonensorbett, die andere brüniert wie helles Holz. Er konnte nicht sagen, welche die Schönere

49

war. Es wäre, also müsste er sich entscheiden, was besser schmeckte: Steak oder Brathähnchen. Jade war zwei Jahre älter, was aber keinen Unterschied zu machen schien. Beide hatten große Augen, blaue die eine, die andere von undurchdringlichem Grün. Beide waren schlank, hatten anmutige Arme und Hände und hübsche Beine. Marlena hatte helles Haar, aschblond, das von Geld zeugte. Jades Kurzhaarschnitt bestand aus einem brünetten Lockenschopf. Wenn er beide vor sich sah, musste er an die Geschichte von *Black Beauty* denken – irgendwie musste er immer an Beauty und das andere Pferd, Ginger, denken. Sie waren unzertrennlich, und als sie auseinandergerissen wurden, starb eines von ihnen. Die beiden Frauen waren wie elegante Pferde von unterschiedlicher Farbe, Vollblüter, die über die ganze Distanz gehen konnten.

Sie wohnten vier Meilen voneinander entfernt. Marlena war allerdings nie erlaubt worden, ihre Halbschwester offiziell anzuerkennen. Das Bramlett-Haus hatte Jade nur in ihrer Rolle als Bedienstete betreten. Sie war Kindermädchen für Suzanna, hatte zu besonderen Anlässen gekocht und Marlena das Haar gemacht. Fast wie es unter richtigen Schwestern üblich war, nur war Jade für ihre Dienste bezahlt worden. Die Tatsache war in der Stadt allseits bekannt. Lucille hatte schon dafür gesorgt.

Die nicht anerkannte Verwandtschaft der beiden Frauen war ein weiteres Indiz für die Macht, die Lucas und indirekt auch Lucille über die Stadt ausübten. Lucille Sellers Longier hatte mit einem Schwarzen geschlafen, hatte sein Kind zur Welt gebracht, aber alle taten so, als wäre das nie geschehen. Auch wenn Jade direkt vor ihnen stand und wie der dunkle Schatten von Marlena aussah, gaben sie vor, sie gehöre zu Jonah und Ruth. Faszinierend.

Frank stieg in das kühle Wasser und untersuchte vorsichtig

das Ufer. Wenn er die Stelle fand, an der Marlena in den Fluss gestiegen war, wäre es nicht mehr weit bis zu der Stelle, an der man sie überfallen und misshandelt hatte.

Langsam arbeitete er sich flussaufwärts vor, in Gedanken noch immer bei Jade. Noch immer verwunderte es ihn, wie Lucille es geschafft hatte, von einem Neger ein Kind zu bekommen, ohne mit Schimpf und Schande aus der Stadt getrieben zu werden. Die Menschen damals, stellte er sich vor, hatten wohl genug mit der Weltwirtschaftskrise zu kämpfen gehabt. Stetig ging er gegen die Strömung an, den Blick auf das Ufer gerichtet, in Gedanken bei der Vergangenheit. Die Zwanzigerjahre waren für alle hart gewesen, besonders für jene, die von der Holzwirtschaft lebten. Unwetter hatten weitflächige Kiefernbestände flachgelegt und die Holzindustrie ruiniert. Lucilles Familie hatte jedoch darunter kaum gelitten. Sie hatte weiterhin ihre großen Partys mit Musik und Alkohol gegeben. Nach allem, was ihm zu Ohren gekommen war, hatte sich Lucille mit einem kaffeebraunen Saxophonspieler aus New Orleans eingelassen, war schwanger geworden, und als sich dies nicht mehr verbergen ließ, hatte ihre Familie sie fortgeschickt, angeblich an die Meridian School for Young Ladies. Noch vor ihrer Rückkehr tauchte dann ein Neugeborenes, ein Mädchen, im Haus von Jonah und Ruth Dupree auf, einem kinderlosen schwarzen Ehepaar, das für die Sellers und später für die Longiers gearbeitet hatte.

Die meisten hatten eins und eins zusammengezählt, öffentlich aber wagte niemand etwas zu sagen. Lucille, der durch ihre Erfahrung ein Dämpfer verpasst worden war, heiratete daraufhin Jacques Longier, einen kurz zuvor zugezogenen Franzosen, der von den Gerüchten in der Stadt noch nichts mitbekommen oder sie vielleicht auch gehört, sich aber nicht darum gekümmert hatte, weil die Sellers ein Vermögen ihr Eigen nannten und Lucille ihr einziges Kind war. In Wahrheit war Jacques ein schlechter Geschäftsmann und ein noch schlimmerer Spieler gewesen. Im zweiten Jahr der Ehe wurde schließlich Marlena geboren, wodurch der Handel endgültig besiegelt war.

Nach einigen Meilen flussaufwärts fielen ihm am Ufer einige ausgerissene Farne auf. Er watete zu der Stelle. Etwas war über die Sandbank im seichten Uferbereich geschleift worden. Er schob die Blätter zur Seite. Im Sand zeichnete sich ein dunkler Fleck ab. Blut. Mit einem Ast hievte er sich ans Ufer und blieb abrupt stehen, als er zwischen den Sträuchern eine Angelrute entdeckte. Er fasste sie nicht an; vielleicht konnte er später Fingerabdrücke nehmen. Sein Herz schlug schneller. Er näherte sich der Stelle, an der das Unglück für Marlena und Suzanna seinen Ausgang genommen hatte. Und er war froh, dass er allein war.

6

ange Zeit war es im Krankenzimmer ruhig gewesen. Die Morgendämmerung war durch die Rollläden am Fenster gekrochen, von dem aus ein Flecken braunen Grases und zwei alte Wassereichen zu sehen waren, deren Blätter schlaff in der Hitze hingen. Jade hatte den Sonnenaufgang beobachtet, sich schließlich umgedreht und den Blick auf die reglos im Bett liegende Frau gerichtet. Marlenas Profil schien das Morgenlicht aufzusaugen, es schimmerte weich im Halbdunkel des Raumes. Nach Mitternacht war die Infusion aufgebraucht gewesen, eine Schwester war gekommen und hatte die Flasche ersetzt, in der die Bläschen wie sich jagende Silberperlen aufstiegen, siebenunddreißig Stück in der Minute. Jade hatte die Bläschen gezählt und sich regelmäßig vergewissert, dass ihre Abfolge gleich blieb. Sie stellte sich vor, jeder winzige Tropfen flöße Marlena etwas mehr an Kraft ein, etwas mehr an Durchhaltewillen. Ihre Phantasie allerdings war nicht stark genug, um sich gegen den Vergleich der Tropfinfusion mit der Balsamierflüssigkeit zu wehren, mit der im Bestattungsinstitut die Toten konserviert wurden.

Als die Schwester ins Zimmer kam, hatte Jade sie nach dem Inhalt der Infusion gefragt. Die Schwester hatte ihr nicht geantwortet, sondern lediglich die Nase gerümpft, ein wenig nur, aber es reichte, um Jade zu verstehen zu geben, dass sie einer Antwort nicht würdig sei. Sie mochte wie eine

53

Weiße aussehen, in Wirklichkeit war sie eine helle Nigge-rin.

Nachdem sich die Schwester entfernt hatte, war Frank auf-getaucht. Jade hatte mit einem kühlen Tuch Marlena über das Gesicht gewischt und so getan, als würde sie ihn nicht bemer-ken. Aber er war ihr nicht entgangen. Sie hatte seinen Umriss im Türrahmen wahrgenommen und aufgrund der Haltung genau gewusst, wer er war. Er hatte die Situation erfasst und sich wieder entfernt. Er hätte Fragen gehabt, Jade jedoch keine Antworten. Marlena hatte nichts erzählt. Sie hatte die Nacht durchgeschlafen, gelegentlich gestöhnt, aber kein einziges ver-ständliches Wort von sich gegeben.

Jade drehte sich um und wollte die Rollläden weiter hoch-ziehen, als sie in der Spiegelung der Scheibe Marlena wahr-nahm. Sie rührte sich, ein Stirnrunzeln huschte über ihr Ge-sicht, bevor sie etwas sagte, so leise, dass sich Jade nach vorn beugen und den Kopf verdrehen musste, bis ihr Ohr nur noch wenige Zentimeter von Marlenas Lippen entfernt war.

»Hilfe«, sagte Marlena.

Erleichterung machte sich in Jade breit. Die ganze Nacht über hatte sie Marlena beobachtet und sich gesorgt, ob sie je wieder sprechen, ob sie überleben würde. In ihrer Vorstel-lung hatte sie Marlenas blonde Schönheit dahinwelken und verwesen sehen, hatte sich vorgestellt, sie würde in ein paar Tagen im Rideout-Bestattungsinstitut liegen, wo sie ihr ein letztes Mal den Lippenstift auf die gummiartigen Lippen auf-trug.

»Ich bin hier«, sagte Jade. Marlenas Lider flackerten, dann öffnete sie die Augen und sah sie an, ohne sie zu erkennen. »Ich bin's, Jade«, flüsterte sie.

»Suzanna.« Marlena klang, als wäre sie sich nicht sicher, was das Wort bedeutete. Dann ein weiteres Mal, diesmal be-tonter. »Suzanna.«

»Schon gut«, sagte Jade, zog die Schwesternklingel unter dem Kopfkissen hervor und drückte darauf. Marlena sah aus wie jemand, der soeben aus einem Albtraum erwacht war, dessen Schrecken aber noch unvermindert nachwirkten.

Marlena blickte sich im von der Morgensonne erhellten Zimmer um. Sie wollte sich aufsetzen, stieß einen Schmerzensschrei aus und ließ sich wieder auf das Kissen fallen. »Suzan-na!«, schrie sie.

Jade legte ihr die Hände auf die Arme. »Schon gut«, wiederholte sie und hielt sie fest. »Du musst vorsichtig sein. Du bist verletzt.«

Marlena starrte sie verständnislos an. »Suzanna«, wiederholte sie. Jade fürchtete, sie wisse wirklich nicht, dass Suzanna ihre Tochter sei, fürchtete, der Name sei einfach nur ein Wort für sie, das sie aussprechen konnte.

»Suzanna«, sagte nun Jade.

»Entführt«, flüsterte Marlena. Dann begann sie zu weinen.

Der schwarze Cadillac war hinter dichten Heidelbeersträuchern verborgen. Frank entdeckte ihn problemlos. Er war den Spuren eines Kampfes am Ufer gefolgt, bis er auf ein Paar nagelneue Keds in Kindergröße stieß. Er untersuchte den Boden, die umgestoßene Dose mit Würmern, die in die Büsche geworfene Angelrute, die Kiefernnadeln, das an manchen Stellen aufgewühlte Eichenlaub. Die Spuren erzählten eine deutliche Geschichte. Suzanna war beim Angeln von hinten gepackt worden.

Etwa zwanzig Meter vom Ort der Entführung entfernt stieß er auf eine Stelle, an der die zarten, im Sandboden wachsenden Farne zusammengedrückt waren. Der Abdruck hatte in etwa die Größe eines Kindes. Er mutmaßte, Suzanna war irgendwie ruhiggestellt und hier abgelegt worden, während der Angreifer auf Marlena losgegangen oder, falls sie zu zweit gewesen waren, seinem Kumpan zu Hilfe geeilt war. Aber was hatte Marlena gemacht, damit sich einer oder mehrere Männer anschleichen konnten? Angeblich hatte sie Lucas gesagt, sie wolle zur Kirche, um Kleidung für die Armen auszusortieren. Dort war sie nie aufgetaucht. Etwas stimmte an der Geschichte nicht.

Er begann, das Gebiet kreisförmig abzugehen. Er ließ sich Zeit, bewegte sich bedachtsam und war erneut froh, allein zu sein. Huey würde in einer Stunde mit Spürhunden auftauchen und damit alle Spuren zerstören. Huey war ein Mann der großen Tat. Nicht unbedingt intelligent, aber klug genug, um zu wissen, dass spektakuläre Taten die Wähler am meisten beeindruckten. Frank hatte vor langer Zeit gelernt, dass häufig die kleinen Taten am meisten zählten.

Dornensträucher verhakten sich in seinen Schnürsenkeln, sorgfältig wich er ihrer klettenden Umarmung aus. Er ging um den Cadillac herum, bis er auf die Picknickdecke stieß. Aus einer Entfernung von fünf Metern betrachtete er die Szene. Ameisen hatten sich über das Essen hergemacht, Überreste von Sandwiches mit Hühnchensalat waren zu erkennen, ein Krug mit Tee, dunkel am Boden, klar an der Oberfläche, auf der Zitronenscheiben trieben. Ein Wespenschwarm erweckte eine Schüssel mit Kartoffelsalat zum Leben. Neben den Sandwiches stand ein Rohrkorb. Vorsichtig ging er darauf zu und öffnete ihn mit der Schuhspitze. Darin befanden sich drei Teller und drei Gabeln. Eine Zahl, die ihn beunruhigte.

Die Picknickdecke war zerknüllt. Als er in die Hocke ging und sie näher betrachtete, sah er das Blut. Winzige Tropfen, versprüht über die untere Ecke. Daneben andere Flecken. Sex und Blut. Die Geschichte, die er von der Picknickszene ablas, passte zu nichts, was er sich zusammenreimen konnte.

Er weitete seinen Kreis aus. Etwa sechs Meter von der Picknickdecke entfernt fand er sechs Big-Sun-Kartoffelchipstüten.

Er hob einen Stock auf, drehte drei der Tüten um und dachte an den am Weg abgestellten Chevy. Forrest County hatte mittlerweile geantwortet. John Hubbard, der registrierte Besitzer des Chevy, war Vertreter für Big Sun, eine Firma, die in Mississippi kleine Läden auf dem Land mit Kartoffelchips und Schokoriegeln, Beef Jerky und Schweinekrusten belieferte. Frank zog eine Papiertüte aus der Gesäßtasche, sammelte die Chipspackungen ein und legte sie auf der Picknickdecke ab. Erneut begann er mit seiner Suche, diesmal eiliger, weil er nach etwas Größerem Ausschau hielt. Einer Leiche.

Das Haus war ein Stück von der Straße zurückgesetzt, gerade so weit, dass die Hühner, die hartnäckig aus ihrem Verschlag ausbrachen, vor den gelegentlich vorbeikommenden Fahrzeugen sicher waren. Früher hatte das Haus Emma Grey gehört, nach deren Tod hatte es Miss Lucille gekauft, nachdem ihre Tochter in das Bramlett-Vermögen eingeheiratet hatte. Nicht dass es das teuerste Haus in der Stadt war, aber es lag auf einem Hügel und fing die seltenen Sommerlüftchen ein. Nein, es war alles andere als ein teures Haus, aber es hatte etwas. Jonah Dupree wusste, wenn er sich irgendein Haus auf der Welt aussuchen könnte, dann dieses hier.

Auf dem Weg zur Veranda stapfte er durch eine gackernde Schar Rhode Island Reds. Er trug seinen besten Anzug, dessen Hose schon so oft gebügelt worden war, dass die Falte wie eine Messerschneide glänzte. Miss Lucille hatte angeordnet, dass er sie heute ins Krankenhaus zu fahren habe.

Er hatte gehört, was Miss Marlena widerfahren war. Es bereitete ihm bitteren Kummer. Marlena hatte keiner Seele was zuleide getan, mit Ausnahme vielleicht von sich selbst. Am Tag ihrer Hochzeit mit Lucas Bramlett hatte sie einen Abgrund überschritten. Er war damals dabei gewesen, hatte all den Abstinenzlern in der Stadt Drinks serviert und miterlebt, wie das Paar im Garten des von Lucas bereits erworbenen und hergerichteten Hauses das Ehegelübde sprach. Die Braut verlieh dem häuslichen Dekor den letzten Schliff, ihr Aussehen war die vollkommene Ergänzung des Lebens, das sich Lucas so sorgfältig geschaffen hatte. In seinem gestärkten Hemd und seiner schwarzen Fliege hatte Jonah damals gesehen, wie Lucas Marlena den Goldring an den zitternden Finger schob, und er hatte gespürt, wie die unvermeidliche Tragödie damit ihren Lauf nahm. Marlena hatte eher betäubt als glücklich ausgesehen. Er hatte gewusst, warum. Lucas Bramlett war das Ziel ihres Bestrebens gewesen, so wie ein Collegeabschluss oder eine bestimmte Arbeitsstelle. Und Marlena hatte ihn bekommen. Nun würde sie seine Frau sein müssen. Aber was das bedeutete, darauf war sie nicht vorbereitet. Das alles war mittlerweile sechzehn Jahre her. Marlena war mit Lucas fast die Hälfte ihres Lebens verheiratet.

Mit einem Blinzeln schüttelte er das Vergangene ab, trat auf die Veranda, die drei Seiten des Hauses umgab, und klopfte am Seiteneingang bei der Küche. Miss Lucille würde dort ihren Kaffee und Toast zu sich nehmen. Er sah seine Frau Ruth, in der Hand die Kaffeekanne, mit der sie die Tasse vor Lucille vollschenkte, ihr Blick allerdings war auf Jonah gerichtet.

»Bügel mein türkisfarbenes Kleid«, befahl Lucille Ruth. Die letzten Silben verschliff sie stark.

Jonah wartete vor der Gittertür, bis ihm klar wurde, was sich dort abspielte. Wenn Miss Lucille getrunken hatte, dürfte einiges anders sein, als er sich noch bei seinem Aufbruch in Drexel vorgestellt hatte.

»Ja, Ma'am«, antwortete Ruth mit ihrer Sonntagsstimme.

Jonah wusste nicht, was er davon halten sollte. Ruth hasste Miss Lucille aus ganzem Herzen. Seit siebenunddreißig Jahren hatte sie keinen einzigen Arbeitstag verpasst. Immer war sie gekommen, hatte gekocht, geputzt und sich um die Bedürfnisse der Frau gekümmert. Sie hatte ihre Reden und ihre Prahlereien über sich ergehen lassen und kein einziges Mal ihre wahren Gefühle offenbart. Jonah wurde bewusst, dass seine Frau gewisse Züge aufwies, die ihm Angst einjagten.

Er selbst arbeitete für Lucille Sellers Longier seit fast vierzig Jahren. Er hatte seine Frau sogar bei Miss Bedelia Sellers' Weihnachtsfeier 1915 kennengelernt, damals, als der Traum ihrer blassgoldenen Tochter, sich einen vermögenden Mann zu angeln, noch nicht durch deren Kapriolen zunichte gemacht war. 1918 hatte Lucille dann Jacques Longier geheiratet, einen Mann, der zweiundvierzig Jahre älter war als sie selbst. Als Fremden hatte ihn Lucilles skandalöse Vergangenheit nicht gekümmert. Er hatte Lucille geheiratet, sich das Vermögen der Sellers unter den Nagel gerissen und sich mit grenzenloser Skrupellosigkeit das Stillschweigen der Stadt erkauft.

Lizzie Tolbert hatte erfahren müssen, was passierte, wenn man eine lose Zunge hatte. Sie hatte Lucille in aller Öffentlichkeit als eine Schlampe und Nigger-Hure bezeichnet. Zwei Tage später brannte das Tolbert-Haus bis auf die Grundmauern nieder. Lizzies Sohn kam in den Flammen um. Die Tolberts verließen Drexel. Jacques kaufte das Tolbert-Anwesen und vermachte es der Mt. Pleasant Baptist Church, einer schwarzen Gemeinde.

Das war allen eine Lehre gewesen. Von da an sahen die Einwohner der Stadt in Lucille nur noch die Person, die sie jetzt darstellte, nicht mehr jene, die sie früher gewesen war.

Auf seltsame Weise war Jacques auch zu Jonahs Wohltäter geworden. Der Franzose war aufgetaucht, kurz nachdem sich Lucille in Schwierigkeiten gebracht hatte. Hätte Lucille das Baby, das Resultat ihrer Vorliebe für Alkohol und schwarze Jazz-Musiker, selbst großgezogen, wäre Jacques für sie verloren gewesen. Daher und um Lucilles Ehre wiederherzustellen, war Jade ihm und Ruth gegeben worden – ein Geschenk, das jeden Kummer wert gewesen war.

Jonah spürte den wütenden Blick, den ihm seine Frau zuwarf, bevor sie die Küche verließ und sich, wie von Miss Lucille angeordnet, ans Bügeln machte. Jonah klopfte an die Gittertür. »Miss Lucille, ich bin hier, um Sie zu fahren, wenn Sie fertig sind.«

»Komm rein, Jonah«, sagte sie mit dem Rücken zur Tür.

Er trat in die Kühle des Hauses, aufs Neue erstaunt, wie sehr die Augusthitze abgehalten wurde. Halb in der Küche blieb er stehen, unsicher, wohin er sich begeben sollte.

»Setz dich«, sagte Lucille und deutete auf den Stuhl ihr gegenüber. Sie hatte Make-up aufgetragen, ihr Haar war gemacht, aber noch immer trug sie ihren türkisfarbenen Morgenmantel. Sie hatte schon immer eine Vorliebe für bunte Farben gehabt. Auch ihr greller Lippenstift hob sich stark von der blassen Haut ab, die an den Backen allmählich schlaff wurde.

Eine böse Vorahnung beschlich Jonah. Lucille war nicht die Frau, die ihre Angestellten einlud, sich mit ihr an einen Tisch zu setzen.

»Schenk dir eine Tasse Kaffee ein«, sagte sie.

Er machte keinerlei Anstalten, sich eine Tasse zu nehmen. »Um wie viel Uhr wollen Sie ins Krankenhaus?«, fragte er. »Ich könnte mich noch um die Weinstöcke kümmern, bis Sie fertig sind.«

»Setz dich«, sagte sie.

Er ließ sich auf dem Stuhl nieder, legte die Hände auf die Oberschenkel und sah ihr in die Augen, die so blau wie der Morgenhimmel waren. Sein Herzschlag beschleunigte sich, als er in ihrem durchdringenden Blick etwas von früher zu finden versuchte. Aber er konnte nichts mehr davon erkennen, es war fort, genau wie ihre blühende Schönheit, die ihn einst so in ihren Bann geschlagen hatte. Miss Marlena hatte sie ihr geraubt. Zum ersten Mal fragte er sich, ob Lucille ihre eigene Tochter hasste.

»Wie lange arbeitest du schon für mich, Jonah?«, fragte sie.

»An die vierzig Jahre«, sagte er und wusste, dass etwas anderes hinter der Frage steckte. Miss Lucille war Meisterin darin, Dinge zu bemänteln.

»Und Ruth, wie lange ist sie schon hier?«

»Siebenunddreißig Jahre.« Jonah sagte nur, was er mit Bestimmtheit wusste. Noch nicht mal Miss Lucille konnte an den Tatsachen etwas ändern.

»Wie geht es Jade?«

Der abrupte Themenwechsel ließ ihn aufhorchen. In all den Jahren, in denen Jade bei ihnen lebte, hatte sich Miss Lucille kein einziges Mal nach deren Wohlbefinden erkundigt. Außer wenn sie Jade auftrug, dieses oder jenes zu tun, war ihr wahrscheinlich kein einziges Mal deren Name über die Lippen gekommen.

»Es geht ihr gut.« Das musste reichen. Eine Antwort, keine Einzelheiten.

»Lucas hat mich diesen Morgen angerufen. Er will, dass Jade bei Marlena bleibt. Auf Dauer.«

Darum also ging es. Die Tochter, die Miss Lucille behalten hatte, brauchte Pflege. »Jade muss sich um ihren Laden kümmern.« Eigentlich keine Antwort, nur eine Feststellung.

Er nahm die leichte Änderung in Lucilles Miene wahr, die Anspannung, die sich um ihre Augen zeigte. »Es würde Jade in ein gutes Licht rücken, wenn sie Lucas aushelfen könnte.«

So wollte sie es also angehen. Nicht als direkten Befehl, sondern als unterschwellige Drohung. Das hatte sie von ihrem Ehemann gelernt. Jacques hatte sich auf diese Taktik verstanden. Jonah zuckte mit den Achseln. »Das muss Jade selbst entscheiden. Sie ist erwachsen genug.«

Ruth kam mit dem frisch gebügelten Kleid an einem Draht-
bügel in den Raum zurück. Sie blieb so unvermittelt stehen,
dass das Kleid heftig am Bügel schwang und einen schwachen
Luftzug durchs Zimmer schickte. »Was muss Jade selbst entscheiden?«

Jonah hielt den Blick auf Lucille gerichtet. »Sie wollen, dass
Jade sich um Miss Marlena kümmert, bis sie wieder gesund
ist.«

»Jade hat sich um ihren Laden zu kümmern.« Ruths Ton
gab zu verstehen, dass die Diskussion damit beendet sei.

»Die Geschäfte laufen im Allgemeinen besser, wenn man
Lucas Bramlett hinter sich hat.« Lucille ballte ihre Hände so
heftig zur Faust, dass sie weiß anliefen und ihr großer Rubin-
ring regelrecht zu glühen schien. »Sie sollte sich glücklich
schätzen, Marlena pflegen zu dürfen.«

»Was geschehen ist, tut uns wirklich sehr leid. Jade hat
Suzanna und auch Miss Marlena gern.« Ruth hängte das Kleid
an den Türrahmen. »Ich bin mir sicher, Jade wird tun, was sie
kann, wenn es ihre Arbeit zulässt.« Sie strich den Saum glatt.
»Ich glaube, ich weiß, was ich jetzt mache, Miss Lucille. Ich
werde jetzt nach Hause gehen und mich ausruhen. Vielleicht
kann ich ja bei Marlena mithelfen, falls es nötig ist.«

Ruth durchquerte die Küche und ging zur Seitentür hinaus.
Auf den Verandadielen war noch das Klappern ihrer klobigen
Schuhe zu hören, dann war sie verschwunden.

Kurz dachte Jonah daran, seiner Frau anzubieten, sie mit
dem Wagen nach Hause zu fahren. Aber wahrscheinlich war
es besser, wenn er sie zu Fuß gehen ließ. Ruth würde mit Miss
Lucille nicht den Wagen teilen wollen, den er sowieso erst
bekommen würde, wenn dessen Besitzerin aufzubrechen ge-
dachte. Er glaubte noch die Schritte seiner Frau im Hof zu
hören, dann war nur noch Miss Lucilles Atem zu vernehmen.
Er versuchte es auszublenden, versuchte nicht an die Zeit zu

denken, in der dieser Atem stoßweise, hastig gekommen war. Damals war sie anders gewesen. Was beinahe zu ihrem Untergang geführt hätte.

»Ich hätte mir gedacht, Ruth würde sich mehr Sorgen um Marlena machen«, sagte Lucille. In ihrer Stimme schwang Wut mit.

Jonah dachte an die vergangenen vierzig Jahre. Es war nicht schlecht gewesen, für Lucille zu arbeiten. Sie war fordernd und manchmal so selbstbezogen, dass es fast schon komisch war. Aber sie hatte ihm etwas gegeben, was ihm kostbarer war als das eigene Leben. Dafür würde er immer in ihrer Schuld stehen. »Ruth ist besorgt, Miss Lucille. Besorgt um Ihre Tochter und um ihre eigene.«

Jetzt war es heraus. Er rührte sich nicht und zwang sich, ihr in die Augen zu sehen. Sie hob die Hand, als wollte sie ihn schlagen. Auch das wäre nicht das erste Mal gewesen. Als sie sich daran zu erinnern schien, ließ sie die Hand sinken.

»Wie kannst du es wagen, so mit mir zu reden?«, sagte sie.

»An dem Tag, an dem Sie uns Jade gegeben haben, wussten Ruth und ich, dass wir es Ihnen nie zurückzahlen können. Wir haben über die Jahre versucht, unsere Dankbarkeit zu zeigen. Ruth hat keinen einzigen Arbeitstag versäumt. Und ich selbst nur zwei, damals, als ich mich am Motor an der Hand verletzt habe. Aber die Wahrheit lautet: Sie haben Jade nie gewollt. Niemals. Und ihr Daddy auch nicht. Er war schon wieder unterwegs, bevor Sie ihm überhaupt von Ihrem Problem erzählen konnten. Ruth und ich waren mehr als glücklich, dass wir dieses kostbare Baby aufnehmen und erziehen durften. Was ich also sagen möchte: Ruth ist Ihnen nichts schuldig. Und Jade ebenso wenig.«

Jonah bemerkte die Veränderung in ihrem Blick. »Ich habe dich für jeden Tag, an dem du für mich gearbeitet hast, bezahlt. Und Jade auch. Alles, was sie jemals für Marlena und Suzanna getan hat, ist bezahlt worden.« Ihre Stimme zitterte.

»Weil Sie es so gewollt haben.«

»Das ist doch unglaublich! Solche Undankbarkeit ist mir noch nie untergekommen. Ich kann mich nicht erinnern, jemals so empört gewesen zu sein.«

»Ich sage Ihnen, woran ich mich erinnere. Ich erinnere mich an eine Zeit vor Jacques Longier.«

Sie musste nach Atem ringen, als sie seine schockierenden Worte hörte. »Ich sollte dich feuern.«

Endlich verstand er. »Ja, Ma'am, vielleicht sollten Sie das.« Aber sie würde es nicht tun. Er hatte die Wahrheit zu fassen bekommen. Sie hielt an ihm fest, weil er sie an die Vergangenheit erinnerte. Lange hatte er geglaubt, sie würde die Vergangenheit hassen, jetzt musste er erkennen, dass dem nicht so war.

»Sie haben mir Ihre Tochter gegeben«, sagte er leise, »und ich habe ihr ihr Leben zurückgegeben. Was Jade macht, ist ihre eigene Entscheidung. Und so wird es auch bleiben.«

Er stand vom Tisch auf und ging durch die Gittertür hinaus. Als die Tür hinter ihm zuknallte, drehte er sich um. »Ich mache den Wagen fertig, damit Sie zu Miss Marlena ins Krankenhaus fahren können.«

7

ie Sonne stand bereits halbhoch am Himmel, als Jade das Hollywood Styles erreichte. Dotty Strickland war fast zwei Stunden zu spät im Krankenhaus eingetroffen, sodass Jade noch nicht mal mehr Zeit geblieben war, nach Hause zu fahren und ein Bad zu nehmen. Sie parkte ihren gebrauchten Hudson, den sie in Mobile beim einzigen farbigen Autohändler im gesamten Südosten des Staates erworben hatte, und ging zum Eingang. Das leuchtend rosarote Schild im Fenster war das einzige Neonschild in Drexel. Das erste Wort bestand aus Großbuchstaben ähnlich jener am Hang oberhalb von Los Angeles, während »Styles« in schlanken Kursivlettern gestaltet war. Das Schild war von einem Glasbläser in Gulfport angefertigt worden und stellte Jades größte Extravaganz dar. Es hatte sich längst bezahlt gemacht. Drexel lag fernab von Hollywood und ebenso weit von New York City, aber die Frauen in der Kleinstadt lechzten nach kosmopolitischem Flair. Sie wollten glamourös oder wenigstens elegant erscheinen, ohne auf das Privileg ihrer provinziellen Ansichten verzichten zu müssen. Das Schild weckte in ihnen alles, was sie mit Hollywood verbanden, allerdings ohne die Gesellschaft der Schauspieler und Schauspielerinnen, die sie allesamt für dekadent und moralisch verkommen hielten.

Jade sperrte die Ladentür auf und trat ein. Große Fotografien von Veronica Lake, Marilyn Monroe, Joan Crawford,

65

Grace Kelly, Bette Davis, Deborah Kerr, Joan Fontaine und, die beliebteste von allen, Vivien Leigh waren in dem großen Raum aufgehängt. Jade hatte Filmstudios angeschrieben und um plakatgroße Schwarzweiß-Aufnahmen der Stars gebeten. Keiner in der Stadt konnte sich vorstellen, wie sie an sie gekommen war. Sie verliehen dem Schönheitssalon einen weiteren Hauch Exklusivität.

Durch ein Bild in einer Zeitschrift war Jade auf die Idee gekommen, schwarze Waschbecken und Armaturen anzuschaffen sowie einen schwarz-weiß gefliesten Boden. In Drexel hielt man das für ausgesprochen modern. Auf eine Bevölkerung, die in jedem Vergnügen eine Versuchung des Teufels sah, übten solche Dinge einen großen Reiz aus.

Bereits vor langer Zeit hatte Jade es aufgegeben, sich Gedanken über das bizarre Verhalten ihrer Kundschaft zu machen. Frauen, die sie als gesellschaftlich niedriger stehend betrachteten, bettelten sie um Friseurtermine an. Sie unterwarfen sich ihrem Urteil und Geschmack. Jade war zu der Ansicht gelangt, dass sie sich glücklich schätzen konnte. Da es keinen gesellschaftlichen Spiegel gab, der ihr ein Bild von sich selbst geliefert hätte, hatte sie bereits in jungen Jahren gelernt, wirklich sich selbst zu sehen. Die Frauen dagegen, deren Haare sie schnitt und frisierte, hatten kein klares Bild von sich selbst. Sie waren abhängig von anderen, die ihnen sagten, wer sie waren und wie sie aussehen sollten. Kinofilme prägten ihre Vorstellungen von Schönheit, Männer definierten ihre Sexualität und ihre Rolle als Ehefrau und Mutter. Jade, die außerhalb der Gesellschaft lebte, in einer Welt, in der sie weder schwarz noch weiß war, hatte ein einzigartiges Stilempfinden entwickelt, das allein auf der Form ihres eigenen Gesichts, ihrer Haut, ihres Haars und ihrer Augen basierte.

Sie arbeitete allein im Laden, da keine weiße Frau für sie

arbeiten würde und ihre Kundinnen es strikt ablehnten, eine »richtige« Negerin an ihr Haar zu lassen. Jade war eine Ausnahme, eine Absonderlichkeit. Ihr Talent beschränkte sich nicht notwendigerweise aufs Frisieren und die Auswahl von Kosmetika; viel wichtiger war es, bei ihren Kundinnen zu erkennen, welche Phantasien sie hegten, um daraufhin den Abgrund zwischen diesen Vorstellungen und der Wirklichkeit überbrücken zu können. Frauen, die ihr gegenüber in der Öffentlichkeit die Nase rümpften, verließen ihren Laden mit dem Gefühl, sie habe sie regelrecht verzaubert. Zwei ihrer Kundinnen legten jede Woche die vierzig Meilen von Mobile zurück, um sich von ihr eine neue Frisur machen zu lassen. Die Eitelkeit, hatte Jade schon vor langer Zeit erkannt, war stärker als jedes Vorurteil. Das war einer der vielen Gründe, warum sie entgegen des Wunsches ihrer Eltern in Drexel geblieben war. Es war nicht so, dass Ruth und Jonah sie etwa nicht liebten. Ihre Adoptiveltern hatten ihr alle Liebe gegeben, die sie aufbringen konnten, so viel, dass für die beiden selbst nichts mehr übrig geblieben war. Es zeigte sich auf mancherlei Art. Sie war die Speiche, die das Rad ihrer Ehe am Laufen hielt, und ebenso war sie das Gegengewicht, das Suzanna Bramletts Leben im Lot hielt.

Als sie an das kleine Mädchen dachte, musste sie sich an einen Stuhl lehnen, um von ihrer Angst nicht überwältigt zu werden. Für die meisten war Suzanna ein ungeratenes, verzogenes Kind. Sie sahen in ihr lediglich die Tochter des reichsten Mannes der Stadt und einer sie hilflos liebenden Mutter, die ihr alles durchgehen ließ. Von ihrem wahren Leben hatten sie keine Ahnung. Das kleine Mädchen war ein Geist im eigenen Haus, huschte von Zimmer zu Zimmer, zerbrach manchmal wertvolle Gegenstände, knallte gegen das Klavier oder schrie und trat um sich. Das alles tat sie, weil niemand sie wahrnahm. Lucas und Marlena sahen durch sie hindurch.

67

Besser als die meisten anderen verstand Jade, wie sich so etwas anfühlte.

Jade zog den Notizzettel ab, den Jonah an die Scheibe geklebt hatte. Sie war stolz auf ihren Vater, seine ordentlich geschriebenen Buchstaben, die richtige Grammatik. »Jade ist im Krankenhaus«, stand auf dem Zettel. Sie ging zu ihrem Terminkalender und erstellte eine Liste jener Frauen, die sie anrufen musste, um sich bei ihnen zu entschuldigen. Ihre Kundinnen waren sehr eigen, wenn es um Termine ging. Es würde Tränen geben, vielleicht sogar unschöne Szenen. Abhängigkeit erzeugt häufig Wut. Sie überflog die Termine. Um zehn Uhr dreißig sollte Betsy McBane kommen. Jade seufzte und blies den Atem nach oben gegen die Strähnen ihres fluffigen Ponys. Kurz dachte sie daran, den Zettel wieder aufzuhängen, die Tür abzusperren und sich zu verstecken, bis McBane gegangen war. Aber sie tat es nicht.

Stattdessen öffnete sie die Fenster und die Hintertür, damit der Durchzug den penetranten chemischen Geruch nach Dauerwellen zur Straße hinaustreiben konnte. Der Tag war voll, ein Termin nach dem anderen, noch nicht einmal eine Mittagspause blieb ihr. Und sie war hundemüde. Besser, in Bewegung zu bleiben. Damit konnte sie die Sorgen um Suzanna wegschieben, wenigstens so weit, um die Arbeit hinter sich zu bringen, bis sie von Frank hörte. Falls ihm gesicherte Erkenntnisse vorlagen, würde er kommen und sie ihr mitteilen. Frank verstand vielleicht nicht ihre Zuneigung zu Suzanna, aber er wusste um sie. Er würde ihr erzählen, was er wusste – anders als Marlenas Mann.

An Lucas zu denken war Zeitverschwendung. Das Unbehagen, das sie in seiner Gegenwart empfand, hatte sie nie laut geäußert. Sie fürchtete, er würde sie sonst nicht mehr zu Suzanna lassen. Dabei hatte er nie etwas getan, was ihr einen offensichtlichen Grund zur Besorgnis gegeben hätte. Aber sie spürte seinen Blick, wenn sie ihm den Rücken zukehrte, einen Blick, in dem starke Gefühle loderten. Was Jade am meisten beunruhigte, war die Tatsache, dass sie sich Lucas Bramlett so ähnlich fühlte. Er lebte, wie es ihm beliebte, weil er stark genug war. Die meisten glaubten, es wäre das Geld, das Lucas seine Macht verlieh. Jade war anderer Meinung. Geld hatte seinen Anteil daran, aber vor allem rührte sie von seinem Charakter her. Wie sie stand auch er außerhalb aller gesellschaftlichen Schranken.

Lucas zögerte nie, sie anzurufen, wenn er jemanden brauchte, der auf Suzanna aufpasste – sei es für einen Nachmittag oder für einen Abend, für ein Wochenende oder eine dreiwöchige Kreuzfahrt. Würde er sich die Mühe machen und ihr mitteilen, wenn es eine Lösegeldforderung gab? Sie bezweifelte es. Huey Jones allerdings würde seinen Mund nicht halten können, und sollte sein Leben davon abhängen. Falls es eine Lösegeldforderung gab, würde die ganze Stadt davon wissen.

Lucas allerdings, und dieser Gedanke kam Jade urplötzlich, würde kaum für etwas zahlen, das für ihn keinen Wert besaß. Verzweiflung überkam sie. Die öffentliche Meinung würde ihn schließlich zwingen, das Lösegeld aufzubringen. Er stand zwar außerhalb der Gesellschaft, war aber keineswegs gegen sie gefeit. Der Gedanke ließ sie ein wenig Trost schöpfen, auch wenn sie wusste, dass Lucas nie auch nur einen Funken Freude über seine Tochter gezeigt hatte. Weder bei ihrer Geburt noch bei ihren ersten Gehversuchen noch wenn sie in der Schule gute Noten bekam oder hervorragend Klavier spielte. Nichts, was das kleine Mädchen tat, gewann sein Lob oder seine Freude. Traurigkeit legte sich wie ein schweres Gewicht auf Jades Brust. Ständig meinten die Leute, in einer Großstadt könnte sie mehr erreichen. Selbst Ruth hatte in diesen Tenor eingestimmt. Ruth wollte, dass sie heiratete und Kinder bekam. In Drexel war sie für die Schwarzen zu weiß und für die Weißen zu schwarz. An einem Ort wie New Orleans hätte sie es sich aussuchen können.

Jade war noch mit ihren Anrufen beschäftigt, als Mrs. McBane durch die offen stehende Tür trat und sofort die Empfangstheke ansteuerte, hinter der Jade saß.

»Du hast heute Morgen fünf Termine ausfallen lassen.« Mit Nachdruck stellte sie ihre Lederhandtasche mit Goldschließe auf die Theke.

»Ja, Ma'am.« Jade legte den Stift hin und griff zum Telefon. »Wenn Sie bitte schon mal Platz nehmen wollen, ich muss noch eine Kundin anrufen.«

»Es ist halb elf.«

Jade sah zur Uhr an der Wand. »Es ist zehn Uhr dreiundzwanzig. Nur einen Anruf noch.«

Mrs. McBane rührte sich nicht. »Wer ist diese Marlena Bramlett für dich überhaupt?«

Betsy McBane wusste sehr wohl, dass die beiden Halbschwestern waren. Es ging ihr also nicht um den Verwandtschaftsgrad, sondern um etwas anderes: Woher Jade sich das Recht herausnahm, sich um Marlena und deren Tochter Sorgen zu machen.

»Ich mag Suzanna«, erwiderte Jade. »Wahrscheinlich bin ich die Einzige.«

»Sie ist ein Balg. Wenn sie wirklich entführt worden ist, werden die Kidnapper Lucas noch Geld dafür zahlen, dass er sie wieder zurücknimmt.«

Jade spürte, wie sie wütend wurde; ein Gefühl, das ihr unvertraut war. Sie war so sehr an ihre Kundinnen gewöhnt, dass sie sich deren Gerede nur selten zu Herzen nahm. Sie griff zum Hörer und begann zu wählen.

Als sie mit dem Anruf fertig war, stand die über ihr aufragende Betsy McBane immer noch an der Theke. Jade legte den Hörer auf und erhob sich. »Was darf es heute sein, Mrs. McBane?«, fragte sie und richtete den Blick unmissverständlich auf die Uhr, die zehn Uhr dreißig anzeigte.

Betsy nahm auf dem Friseurstuhl Platz, Jade stand hinter ihr. »Etwas Besonderes. Ich möchte gut aussehen, nur für den Fall, dass eine Beerdigung ansteht.« Mit einem gepressten Lächeln starrte sie in den Spiegel und Jade in die Augen. »Wenn das Mädchen tot sein sollte, wirst du es dann auch im Bestattungsinstitut herrichten? Ich hab gehört, du hast bei Horace Bradshaw gute Arbeit geleistet.« Begierig wartete sie auf die Antwort.

Die Vorstellung, Suzanna könnte tot sein, ließ Jade unwillkürlich einen Schritt zurücktreten.

»Tut mir leid, Jade. Wie gedankenlos von mir.« Noch immer starrte sie Jade an.

»Warum glauben Sie, Suzanna könnte tot sein?«, fragte Jade, ohne sich darüber Gedanken zu machen, ob die letzte Aussage tatsächlich nur gedankenlos oder das genaue Gegenteil dessen gewesen war.

»Ich war heute Morgen zufällig im Krankenhaus. Na, du weißt ja, Marlena ist doch der Liebling der ganzen Stadt, und ich wollte sehen, wie es ihr geht. Dein Vater hat draußen am Wagen gewartet und mir erzählt, Lucille würde sich schreckliche Sorgen machen und glauben, ihre Enkelin könnte tot sein. Er hat ja selbst ganz krank ausgesehen.«

»Haben Sie Marlena besucht?« Nachdem Marlena den Namen ihrer Tochter gerufen und sich aufs Bett geworfen hatte, war ihr von einer Schwester noch mehr Morphium verabreicht worden. Marlena hatte nichts mehr geäußert, was irgendwie hilfreich gewesen wäre. Zumindest nicht, solange Jade noch bei ihr gewesen war.

»Nein. Diese dämlichen Ärzte lassen nur Familienangehörige zu ihr.« Im Spiegel betrachtete sie Jade, die ihre Finger durch einige glatte braune Haarsträhnen streichen ließ. »Irgendeinen Vorschlag für einen neuen Schnitt?«

»Wie wär's mit was in der Art von Olivia de Havilland?«, fragte Jade.

Betsy sah enttäuscht drein. »Spielt die nicht bloß Nebenrollen?«

»Aber sie ist es schließlich, die Ashley Wilkes bekommt«, erwiderte Jade trocken und ernst.

Betsys Miene hellte sich auf. »Das stimmt.«

Jade machte sich an die Arbeit. Wenn sie sich konzentrierte, konnte sie Betsys Stimme völlig ausblenden. Sie musste nur hin und wieder nicken und gelegentlich einen Laut der Zustimmung von sich geben. Betsy übernahm dann den Rest. Die Zeit, bis sie unter der Trockenhaube saß, würde wie im Flug vergehen.

»Huey ist hoch nach Quincy, um Spürhunde zu besorgen«, sagte Betsy. »Wahrscheinlich ist er mit ihnen schon in den Wäldern.«

Das weckte Jades Interesse. Man suchte also nach Suzanna. »Hm-hmm«, erwiderte sie in der Hoffnung, ihr noch mehr entlocken zu können.

»Huey sagt, die Hunde können eine Spur verfolgen, die schon drei Tage alt ist, und verlieren sie auch im Wasser nicht.«

»Aha.« Sie begann mit dem Schneiden.

»Das FBI haben sie noch nicht eingeschaltet. Dazu müssen sie erst beweisen, dass Suzanna über die Staatsgrenze geschafft worden ist, damit es eine Sache für die Bundespolizei wird.«

»Woher wollen sie wissen, ob sie über die Grenze geschafft wurde?«, fragte Jade.

Betsy zuckte mit den Schultern. »Ich persönlich glaube ja, Huey will bloß die Lorbeeren für sich allein kassieren. Frank Kimble war in der Morgendämmerung draußen. Zum Teufel, es ist ganz gut, dass Frank den Fall bearbeitet. Huey würde doch noch nicht mal den Weg aus einer Papiertüte finden.«

Jade wurde bewusst, dass Betsy in den Spiegel starrte und ihre Reaktion musterte. »Frank ist ein guter Polizist«, sagte sie.

»Ja, das ist er. Und ein hübscher Mann«, stimmte Betsy mit ein. Als Jade darauf nichts erwiderte, fuhr sie fort: »Du warst die ganze Nacht bei Marlena. Was ist ihr zugestoßen? Man hört ja die schrecklichsten Dinge. Dass sie keine Kinder mehr bekommen kann. Stimmt das?«

Jade beeilte sich mit dem Schneiden. Sie wäre erst erlöst, wenn Betsy unter der Trockenhaube saß.

Die beiden Hunde zerrten an ihren Lederleinen und zogen Nathan Ryan voran. Noch hielt er sie im Zaum, die gespannten Muskeln und hervortretenden Adern an seinen Armen aber zeugten von der Anstrengung, die dafür nötig war. Er wartete auf Hueys Befehl, um die Hunde loszulassen, damit sie Marlenas Spur aufnahmen und sie hoffentlich zu Suzanna führten. Frank wusste, dass dort nichts zu finden war. Er war Marlenas Spur zum Fluss gefolgt und schließlich weiter bis zur Stelle, wo er den Cadillac entdeckt hatte. Jetzt wartete er, dass Huey eine Entscheidung traf. Der Sheriff war mit Ryan, den Hunden und fünf Freiwilligen aufgetaucht, unter ihnen Junior Clements und Pet Wilkinson. Einige von ihnen standen unter einer der Eichen und rauchten.

Wenn sie Suzanna Bramlett aufspürten, würde Huey sein Leben lang über genügend Geld verfügen, um seine Wahlkampagnen für das Sheriffamt zu finanzieren. Frank meinte die Geldgier in Hueys Augen sehen zu können, während dieser auf die Spur zeigte und mit Ryan sprach.

»Die Hunde folgen Marlenas Spur, sagte Huey und wiederholte damit nur, was Frank ihm gesagt hatte. Er winkte Frank heran. »Das Mädchen kann überall im Wald sein. Wir hoffen, dass Marlenas Spur uns zu Suzanna führt. Sollen wir den Hunden die Bluse geben?«

Lucas hatte eine von Marlenas Blusen im Sheriffbüro abgegeben, eine völlig überflüssige Maßnahme, da die Hunde sofort der Spur folgten, wenn sie eine fanden.

Es handelte sich um eine marineblaue Bluse mit Seemannskragen und weißer Krawatte, ein teures Stück. Marlena hatte sie beim Picknick zum vierten Juli getragen. Jetzt lag sie auf dem Vordersitz des Streifenwagens. Der schwache Duft ihres dezenten Parfüms haftete noch an ihr und erfüllte das Wageninnere mit einem Hauch von Marlena.

»Die Hunde brauchen die Bluse nicht«, sagte Frank. Zwanzig Meter weiter konnten es zwei Bluthunde kaum erwarten, dem Geruch zu folgen. Sie sprangen und bellten und benahmen sich, als befände sich das Ziel ihrer Suche in unmittelbarer Gefahr.

»Frank?«, sagte Huey.

Frank nickte. »Lass sie los.«

Ryan ließ sich von den Hunden – sie hatten die Schnauze am Boden, den Schwanz hoch aufgestellt – im schnellen Dauerlauf vorwärtsziehen. Huey und die Freiwilligen folgten. Der Sheriff sah über die Schulter zurück. »Frank, kommst du?«

»Es gibt hier noch was, worauf ich einen Blick werfen möchte«, antwortete er und nickte bestätigend. »Komme gleich nach.« Frank hatte die Chipstüten nicht erwähnt, nicht im Beisein von Junior und Pet und den anderen Freiwilligen. Er würde dem Sheriff später, wenn sie allein waren, davon erzählen. Und von den Chips abgesehen hatte Frank noch etwas entdeckt, eine weitere Spur, eine, die nach Süden führte. Ihr wollte Frank allein folgen.

Die Chipstüten an und für sich bewiesen noch nichts, eine gewisse Schlussfolgerung aber schien naheliegend. Die zweite

Spur gehörte seiner Meinung nach zum dritten Teilnehmer an Marlenas Picknick und dem Besitzer des mittlerweile zu einer Werkstatt in Drexel abgeschleppten Chevy. Zu John Hubbard. Wenn diese Vermutungen stimmten, dann musste Frank herausfinden, warum Hubbard in eine andere Richtung davongelaufen war als Marlena.

Bei seinen methodischen Ermittlungen war er auf einige interessante Fakten über den Big-Sun-Handelsvertreter gestoßen. Er war einmal in Hattiesburg wegen Trunkenheit und ordnungswidrigem Verhalten im Zusammenhang mit einer Schlägerei verhaftet worden. Er hatte sich schuldig bekannt und eine Geldstrafe bezahlt. Er wohnte in 2121 Kenner Street an der West Fourth in einem bescheidenen Holzhaus mit Garage. Lieutenant Lloyd Hafner von der Polizei in Hattiesburg hatte sich als überaus hilfreich erwiesen, er hatte ein bisschen nachgeforscht und herausgefunden, dass Hubbard ledig war und allein in dem Haus wohnte. Er fuhr einen in zwei Grüntönen gehaltenen Chevy. Laut Aussage der Nachbarn war er ein ruhiger Mensch, der häufig fort war. Viel Zeit verbringe er angeblich mit dem Waschen seines Autos, und für einen Ledigen führe er ein einsames Leben. Die letzten Tage sei er nicht zu Hause gewesen.

John Hubbard war während einer Tour verschwunden. Frank hatte mit dem gereizten Big-Sun-Geschäftsführer telefoniert, der ihm erzählte, dass Johnny, wie er ihn nannte, in der ersten Wochenhälfte die Route eines anderen Vertreters übernommen habe, bevor er seine eigene antrat, die ihn nach New Augusta, Beautmont, McLain, Lucedale, State Line, Leakesville und Drexel führte. Am Donnerstagnachmittag hätte sich John Hubbard wieder melden sollen. Er war nicht aufgetaucht.

Langsam, vorsichtig folgte Frank der Spur. Wer immer diese Spur hinterlassen hatte, musste es sehr eilig gehabt haben.

Blätter waren von Zweigen gerissen, an einer Stelle hatte sich der Absatz eines Schuhs tief in den weichen Untergrund gegraben. Als er auf einen ganzen Fußabdruck stieß, wusste er, dass er damit das bislang beste Beweismittel des Falles gefunden hatte. Was ihn aber nach wie vor beunruhigte, war die Tatsache, dass er noch nicht einmal eine Hypothese aufstellen konnte, warum John Hubbard – falls dies wirklich seine Spur war – in eine andere Richtung geflohen war als Marlena. Warum hatte er ihr nicht geholfen? Und warum hatte Suzanna keine Spur hinterlassen?

Natürlich bestand die Möglichkeit, dass er hier Suzannas Entführer folgte, der das Kind auf den Armen getragen hatte, allerdings hielt er dies für wenig wahrscheinlich. Der Weg führte zum Fluss und den Sümpfen. Wer ein Kind mit sich fortschleppte, würde den Weg zur Straße und zu einem dort wartenden Wagen einschlagen. Diese Vermutung beruhte allerdings darauf, dass der Entführer Suzanna lebend wollte. Falls aber John Hubbard das Kind ermordet hatte oder es von einem krankhaften Perversen entführt worden war, der andere Pläne mit dem Kind verfolgte ... Frank ließ den Gedanken fallen. Es gab eine Menge Kranke in der Welt, er wusste es. Er stammte ja selbst aus einer Familie, in der es von ihnen nur so wimmelte, und er hatte es in den Staaten und in Europa erlebt, vor allem im Kriegsgefangenenlager in Deutschland. Dort hatte er sich damit abgefunden, dass Menschen in der Lage waren, anderen zum eigenen Vergnügen schreckliches Leid zuzufügen. Ein Wissen, das seine Hoffnungen für Suzanna überschattete. Und jene für Marlena. Mit Trauer und Schuldgefühlen würde sie bezahlen, was ihrem Kind widerfahren war.

Die Spur, der er folgte, führte zu einem Sumpf, in dem ganze Wolken von Bremsen über ihn herfielen. Die Fußabdrücke verschwanden im dicken Schlick, auf dem zentimetertief fauliges Wasser stand. Frank zögerte. Er glaubte nicht, dass der Mann, der diesen Weg gegangen war, das Gewicht eines Kindes mit sich hatte herumschleppen können. Alle Mittel des Sheriffbüros des Jebediah County und zahlreiche Freiwillige würden nötig sein, wenn sie den Flüchtenden durch den Sumpf verfolgen wollten. So interessant es sein mochte, Hubbard zu finden und ihn zu befragen, an erster Stelle stand die Suche nach Suzanna. Für die Strafe, wusste Frank, blieb noch mehr als genug Zeit. Zuerst musste Suzanna gefunden werden.

8

Das kleine Krankenzimmer roch leicht nach Reinigungsmittel und Clorox. In den Schläfen, spürte Dotty, machten sich Kopfschmerzen breit. Eine halbe Stunde noch, und ihr würde der ganze Schädel pochen. Sie konnte nichts dagegen tun. Sie müsste raus an die frische Luft, das wäre das Einzige, was helfen würde, aber das kam nicht infrage. Sie hatte Lucas versprochen, bei Marlena zu bleiben und aufzupassen, ob sie etwas sagte, was bei der Suche nach Suzanna hilfreich sein könnte.

Das kleine Mädchen war tot, daran gab es nichts zu deuteln. Dotty war sich sicher. Wenn es um Lösegeld ging, hätte längst eine Forderung gestellt werden müssen. Und was hatte Marlena mit Suzanna dort draußen im Wald überhaupt verloren? Marlena war kein Wildfang, sie war nie auf die Jagd oder zum Angeln gegangen, so weit Dotty wusste, und Dotty wusste so ziemlich alles, was man über Marlena wissen konnte. Marlena war eine verzogene, wohlhabende Frau, die nicht wusste, was gut für sie war. Dotty hatte es ihr immer und immer wieder gesagt, ganz offen, mitten ins Gesicht, nicht hintenherum. Sie hatte alles unternommen, um Marlena klarzumachen, wie glücklich sie sich schätzen konnte.

Dotty rutschte auf dem Holzstuhl hin und her und spürte die wunde Stelle am Hintern. Lucas hatte sie mit Gewalt genommen, mit einer Wildheit, die sie mehr als erregend fand.

Das erste Mal von hinten, mitten auf dem Esstisch. Er hatte sich mit seinem Gewicht auf sie gelegt und sie gegen das kühle Holz gepresst, und als er in sie eingedrungen war, hatte es etwas Brutales, Bestrafendes an sich gehabt, als wäre er erst befriedigt, wenn sie um Gnade winselte. Er kannte keine Zurückhaltung. Unwillkürlich legte sie die Hand auf die Schulter und drückte sie, bis ihr vor Schmerzen ein Stöhnen entfuhr. Er hatte sie so fest gebissen, dass sich der Abdruck seiner Zähne auf der Haut abzeichnete. Was würden Betsy McBane und Sharon Bosworth davon halten? Leise kicherte sie, als sie an deren entrüstete Reaktionen dachte. Die natürlich nur die Tatsache verdeckten, dass sie selbst nach zügellosem Sex lechzten. Wenn man in Gegenwart von Betsy und Sharon die Sprache auf Sex brachte, gaben sie sich zugeknöpft und schockiert, aber Dotty wusste nur allzu gut, wie sehr sie es wollten. Und wie sehr sie sich gleichzeitig davor fürchteten. Was würden sie über ihr geheimes Ich offenbaren, wenn sie die Fesseln der Schicklichkeit über Bord warfen? Vor der Antwort darauf hatten sie eine Heidenangst.

Marlena bewegte den Kopf auf dem Kissen. Dotty erhob sich, was in ihrem Unterleib ein köstliches leichtes Ziehen auslöste.

»Suzanna«, murmelte Marlena.

Mit dem prickelnden Gefühl des Schreckens lauschte Dotty. An einem Auge war der Schädelknochen verletzt, die Ärzte hatte etwas an ihrem Mund angebracht, um die Gesichtsseite zu stabilisieren. »Was ist mit Suzanna geschehen?«, fragte Dotty, während sie sich vorbeugte und der Verletzten die Hand auf die Stirn legte. »Sag es mir.« Marlena glühte. Der Arzt sagte, man müsse wohl mit einer Infektion rechnen. In die inneren Wunden war Schmutz gelangt.

»Zwei Männer«, sagte Marlena. Tränen liefen ihr aus dem geschwollenen, geschlossenen rechten Auge. »Haben sie mitgenommen.«

Dotty griff zur Schwesternklingel und drückte darauf, so fest sie konnte, sechsmal. Was Marlena sagte, konnte wichtig sein, um Suzanna zu finden. Auch die anderen sollten es hören. Dotty wollte sichergehen, dass sie alles richtig verstand. Schließlich sollte Lucas keine Zeit mit der Trauer um seine vermisste Tochter verschwenden – auch wenn er sich am Morgen nicht sonderlich betrübt darüber gezeigt hatte.

»Sag es mir«, drängte Dotty, fasste nach Marlenas Hand und hielt sie fest. »Wie haben die Männer ausgesehen?«

»Kapuzen.« Die ersten Tränen rannen auf das gestärkte Kopfkissen und weiteten sich schnell zu einem großen feuchten Fleck. »Helft ihr.« Marlena zog ihre Hand zurück und versuchte sich aufzusetzen.

»Langsam«, sagte Dotty und bemühte sich, ihr zu helfen. »Langsam, Marlena, du bist überall genäht.«

Marlena runzelte die Stirn, schlug das Auge auf, das sich öffnen ließ, und richtete den Blick auf ihre Freundin. Verwirrt sah sie sich um. »Wo bin ich?«

»Im Krankenhaus in Drexel. Du bist sehr schwer verletzt.« Tränen traten Dotty in die Augen. Marlena würde keine Kinder mehr bekommen können. Falls Suzanna tot war, konnte sie nicht mehr ersetzt werden.

»Suzanna?« Marlena vollführte mit den Händen flatternde Bewegungen auf dem weißen Laken.

Wie gebannt starrte Dotty auf die Hände, die perfekt manikürten Nägel und den großen Diamantring. Die Angreifer hatten den Ring nicht genommen. Dotty musste sich zwingen, Marlena in die Augen zu sehen. »Sie haben Spürhunde im Wald. Sie werden sie finden«, sagte sie ohne rechte Überzeugung. »Marlena, weißt du, wer es war?«

Bevor Marlena antworten konnte, erschien in der Tür die Schwester. Als sie bemerkte, dass sich Marlena halb aufgesetzt hatte, runzelte sie die Stirn.

»Legen Sie sich wieder hin. Sie reißen ja die Nähte auf.«

»Meine Kleine.« Marlenas Hände auf dem Laken beschrieben größere Kreise, als versuchten sie, vor irgendetwas zu fliehen. »Man muss sie finden.«

»Ja. Aber Sie werden schön hierbleiben. Sie sind noch nicht mal in der Lage, im Zimmer auf und ab zu gehen. Jetzt legen Sie sich wieder hin, damit es heilen kann. Das ist das Beste, was Sie für Ihr Kind und Ihren Mann tun können.«

Marlena wurde kreidebleich. »Lucas?«

»Er ist draußen im Wald und hilft bei der Suche«, log Dotty und tätschelte Marlena die Schulter. »Beruhige dich. Ich werde versuchen, der Suchmannschaft Bescheid zu geben. Du sagst, es waren zwei Männer? Wie haben sie ausgesehen?«

»Einer war kräftig. Der andere schlank.« Marlena fiel in sich zusammen. »Sie waren gemein.« Ihr brach die Stimme, mit schreckensstarrer Miene sah sie die beiden an. »Er ... er hat mir wehgetan.« Sie wandte sich ab. »Sag Lucas nichts davon.«

Dotty weinte, sie weinte wirklich. Mit der Schulter wischte sie sich die Tränen aus den Augen und spürte erneut die schmerzhafte Stelle, an der er sie gebissen hatte. Es würde noch sehr lange dauern, bis Marlena Lucas die Liebe geben konnte, die er brauchte. So war es ganz gut, dass sie jetzt hier war, verfügbar, damit er seine Lust ausleben konnte. Ein Mann hatte seine Bedürfnisse, und wenn die Frau sie ihm nicht erfüllen konnte, zerbrach daran manchmal die Ehe. Das durfte nicht geschehen. Kein Mann würde Marlena haben wollen, nicht nach dem, was ihr zugestoßen war. Außerdem wusste Dotty, dass Lucas sie selbst niemals heiraten würde. Sie war nicht die Frau, mit der man gern verheiratet sein wollte. Aber er konnte ihr finanziell helfen. Und würde es tun. Er hatte ja genügend. Sie würde belohnt werden, dass sie in dieser schlimmen Zeit Marlena eine so gute Freundin war.

Der Buick hielt neben dem Cadillac. Jonah Dupree stieg aus. Frank sah den hellhäutigen Schwarzen auf sich zukommen, der den Blick unverwandt auf ihn gerichtet hatte. »Miss Marlena ist aufgewacht«, sagte er. »Der Sheriff soll ins Krankenhaus kommen, damit er erfährt, was sie weiß. Laut Miss Strickland sind es zwei Männer gewesen. Mit Kapuzen.«

Seit dem Tag ihrer Geburt hatte Jonah zumindest aus der Ferne Marlenas Leben mitverfolgt. Er hatte ihre Halbschwester als sein eigenes Kind aufgezogen. Natürlich machte er sich große Sorgen um die Frau und ihr vermisstes Kind.

»Sheriff Huey folgt der Spur«, sagte Frank. »Ich werde ins Krankenhaus fahren und mit Marlena reden.«

Jonah nickte. »Das wird das Beste sein.«

Frank ließ es bei dem Kommentar bewenden. Selbst die Schwarzen wussten, dass Huey kein besonders guter Polizist war. Er war erfahren in den politischen Machenschaften, er konnte Hände schütteln und Babys herzen und den Frauen das Gefühl der Sicherheit vermitteln, wenn ihre Männer nicht in der Stadt waren. Huey hatte seine feste Route, die er jeden Abend abfuhr und auf der er hin und wieder auf eine Tasse Kaffee und ein Stück Apfelkuchen oder einen Brombeer-Cobbler anhielt. Er überprüfte die Fenster und Türen der Witwen und jener Frauen, deren Gatten geschäftlich unterwegs waren. Wenn notwendig, fütterte er die Kühe und Pferde oder tränkte die Schweine, was eben gerade anstand. Huey war kein besonders heller Kopf, aber in mancher Hinsicht ein freundlicher Mensch. Frank arbeitete gern für ihn, weil Huey ihm bei den Fällen von Trunkenheit, ordnungswidrigem Verhalten, Einbrüchen und gelegentlichen Messerstechereien – den Verbrechen, die im Jebediah County so vorkamen – meistens freie Hand ließ. Huey beließ es in der Regel dabei, so zu tun, als wäre er an den Ermittlungen beteiligt.

Der Sheriff hasste es, durch den Wald zu marschieren,

hasste es, bis zu den Knien im Schlamm und Schlick zu versinken, über Waldklapperschlangen zu stolpern, die oft bis zu zwei Meter lang und so dick wurden wie die Oberarme des muskulösen Nathan Ryan. Huey zog seine spätabendlichen Runden vor, bei denen er auf einen Kuchen und ein Schwätzchen einkehren konnte. Sobald Lucas überzeugt wäre, dass er alles Menschenmögliche getan hatte, würde er die Ermittlungen an Frank übergeben.

Die Spur, der Huey folgte, war eine Sackgasse. Frank wusste es und mutmaßte sogar, dass Huey es ebenfalls wusste. Sie würden auf die Stelle stoßen, an der Frank Marlena gefunden hatte. Von Suzanna würde somit weiterhin jede Spur fehlen. Sie war von ihren Entführern weggebracht worden, und diese waren mit einem Wagen geflohen, nicht zu Fuß. Dass sie bei John Hubbard sein könnte, schloss er aus. Der Spur nach zu schließen hatte er sich eilig entfernt, zu schnell für jemanden, der noch ein Kind mit sich schleppte. Was er allerdings mit sich genommen hatte, war das Wissen, was Marlena und Suzanna zugestoßen war.

»Wann kommen Sie ins Krankenhaus?« Jonahs Stimme riss ihn aus seinen Gedanken.

»Jetzt«, antwortete er. »Hat Marlena die Männer beschrieben?«

»Einer war kräftig, der andere schlank. Das ist alles, was sie mir gesagt haben. Ich soll Sie bitten, mit ihr zu reden und sie zu fragen, was Sie wissen müssen.«

»Wer ist bei ihr?«

»Miss Dotty«, sagte Jonah und senkte den Blick.

Jonah war nicht der Einzige, der die Freundschaft zwischen Marlena und Dotty Strickland nicht verstand. Frank kannte die pummelige, lebhafte Dotty. Er kannte sie gut. Sie schien mit Marlena Bramlett nicht das Geringste gemeinsam zu haben.

»Ist Miss Jade im Schönheitssalon?«, fragte Frank. Er musste mit ihr reden. Dotty war dumm wie Bohnenstroh, aber Jade war die ganze Nacht über bei Marlena gewesen. Wenn etwas Aufschlussreiches gesagt worden war, würde sich Jade erinnern.

»Ja, Sir, sie ist dort. Den ganzen Tag bei der Arbeit.«

»Wird sie nachts wieder bei Marlena sein?«

Jonah seufzte. »Wahrscheinlich. Sie sollte nach Hause gehen und sich ausruhen, aber wenn man sie bittet, wird sie bei Miss Marlena sein.«

»Danke«, sagte Frank. »Ich komme gleich.« Jonah stieg in den Buick, setzte zurück, wich den Kiefern und Eichen aus und schlug die Richtung zur Stadt ein.

Frank sah dem Wagen nach. Lucille Longier musste verzweifelt darum bemüht gewesen sein, Frank zu informieren, wenn sie Jonah den Wagen überließ, ohne selbst mitzufahren. Das war ebenfalls ein Punkt, der Frank zu denken gab.

9

Lucille saß reglos auf dem Beifahrersitz des Buick, den Blick nach vorn gerichtet, die Hände im Schoß verschränkt. Seitdem sie aus dem Krankenhaus gekommen war, hatte sie kein Wort gesagt. Jonah wusste, wann er sie in Ruhe lassen sollte. Sie würde reden, wenn sie so weit war. Früher war sie anders gewesen. Es hatte eine Zeit gegeben, in der sie jeden Anstand hatte vermissen lassen, in der sie über die Vorstellung, die Meinung anderer könnte irgendetwas bei ihr bewirken, nur gelacht hätte. Dann war sie mit Jade schwanger geworden.

Unaufdringlich brummte der große Motor des Buick. Das Geräusch wurde nur vom Wind übertönt, der durch die offenen Fenster hereinstrich. Die Sonne brannte auf die Teerstraße, in der Ferne flirrten Hitzeschwaden, die ihn an seine Kindheit denken ließen. Als er ein Junge war, hatte es keine Teerstraßen gegeben, nur unbefestigte Wege. Maultiere hatten die Wagen gezogen, nur wenige Reiche besaßen Pferde. Maultiere hatten die Felder gepflügt, auf denen die Farmer das Holz geschlagen und sich die Erde untertan gemacht hatten. Mose Dupree, Jonahs Vater, hatte die harte Feldarbeit zu würdigen gewusst, die Arbeit, die sein Vater noch verrichtet hatte. Mose selbst aber hatte ein Handwerk gelernt. Es war mehr als ein Handwerk, wie die Leute im Jebediah County sagten, eher eine Gabe. Mose Dupree hatte von klein auf Holz bearbeiten können. Er hatte es verstanden, das Holz zu formen, es zu glätten, bis es weicher war als die von den Reichen getragene Seide. Wenn man es berührte, fühlte man sich gesegnet. Mose konnte ein Holzstück so bearbeiten, dass die Leute stehen blieben und es voller Erstaunen anstarrten und die durch seine Kunstfertigkeit zum Vorschein gebrachten Farben bewunderten. Als die beiden unverheirateten Kimble-Brüder den Bau ihres Hauses in Angriff nahmen, stellten sie Mose an.

Gustav und Alfred Kimble waren anständige Arbeitgeber; verglichen mit anderen Negern in der Gegend war es der Dupree-Familie gut gegangen. Mose hatte die Treppe gebaut, die in einer Spirale emporschwebte. Er hatte die Bücherregale entworfen, die man verschieben konnte, um zum geheimen Verbindungsgang zu kommen. Die Küchenschränke und die kitschigen Verzierungen waren ebenfalls die Arbeit von Mose. Der Schreiner hatte seinen Sohn mit Geschichten über die Seltsamkeiten des Kimble-Hauses unterhalten, und der neugierige kleine Jonah hatte seinen Vater zur Arbeit begleitet, wo er das Schreiner- und Zimmermannshandwerk und auch das Lesen und Schreiben lernte. Nach Fertigstellung des Hauses war Mose von den Kimble-Brüdern weiterhin beschäftigt worden. Er hatte Möbel und Schränke, Ladentische und Scheunen gebaut. Wenn es nicht wirklich etwas zu tun gab, beauftragte Gustav ihn damit, Spielsachen für die Kinder herzustellen, die hoffentlich kommen würden. Dann hatten die Brüder geheiratet, und Mose machte Kästchen und Zierrat für die Frauen.

Anna Kimble, die dunklere der beiden Frauen, der der Kinderwunsch ins Gesicht geschrieben stand, nahm sich Jonahs an. Eine Stunde bevor es für Mose an der Zeit war, sich auf den Heimweg zu machen, ging sie mit Jonah in die Bibliothek. Jeden Tag. Umgeben von den ledergebundenen Büchern in ihren wundersamen Farben, lernte Jonah Lesen und Rechnen. Er lernte die Bibel, und er las Geschichtsbücher. Je größer sein Wissen wurde, umso kleiner wurde die Stadt Drexel. Bevor die Tragödie über das Haus hereinbrach, hatte er die Abenteuergeschichten von Jonathan Swift und Robert Louis Stevenson gelesen. Seine Phantasie war entbrannt. Er hegte große Träume und stellte sich eine Welt vor, in der Pferde redeten und Piraten ungeheure Goldschätze anhäuften, derer man sich mit Klugheit und Mut bemächtigen konnte.

Nach den Morden, als Greta mit dem einzig überlebenden Kimble die Stadt verließ, nahm sie auch das gute Leben der Dupree-Familie mit sich. Es geschah nicht vorsätzlich. Sie ging, weil sie keine andere Wahl hatte. Mose Dupree verlor damit seine Arbeit und Jonah seine Träume. Jebediah County war nicht der Ort, der wohlhabende Familien anzog. Diejenigen, die blieben, konnten sich keinen Schreiner leisten, der ihnen schöne Schränke tischlerte, wenn es einfache auch taten. Mose und Jonah blieb nichts anderes übrig als die Feldarbeit. Keiner der beiden hatte ein besonderes Talent dafür, aber sie arbeiteten viel und hart und bauten Mais, Bohnen, Rüben, Melonen und Kürbisse an. Sie hatten zu essen, aber kein Geld für Medikamente oder solch einfachen Luxus wie neue Schuhe. Die Zeiten waren bitter, und dann starb Mose an einer entzündeten Schnittwunde. Als Jonah als junger Mann das Angebot bekam, für die Familie Sellers als Hofarbeiter und Butler zu arbeiten, nahm er die Stelle unbesehen an. Er sorgte für seine Mutter, bis sie laut den Ärzten an Schwindsucht starb, dann zog er in die kleine Hütte auf der Rückseite des Sellers-Anwesens, wo er seiner Arbeit nahe war, die ihn von früh bis spät beanspruchte.

Von seinem Fenster aus konnte er Lucille beobachten, ein Mädchen, so zart, dass es fast ätherisch wirkte, wenn die Sonne ihr blasses Haar erhellte. Er beobachtete sie und musste an

Rapunzel aus dem Märchen denken, das Anna ihm vorgelesen hatte. Lucilles Unschuld bereitete ihm körperlichen Schmerz. Er hatte ein Auge auf sie, als sie größer wurde und ihre Macht über die Männer kennenlernte und ihre Unschuld verlor. Hätte sich Bedelia Sellers die Mühe gemacht, ihn zu fragen, hätte er ihr sagen können, dass auf Lucille unweigerlich Schwierigkeiten zukommen würden. Sie war zu undiszipliniert, um mit ihrer Schönheit umzugehen.

Die Straße glitt unter den Reifen des Wagens dahin. Jonah saß am Steuer des Buick, er befand sich im Hier und Jetzt, aber die Vergangenheit hatte ihn fest im Griff. So fest, dass er sich verwundert zu ihr drehte, als Lucille schließlich etwas sagte. Sie war mittlerweile eine ältere Frau, so wie er ein älterer Mann geworden war. Die Haut in ihrem Gesicht, so fest und vollkommen in seiner Erinnerung, war schlaff; der rote Lippenstift, den sie trug, war für ihr Alter zu grell, ihr Haar zu blond und spröde.

»Keine Hofarbeit heute«, sagte sie. »Der Bridge-Club kommt um zwei, ich brauch dich, damit du die Autos parkst. Du wirst Ruth holen müssen, damit sie aushilft, fahr mich also nach Hause, und dann holst du sie.«

Jonah konnte sein Erstaunen nicht verbergen.

»Schau mich nicht an wie ein zappelnder Fisch. Ich bin als Gastgeberin an der Reihe, und ich werde die Ladys nicht enttäuschen.«

»Ruth geht es nicht gut«, sagte er. Er hielt den Blick auf die Straße gerichtet und wartete, wie Lucille darauf reagieren würde. Zum zweiten Mal an einem Tag widersetzte er sich ihr.

»Kannst du rüberfahren und fragen, ob es ihr wieder besser geht?« Lucille sah ihn nicht an. »Macht es dir was aus, sie zu fragen?«

»Nein, Ma'am«, antwortete Jonah. Ihre zitternden Lippen

erinnerten ihn wieder an die junge Frau mit ihrem Übermaß an Schönheit. Ihm wurde bewusst, dass sie nicht aus gesellschaftlichen Gründen am Bridge-Club festhielt, sondern weil die Routine ihre Form des Betens war. »Ich werde Ruth fragen. Vielleicht geht es ihr wieder besser. Waren vielleicht nur Kopfschmerzen.« Es stimmte nicht, er wusste es. Es war nicht der Kopf, der Ruth Schmerzen bereitete.

Er hielt vor dem Haus an, stieg aus und half Lucille aus dem Wagen. Damals, als er noch der Butler ihrer Mutter gewesen war, hatte er die Umgangsformen der Oberschicht gelernt. Nachdem sich Lucille ins Haus begeben hatte, stieg er wieder ein und fuhr nach Hause. Es beunruhigte ihn, dass erneut alles umgeworfen worden war. Bereits zum zweiten Mal an diesem Tag steuerte er Lucilles Wagen, ohne dass sie neben ihm saß. Alles ging in die Brüche. Veränderungen bedeuteten in seiner Welt immer Probleme und richteten Schaden an.

Er brauchte nur zehn Minuten für den Heimweg; zu Fuß hätte man eine Stunde rechnen müssen. Er war nicht wieder in das Haus gezogen, in dem seine Eltern gelebt hatten, sondern hatte ein neues gebaut, näher an seiner Arbeitsstelle. Jade wohnte jetzt in dem alten. Der Gedanke an seine Tochter beruhigte ihn ein wenig, als er in den Hof einbog. Seine Frau saß in einem Schaukelstuhl auf der Veranda, schwang langsam vor und zurück und beobachtete seine Ankunft. Kein Willkommenslächeln auf ihrem Gesicht. Jonah hatte auch keines erwartet. Als es offensichtlich wurde, dass sie keine Ehe im herkömmlichen Sinn führten, hatten sie eine Übereinkunft geschlossen. Er hatte es nie bedauert.

»Sie hat dich geschickt, um zu fragen, ob ich das Essen für ihren Bridge-Club mache«, sagte Ruth und presste befriedigt die Lippen zusammen. »Sie ist so verzogen, da schadet es nicht, wenn sie merkt, wie leicht ich ihr das Leben mache.«

»Sie macht uns das Leben ebenfalls leicht«, entgegnete Jonah, obwohl er damit Ruths Hass nur noch mehr schürte. Aber er konnte seiner Frau keine Vorwürfe machen, außer dass sie sich vor lauter Eifersucht und Wut der Fähigkeit zu lieben beraubte.

»Ja, ich wette, dir macht sie es wirklich leicht«, sagte Ruth mit scharfer Stimme. »Frag mich nur, warum.«

»Sie macht es uns beiden leicht«, antwortete Jonah. »Sie möchte, dass du kommst. Wenn dir danach ist.«

»Es interessiert sie nicht, wonach mir ist, sie will nur, dass ich komme und ihr bei der Gesellschaft helfe.« Sie stieß einen kehligen Laut aus. »Ihre Gesellschaft! Ihre Tochter liegt halb tot im Krankenhaus, ihre Enkelin ist entführt, aber sie gibt eine Bridge-Gesellschaft. Da lässt sie nichts drauf kommen.«

Jonah seufzte lautlos. Ruth hatte sich mit der Kraft einer Karettschildkröte in Lucille verbissen. Sie nagte und schnappte und bemäkelte alles, was Lucille tat oder nicht tat. Lucille zu kritisieren war zum Dreh- und Angelpunkt ihres Lebens geworden. Von Jade einmal abgesehen. Nur war Jade aller Mühe wert.

»Wirst du kommen?«, fragte Jonah.

Ruth erhob sich. »Sie hat dich den Wagen bringen lassen?« Ein scharfes Lachen. »Dann muss es dringend sein.« Ihre zu großen, wegen ihrer Hühneraugen aufgeschnittenen Schuhe klackten über die Veranda; sie ging die Treppe hinunter und nahm auf dem Vordersitz Platz.

Frank saß in der Bramlett-Einfahrt in seinem Pick-up und lauschte dem Wind in den Kiefern. Leichter Harzgeruch lag in der heißen Luft. Eine Viertelstunde war vergangen, seitdem er den Pick-up angehalten hatte und sich über sein weiteres Vorgehen Gedanken machte. Huey war mit den Hunden noch in den Wäldern. Er selbst hätte ins Krankenhaus fahren sollen, hatte stattdessen aber beschlossen, Lucas einen Besuch abzustatten. Es gab Fragen, die gestellt werden mussten; Fragen, die Huey nicht stellen würde.

Die Polizei in Hattiesburg hatte ein Foto von John Hubbard in die Post gegeben. Es sollte am Montag vorliegen, Frank allerdings hatte sich bereits ein Bild von dem Mann zurechtgelegt: attraktiv, ein lässiges Lächeln auf den Lippen und jede Menge Komplimente parat. Ein Mann, der einer Dame formvollendet Feuer geben, ihr den Stuhl zurechtrücken, sie mit seinem Blick betören konnte, ohne dass er ein Wort sagen musste. John Hubbard, alleinstehend, würde nicht zweimal nachdenken, wenn er die Territoriumsgrenze eines anderen Mannes überschritt. Nach den Indizien, die Frank am Ort von Suzannas Entführung zusammengetragen hatte, war Marlena mit ihrer Tochter zu einem Picknick mit Hubbard in den Wald gefahren. Jemand war, zufällig oder absichtlich, auf die drei gestoßen. Frank wusste, dass er sich damit auf gefährliches Terrain begab. Lucas war niemand, der sich Befragungen gefallen ließ, noch nicht einmal von der Polizei.

Zwischen den leicht schwankenden Kiefernstämmen konnte er das Obergeschoss des Hauses erkennen. Eben hatte er einen Mann an einem der oberen Fenster vorbeigehen sehen. Nicht mehr als ein Schatten, aber es musste Lucas gewesen sein. Die Bramletts hatten kein Dienstpersonal, bis auf Jade, die allerdings eher Gefährtin des Kindes war und weniger Küchen- oder Putzhilfe.

Er ließ den Motor an und fuhr zum Haus. Er stieg aus, blieb einen Augenblick stehen und lauschte der Stille. Auf einem Fest hatte Marlena ihm einmal anvertraut, dass sie die Stille hasste. Sie hätte lieber in der Stadt gewohnt, aber darauf wollte sich Lucas nicht einlassen. Er mochte die Abgeschiedenheit und das Alleinsein, sagte sie und hatte daraufhin die Hand auf seinen Arm gelegt. Er hatte ihr Zittern gespürt und hätte sie am liebsten in die Arme genommen und so lange festgehalten, bis sie sich sicher fühlte. Doch stattdessen hatte er ihr nur die Hand getätschelt und völlig unangemessen erwidert, wie sicher es im Jebediah County sei. Zu spät hatte er erkannt, dass es die Angst vor sich selbst war, die sie umtrieb.

Aus den Augenwinkeln heraus bemerkte er etwas am Waldrand. Er wartete, bis seine Mutter aus dem Schatten trat, in der Hand die einzige Rose, die man ihr im Sarg in die Hände gelegt hatte. Sie trug auch das gleiche blasse lavendelfarbene Kleid. Ihr Gesicht war sorgfältig geschminkt. Langsam schüttelte sie den Kopf und trat wieder zwischen die Bäume.

Er spürte seine Müdigkeit, als er zum Eingang ging. Lucas kam auf sein Klopfen an die Tür, die Überraschung stand ihm im Gesicht. »Deputy Kimble, was kann ich für Sie tun?«

»Ich muss ein paar Fragen stellen«, sagte Frank.

Lucas trat zur Seite und bedeutete ihm, hereinzukommen. »Gehen wir ins Arbeitszimmer.« Er ging durch die Eingangshalle voran, durch einen Flur in ein Zimmer, das voll war mit Büchern. Frank besaß eine größere Bibliothek, aber die Bücher hier sahen aus, als würden sie wirklich gelesen werden. Vor einem offenen Kamin stand ein einzelner Sessel. Lucas zog für Frank den Schreibtischsessel heran. »Ich hab Huey schon Fragen beantwortet, aber Sie haben anscheinend noch mehr«, sagte er und setzte sich.

Frank nahm Platz. »Die Hunde haben eine Spur gefunden. Huey folgt ihr noch«, sagte er und wunderte sich, warum Lucas nicht als Erstes danach gefragt hatte.

»Irgendein Hinweis auf Suzanna?«, fragte Lucas.

»Nein«, sagte Frank. »Wir haben die Keds gefunden, sonst nichts.«

Lucas nickte bedächtig, ein Stirnrunzeln huschte über seine Miene, die sich dann allerdings aufklarte. »Bestimmt wird die Lösegeldforderung bald kommen.«

Frank antwortete nicht. Ursprünglich war er ebenfalls davon ausgegangen, jetzt wusste er es besser. Es würde keine Lösegeldforderung geben. Suzannas Entführer hatten Marlena fast umgebracht. Sie hatten sich nicht des Geldes wegen das Kind geschnappt und die Mutter halb tot liegen lassen. Jeder in der Stadt wusste, dass Lucas Marlena einmal bereits gekauft hatte und es wahrscheinlich wieder tun würde. Aber nicht Suzanna.

»Wenn Sie Fragen haben, nur zu.« Lucas umfasste die Armlehnen seines Sessels, seine Finger gruben sich ins Leder.

»Hat es zwischen Ihnen und Marlena eine Auseinandersetzung gegeben?«, fragte er.

Lucas lief rot an. »Wie können Sie es wagen...«

»Ich wage es, weil ich Ihre Tochter finden will«, sagte Frank leise. »Wenn Marlena wütend und aufgebracht war, können wir das in die Ermittlungen einfließen lassen. Ihre Beweggründe, in den Wald zu gehen, dürften dann andere gewesen sein, als wenn sie nur zum Angeln wollte. Eine Möglichkeit, Suzanna zu finden, besteht darin, Marlenas Schritte nachzuvollziehen.«

Lucas holte tief Luft und versuchte sich zu beherrschen. »Meine Ehe ist nicht perfekt, aber meine Frau treibt sich nicht im Wald rum, um mir irgendetwas heimzuzahlen. Sie würde nie etwas tun, was Suzanna in Gefahr bringen könnte, egal wie wütend sie auf mich ist.«

Frank nickte. »Sind Sie in finanziellen Schwierigkeiten?«

Lucas lächelte. »Keineswegs.«

»Wenn es zu einer Lösegeldforderung kommt, werden Sie zahlen?«

Lucas zögerte. »Innerhalb vernünftiger Grenzen. Ich habe Geld, vieles davon aber ist in Land und Holz gebunden. Ich bin nicht unbedingt liquide, aber es liegt doch einiges auf der Bank. Da ranzukommen sollte nicht schwer sein.«

Frank machte sich auf seinem Block Notizen, um seine Gefühle zu verbergen. Lucas war ein kalter Fisch. Er sprach von seiner Tochter mit derselben berechnenden Kaltblütigkeit wie bei einem Geschäft.

»Haben Sie Feinde?« Frank sah ihn an. Er bemerkte das Flackern in Lucas' Blick.

»Daran hab ich noch gar nicht gedacht«, antwortete Lucas. »Ja, es gibt ein paar Leute, die nichts dagegen hätten, wenn mir was zustoßen würde. Aber würden sie meiner Frau Gewalt antun und mein Kind entführen? Ich weiß es nicht.«

»Wir werden es überprüfen. Könnte ich die Namen haben?«

»Einen Moment.« Lucas stand auf und verließ den Raum. Als er zurückkam, hatte er mehrere dünne Akten in der Hand. »Es gibt drei, die ich bei Geschäften übervorteilt habe.« Im Stehen sah er die Blätter durch. »Oren McNeil, Kip Locklin und Dantzler Archey.«

»Was genau haben Sie im jeweiligen Fall getan?«, fragte Frank. Geschäft war Geschäft, manchmal aber hatte es mit sehr persönlichen Dingen zu tun.

»McNeil hat für ein Waldstück geboten, das schließlich ich bekam. Er hat mich beschuldigt, ich hätte meine Beziehungen spielen lassen.« Er lächelte herablassend. »Locklin wollte einen großen Anteil der Eisenbahn von hier nach Pascagoula erwerben. Ich bin ihm zuvorgekommen.« Er zögerte, sein Blick schweifte von den Blättern zum Fenster.

»Und Archey?«, fragte Frank.

»Seine Männer sind auf mein Land eingedrungen und haben Holz geschlagen. Sie waren Diebe.«

Frank beugte sich vor; er wartete. Als Lucas nicht fortfuhr, fragte er: »Was ist geschehen?«

»Ich habe meinen Männern gesagt, ein paar Fallen aufzustellen. Das haben sie dann getan, auf meinem Land. Archeys

Sohn ist mit einem Trupp zum Bäumefällen angerückt, ist in eine der Fallen getreten und verblutet.«

Frank hatte auf schreckliche Art Menschen sterben sehen. Eine Bärenfalle, die Knochen durchtrennte und Arterien zerfetzte, war kein angenehmer Tod. Er erhob sich. »Ich werde diese Informationen nachprüfen. Wenn eine Lösegeldforderung eingeht, dann wahrscheinlich hier, im Haus. Werden Sie da sein?«

»Für den Rest des Tages, ja«, sagte Lucas. »Morgen muss ich mich ums Geschäft kümmern.«

Das Telefon klingelte. Langsam ging Lucas zum Apparat.

»Lucas Bramlett«, meldete er sich. Er hörte eine Zeit lang zu. »Nein danke, Herr Gouverneur. Ich glaube nicht, dass noch mehr Hunde und Suchmannschaften hilfreich sind. Warten Sie, ich frage kurz bei Deputy Kimble nach.« Er sah zu Frank.

Frank überlegte. »Nein. Nicht zu diesem Zeitpunkt«, antwortete er.

»Nein danke. Nicht zu diesem Zeitpunkt«, sprach Lucas ins Telefon. Er hielt inne. »Ja, Herr Gouverneur. Ja, das werde ich. Ich sage Ihnen sofort Bescheid, wenn wir sie gefunden haben.«

Frank erhob sich. »Danke, Mr. Bramlett. Ich mach mich auf den Weg. Rufen Sie an, wenn Sie was hören.«

10

Jade sperrte die Ladentür ab. Sie war so müde, dass sich ihre Schultern anfühlten, als würde ein tiefes, stechendes Feuer unter der Haut brennen. Die letzte Kundin war gegangen, aber es gab noch einiges zu tun. Sie musste die Handtücher waschen, damit sie sie morgen früh zum Trocknen aufhängen konnte. Mr. Lavallette hatte aus dem Bestattungsinstitut angerufen. Als sie seine Stimme hörte, hätte es ihr fast das Herz zerrissen, aber es ging nicht um Suzanna. Die alte Maizy Campbell war gestorben; es musste nur das Haar gemacht und ein wenig Lippenstift aufgetragen werden. Jade hatte sich bereit erklärt, vorbeizukommen, wenn sie im Laden fertig war. Und irgendwann im Lauf der nächsten Stunde musste sie ein Bad nehmen, ein frisches Kleid bügeln und zum Krankenhaus fahren. Dreimal hatte sie dort angerufen, immer hatte man ihr gesagt, Marlenas Zustand sei unverändert. Jade wusste nicht, ob es der Wahrheit entsprach oder das Krankenhauspersonal nur angewiesen war, ihr nichts anderes zu sagen.

Verzweifelt darum bemüht, überhaupt etwas zu erfahren, hatte sie sogar in Lucille Longiers Haus angerufen und zu ihrer Verwunderung im Hintergrund den Trubel einer Gesellschaft gehört. Ruth war am Apparat gewesen und hatte ihr gesagt, falls irgendetwas geschehen sei, dann habe man es im Longier-Haus nicht mitbekommen. »Und es kümmert auch keinen«, hatte Ruth mit solcher Erbitterung hinzugefügt, dass Jade sich kurz um ihre Mutter ängstigte. Ruth war nicht gezwungen, für Lucille zu arbeiten. Jade verdiente genug, damit ihre Mutter zu Hause bleiben könnte. Aber sie wollte nicht. Jeden Tag ging Ruth dorthin; den Rücken durchgestreckt vor Hass, aber sie ging.

Sosehr sie sich um ihre Mutter sorgte, so wenig an Gefühlen brachte sie Lucille entgegen. Wären Marlena und Suzanna nicht gewesen, hätte sie keinen Gedanken daran verschwendet, dass sie mit dieser alten, despotischen Frau, die ihren Vater und ihre Mutter für so selbstverständlich nahm, überhaupt verwandt war.

Sie weichte die Handtücher ein, fegte die abgeschnittenen Haare ihrer letzten Kundin auf, legte Kämme, Bürsten und Lockenwickler in ein parfümiertes Desinfektionsmittel und ging. Die Sonne stand über dem Horizont, es war noch heiß, als sie in ihren Wagen stieg und zum Rideout-Bestattungsinstitut fuhr. Durch den Nebeneingang schlüpfte sie ins Gebäude. Mit Erleichterung hatte sie registriert, dass von Juniors Pick-up nichts zu sehen war. Sie hatte ihm einen Schrecken eingejagt, aber das würde nicht anhalten. Junior war niemand, den man gegen sich aufbringen wollte. In seinen Augen lag ein seltsamer Schimmer, etwas Echsenhaftes; er gehörte zu jenen, die hinter einem Felsen lauerten und zuschlugen, wenn man ihnen den Rücken zukehrte. Unverzüglich ging sie in den Balsamierraum. Es dauerte eine Weile, bis sich ihre Augen an das fahle Licht gewöhnt hatten. Die Tote lag auf dem Hygienetisch aus Porzellan. Durch einen Schnitt an der Hauptschlagader am Hals waren Schläuche geführt, um die Balsamierflüssigkeit in den Körper zu leiten. Damit das Blut abfließen konnte, hatte Elwood einen weiteren Schnitt im Körper angebracht. Die schwerere Balsamierflüssigkeit verdrängte das Blut, das über den Hygienetisch abgeleitet wurde.

Jade überprüfte den Flüssigkeitsstand im Tropf. Die Infusion war fast leer. Sie sah, dass Elwood bereits innen den Mund vernäht hatte. Normalerweise wurde der Leichnam bekleidet, bevor sie sich um das Haar und das Make-up kümmerte, heute Abend jedoch musste sie sich sofort an die Arbeit machen, damit sie noch ins Krankenhaus konnte. Sie holte ihre Tasche mit den Utensilien, die sie im Bestattungsinstitut aufbewahrte, schloss den Lockenstab in der Steckdose an und richtete den Block unter dem Kopf der Frau. Maizy sollte aussehen, als wäre sie in einen gesegneten Schlaf gefallen. Dieser letzte Anblick verschaffte der Familie manchmal Trost. Dann konnten die Angehörigen die Leiden einer langen Krankheit oder den Schock eines plötzlichen Unfalls vergessen.

»Sie sieht so friedlich aus«, sagten sie dann, und das konnten sie mit nach Hause nehmen und sich daran festklammern, wenn Angst sie überkam oder das schlechte Gewissen.

Jade vergewisserte sich, dass die Tür zum Balsamierraum verschlossen war, bevor sie das Wort ergriff. »Maizy«, sagte sie und sah dem Leichnam unverwandt ins Gesicht, »sag mir, was ich machen soll.« Manchmal musste sie sich entscheiden, ob sie die Familie oder den Toten zufriedenstellen wollte, aber immer fragte sie zuerst. Sie schloss die Augen und wartete, bis sich ein Bild einstellte. Maizy Campbell in ihrem Garten, die Haube tief ins Gesicht gezogen, während sie gebückt über einem Beet mit Stiefmütterchen arbeitete. Dann sah Maizy auf, das Gesicht ungeschminkt. »Okay«, sagte Jade. »Jetzt weiß ich es. Ich werde mein Bestes tun.«

Behutsam strich sie Vaseline auf die Lippen der Toten, damit sie geschlossen blieben, und trug dann ganz leicht Farbe auf. Sie nahm ihren Rouge-Tiegel und stippte den Finger hinein. Die Haut, die sie berührte, war kalt. Ganz leicht rieb sie das Rouge ein, bis die höchste Erhebung der Wangenknochen eine leichte Rötung aufwies. Mit dem Lockenstab richtete sie anschließend die Haare, die bereits die Beschaffenheit des Todes angenommen hatten. Zehn Minuten später waren sie gelockt und leicht ausgekämmt, sodass sie sich flauschig um die eingefallenen Wangen legten. Sie trat zurück und nickte. Maizy Campbell hatte sich ihr Leben lang nicht geschminkt. Sie war nie in Jades Laden gekommen, nur gelegentlich hatten sie sich auf dem Markt unterhalten. Maizy hatte zwei Kinder am Fieber verloren, vier hatten überlebt. Sie sah natürlich und friedlich aus, mehr konnte Jade für sie nicht tun. Sie packte ihre Sachen zusammen und ging durch den Gang, um mit Elwood zu sprechen.

Da sie ihn im Wohnzimmer nicht finden konnte, bog sie rechts zu seinem Büro ab. Ihre Hand lag bereits auf dem Knauf, als sie Stimmen hörte. Sie zögerte; sie wollte Elwood nicht stören, wenn er Familienmitglieder der Toten bei sich hatte.

»Frank rückt nichts raus, aber ich hab so was läuten hören, dass die Schlampe sich mit einem Typen getroffen hat«, sagte Junior. »Sie hat es doch nicht anders verdient.«

Jade erstarrte, nur ihr Herz pochte. Vor sich sah sie das lebhafte Bild von Marlena auf einer Picknickdecke, wie sie über die witzige Bemerkung eines Mannes lachte. Wie selten hatte sie Marlena lachen sehen! Die Vorstellung, Marlena begehe Ehebruch, jagte ihr zwar einen fürchterlichen Schrecken ein, erschien ihr aber plötzlich nur allzu plausibel. Aber mit wem? Keiner in Drexel würde Lucas' Zorn herausfordern.

»Woher weißt du das?«, fragte Elwood. Ungeduld lag in seiner Stimme.

»Du hättest das Picknick sehen sollen, das sie hergerichtet hat. Keine Frau macht für ein Kind Hühnchensalat.«

»Das ist zu dürftig, um über Lucas Bramletts Frau Gerüchte in die Welt zu setzen«, sagte Elwood. Jade hörte Papier rascheln. »Lass dir gesagt sein, Junior, wenn du schlecht über Marlena redest, wirfst du auch ein schlechtes Licht auf Lucas.«

Es folgte Schweigen. Jade glaubte Junior regelrecht denken zu hören. Für ihn eine mühsame, beschwerliche Tätigkeit. »Lucas sollte wissen, was seine Frau so getrieben hat. Wenn ihm das jemand sagt, dann bezahlt er ihn vielleicht dafür.«

Ein Stuhl knarrte. »Ich würde dir raten, den Mund zu halten«, begann Elwood in einem Tonfall, den Jade von ihm noch nie gehört hatte. »Wenn du so was über eine Frau andeutest, die so schwer verletzt wurde wie Marlena, dann handelst du dir unweigerlich Probleme ein. Lucas wird es nicht zu schätzen wissen, und wenn du weiterhin die gesellschaftlichen Annehmlichkeiten von Drexel genießen willst, dann hältst du lieber den Mund.«

Die Tür flog auf. Jade hatte gerade noch Zeit, sich hinter den Vorhängen zu verstecken. Hinter den schweren, dicken Stoffen konnte sie Junior nicht sehen, aber sie konnte ihn riechen. Er stapfte durch den Flur und verließ durch die Hintertür das Gebäude. Sie wartete, bis Elwood die Bürotür geschlossen hatte, bevor sie anklopfte.

»Ich bin mit Mrs. Campbell fertig«, sagte sie.

»Danke dir, Jade. Komm kurz rein.«

Sie trat in das Büro, das mit dunklen Kirschmöbeln und einem orientalischen Läufer mit türkisfarbenen Mustern ausgestattet war. Es war ihr Lieblingsteppich.

»Ich weiß, du bist müde, und ich danke dir.« Elwood erhob sich. Er zeigte auf eine Kanne mit Kaffee. »Möchtest du eine Tasse?«

»Nein danke. Ich muss los.«

»Weißt du, wie es Marlena geht?«

»Nein, Sir. Ich bleibe die Nacht über bei ihr. Im Krankenhaus sagen sie nichts über ihren Zustand.«

Elwood nickte. »Ich vermute, Lucas will es so. Die eine Hälfte der Stadt zerreißt sich das Maul über das, was passiert ist, und die andere Hälfte phantasiert sich was zusammen.«

Jade glaubte, ersticken zu müssen. Sie nickte, zwang sich zu einem Lächeln und verließ das Bestattungsinstitut. Die Sonne berührte gerade die Baumwipfel, als sie in den Wagen stieg und nach Hause fuhr.

Jade liebte ihr altes Haus. Ihr Großvater, Mose, hatte alle Schränke geschreinert, wunderbare helle Eiche, die glänzte, wenn Licht darauffiel. Die Betten waren mit Handschnitzereien versehen, eines davon mit Cherubinen und Engeln, das sie für sich ausgewählt hatte. Sie hatte eine handgefertigte Decke mit Kirschblütenmuster darübergelegt, ein Geschenk von Ruth. Das Schlafzimmer verfügte über einen offenen Kamin, und im Haus gab es ein Badezimmer, das sie nachträglich eingebaut hatte. Sie ließ heißes Wasser in die Wanne und ging zum Schrank, um ein Kleid auszusuchen. Sie wählte ein blassrosafarbenes mit lockerer Taille. Auf dem Krankenhausstuhl würde es auch ohne einengende Kleidung unbequem genug werden.

Während das Wasser noch einlief, holte sie ihr Bügelbrett und glättete die Falten des Kleides. Ruth hatte ihr eingetrichtert, wie notwendig es sei, immer ordentlich auszusehen. Jade verließ das Haus nie, solange die Sachen nicht knitterfrei und sauber waren und sie keinen Lippenstift aufgetragen hatte. Sie musste lächeln beim Gedanken an ihre Mutter, deren dunkle Haut niemals mit Kosmetika, noch nicht mal mit einem Lippenstift in Berührung gekommen war. Ruth hatte beschlossen, ihre Weiblichkeit zu ignorieren. Fast war es, als hätte sie sich dafür entschieden, mehr Schatten als Wesen zu sein. Ein Gedanke, der Jade beunruhigte, als sie ihr Kleid aufhängte und ins Badezimmer ging.

Sie sah durch die vorhanglosen Fenster nach draußen. Ihr

Haus war mindestens drei Meilen vom nächsten Gebäude entfernt. Ihre Eltern machten sich Sorgen deswegen, sie aber fühlte sich hier sehr wohl. Sie schlüpfte aus dem Kleid und der Unterwäsche und ließ sich in das heiße Wasser gleiten. Von der erhöht gelegenen Wanne konnte sie zusehen, wie sich die Sonne unter den Horizont senkte. Sie mochte die Abenddämmerung nicht besonders, sie rief in ihr eine Melancholie wach, die sie nicht verstand. Aber sie liebte die Farben des Sonnenuntergangs. Sie lehnte sich in der Porzellanwanne zurück und überließ ihre müden Muskeln dem heißen Wasser, schloss die Augen, sank noch tiefer und spürte ihre Müdigkeit. Einen Augenblick lang entspannte sie sich, so sehr, dass sie in einen Zustand glitt, in dem ihr die Bilder eines Halbtraums durch den Kopf huschten. Sie hörte das einlullende Tropfen des Wasserhahns, sie hörte die Uhr, die sechs schlug. Und dann hörte sie Schritte auf der Veranda.

Von Angst gepackt, schlug sie die Augen auf. Sie ließ sich tiefer ins Wasser sinken. Das Fenster machte sie jetzt verwundbar. Es gab im Haus kein Telefon, sie hatte nur eines im Laden, für die Kunden. Sie brauchte hier kein Telefon, sie hatte ja einen guten Wagen. Der Lichtschalter befand sich an der gegenüberliegenden Wand. Um ihn zu erreichen, musste sie aus der Wanne. Jeder, der draußen stand und hereinsah, würde sie in ihrer Nacktheit sehen. Sie glitt noch weiter nach unten, bis nur noch Nase und Augen über dem Wasser waren, und hoffte, dass für jemanden, der am Fenster vorbeiging, ihr dunkles Haar lediglich ein Schatten in der Ecke war. Aber er würde wissen, wo sie sich aufhielt. Das Licht verriet sie.

Ihr blieb keine andere Wahl. Sie stieg aus der Wanne, das Wasser tropfte auf das Linoleum, sie zitterte am ganzen Leib. Marlenas zerschundener Körper kam ihr schlagartig in den Sinn, die lange Linie schwarzer Nähte, die sich über ihren Bauch zog. Dort draußen trieb ein Ungeheuer sein Unwesen.

Als es an der Eingangstür klopfte, musste sie einen Schrei unterdrücken, gleichzeitig aber fühlte sie sich erleichtert. Einbrecher oder Mörder würden nicht anklopfen, sagte ihr der Verstand. Sie griff sich vom Haken an der Tür einen weißen Bademantel, den Marlena ihr geschenkt hatte, und schlich sich auf Zehenspitzen aus dem Bad in ihr dämmriges Schlafzimmer. Leise trat sie ans Fenster und spähte hinaus. Frank Kimble stand auf der Veranda.

»Jade«, sagte er und klopfte leicht.

»Einen Moment.« Sie zog den Bademantel enger und ging zur Tür. Sie hatte nicht vor, ihn hereinzulassen; sie wollte nur wissen, ob es Neues über Marlena gab.

»Ich muss ein paar Fragen stellen«, sagte er. Sein Blick fiel auf das schmale Stück ihres Halses, das vom Bademantel nicht verhüllt wurde, bevor er ihr schnell wieder in die Augen sah. Es amüsierte sie, und dann verspürte sie den unwiderstehlichen Drang, einfach laut loszulachen. Sie tat es. Er sah sie verständnislos an.

»Sie haben mich gerade zu Tode erschreckt«, sagte sie und holte tief Luft. »Ich dachte, jemand sei auf der Veranda. Jemand, der mir Übles will.«

Er nickte. »Tut mir leid. Ich habe versucht, Sie im Laden anzurufen, aber Sie waren schon weg.«

»Gibt es Neues über Marlena?«, fragte sie.

»Dort fahre ich als Nächstes hin«, sagte er. »Zuerst wollte ich Ihnen ein paar Fragen stellen.«

Jade trat von der Tür zurück. Frank war ein attraktiver Mann, aber das war bei Weitem nicht alles. Sie spürte, dass der Tod ihn mehr als einmal berührt hatte, dass ihm die Machenschaften der Toten nicht fremd waren. Etwas, was sie gemeinsam hatten.

»Nehmen Sie Platz.« Sie führte ihn zum Küchentisch. »Ich setze Kaffee auf, während ich...« Mehr würde ihr nicht über die Lippen kommen. Andernfalls würde sie nur hervorheben, dass sie unter dem Bademantel nichts anhatte. Sie schaltete den Herd an und setzte den Kessel auf. »Bin gleich wieder da.«

Eilig schlüpfte sie in das gebügelte Kleid, zog saubere Unterwäsche und ihre Schuhe an. Eine anständige Frau trug immer Schuhe, hatte ihr Ruth eingetrichtert. Doch gleichgültig, was sie an den Füßen hatte, das Pochen ihres Herzens erschien ihr unanständig. Sie ging ins Badezimmer, fuhr sich mit der Bürste durch die dichten kurzen Haare und fasste bereits zum Lippenstift, hielt dann aber inne. Frank würde es unweigerlich bemerken und konnte dann vieles hineinlesen. Sie fürchtete sich vor dem, was sie dadurch von sich offenbaren würde.

Bevor sie sich an den Tisch setzte, goss sie heißes Wasser auf. Einfache Handlungen, die sie beruhigten. Als sie sich zu ihm umdrehte, die Hände hinter sich auf der Spüle, schaffte sie es, ruhig zu bleiben. »Sie haben Marlena also nicht gesehen?«

Er schüttelte den Kopf. »Ich werde nachher hinfahren. Sie sind eine intelligente Frau, Jade. Was ist Marlena Ihrer Meinung nach zugestoßen?«

Jade wusste, worauf er hinauswollte. »Sie ist im Wald angegriffen worden. Von zwei Männern, die sich Suzanna geschnappt haben.«

»Was hat sie im Wald getan?«

»Sie ist mit Suzanna zum Angeln gefahren.« Sie sah ihm in die hellen Augen.

»Gehört das zu Marlenas Angewohnheiten?«

Jade rührte sich nicht. »Es gehört nicht zu Marlenas Angewohnheiten, mich darüber in Kenntnis zu setzen, wenn sie zum Angeln fährt oder irgendetwas anderes macht.«

Frank senkte den Blick. Als er wieder zu ihr aufsah, war die

Kälte aus seinen Augen verschwunden. »Ich weiß, Sie beide stehen sich nah.«

Jade dachte nach, dann schüttelte sie den Kopf. »Nein, das tun wir nicht. Ich arbeite dort manchmal, und ich passe auf Suzanna auf, wenn es nötig ist. Ich würde nicht sagen, dass Marlena und ich uns nahestehen.«

Frank schüttelte den Kopf. »Sie beide sind Schwestern.«

»Halbschwestern«, korrigierte sie ihn ungerührt. »Etwas, worauf Marlena keinen Wert legt.«

»Sollte sie aber.«

Jade wich seinem Blick aus und nahm zwei Tassen aus einem der schönen Schränke. Sie schenkte schwarzen Kaffee ein, eine Tasse stellte sie Frank hin, die andere setzte sie auf dem Tisch ab, dann nahm sie Platz. »Wenn ich Fragen beantworten kann, werde ich es tun. Ich möchte, dass Suzanna zurückkommt. Aber Marlena hat sich mir nie anvertraut. Dotty Strickland ist ihre engste Freundin. Fragen Sie Dotty.«

»Ich würde von Dotty keine eindeutige Antwort bekommen, wenn ich sie nach dem Weg zum Rathaus fragen würde.«

Frank übertrieb nicht. Dotty verdrehte alles. Und wenn sie keine Ausflüchte suchte, tischte sie einem dreiste Lügen auf.

»Ich brauche Hilfe«, sagte Frank leise. »Es ist fünfundzwanzig Stunden her, dass Suzanna entführt wurde. Vielleicht sogar noch länger. Je mehr Zeit vergeht, umso geringer sind die Chancen, sie lebend wiederzusehen.«

»Es gibt keine Lösegeldforderung?« Jade war froh, dass sie saß. Ihre Beine fühlten sich dumpf und taub an. Das Licht über dem Tisch warf tiefe Schatten auf Franks Gesicht. Die Augen versanken in den Höhlen, die Nase stach hervor, die Wangen wirkten eingefallen. Aber das alles kam nicht allein durch das Licht. Er war müde, das war nicht zu übersehen.

»Nein. Wenigstens sagt Lucas das. Ich glaube ihm.«

Jade legte die Hände um die Kaffeetasse. Der Kaffee war

heiß; obwohl es noch immer um die fünfundzwanzig Grad hatte, tat ihr die Wärme der Tasse gut.

»Jade, wenn Sie wissen sollten, mit wem sich Marlena im Wald getroffen haben könnte, dann sagen Sie es mir. Um Suzannas willen.«

»Ich weiß es nicht«, antwortete sie. »Sie glauben also, sie hat sich mit jemandem getroffen? Was glauben Sie noch?«

»Dass sie mit ihrem Liebhaber ein Picknick hatte. Dass Suzanna zum Angeln an den Fluss geschickt wurde. Dass die Täter über sie herfielen, einer war stämmig, der andere schlank. Einer packte Suzanna und brachte sie zum Schweigen, dann gingen beide auf Marlena los.«

»Und was war mit Marlenas Liebhaber?«, fragte Jade.

»Das macht mir Sorgen. Er hat sie im Stich gelassen. Das macht mir wirklich Sorgen.«

Jade sah die Szene vor sich, die Frank mit seinen Worten hatte entstehen lassen. Sie sah Marlena vor sich, auf der Picknickdecke, lachend, daneben einen attraktiven Mann, der sie kitzelte und am Bein streichelte. Ein Kind schreit. Der Mann springt auf, um nachzusehen. Marlena legt sich die Decke um die Schultern. Dann, als zwei Männer auf sie losgehen, schreit auch sie.

Jade schloss die Augen und schüttelte die Bilder ab. »Wenn Marlena ein Verhältnis hat, geht sie ein schreckliches Risiko ein. Lucas wird Suzanna nehmen und Marlena ohne einen Penny vor die Tür setzen.«

»Wo würde sie sich mit einem Mann treffen?«

Es war klar, dass Marlena mit niemandem aus Drexel eine Affäre eingehen würde. Dafür hatte Lucas zu viel Macht. Er konnte einem das Geschäft ruinieren oder einen Farmer von seinem Land vertreiben. Marlena reiste nicht allein. Sie hatte noch nie die Stadt ohne Lucas an ihrer Seite verlassen. Jade stützte sich mit den Ellbogen auf den Tisch und senkte den

Kopf. »Wenn es eine Frau gibt, die eine sanfte Berührung oder ein wenig Lachen nötig hätte, dann Marlena. Wenn sie sich mit einem Mann trifft, dann mit einem, der nicht aus der Stadt ist.« Sie hob den Kopf und legte die Hände auf den Tisch. »Haben Sie Lucas das gesagt?«

»Nein.«

»Werden Sie es ihm sagen?«

»Nicht, solange es nicht sein muss. Aber, Jade, ich glaube, die Katze ist längst aus dem Sack. Lucas ist nicht dumm.«

»Aber arrogant.«

Frank nickte.

»Bitte…« Jade hielt inne. Vielleicht hatte sie es von Ruth gelernt, vielleicht gehörte es auch zu ihrem Wesen, aber bislang hatte sie noch nie jemanden um einen Gefallen gebeten. »Bitte sagen Sie es ihm nicht, wenn es nicht unbedingt sein muss.« Sie sah ein Aufflackern in Franks Augen, etwas Heißes, Prickelndes. Dann war es verschwunden.

»Gut.« Frank trank seinen Kaffee aus. »Soll ich Sie zum Krankenhaus mitnehmen? Ich möchte sehen, ob Marlena mit mir reden kann.«

Jade hatte ihren eigenen Wagen. Wenn sie bei Frank mitfuhr, musste sie jemanden finden, der sie am nächsten Morgen nach Hause brachte. »Ja«, sagte sie, trotz der Probleme, die damit auf sie zukamen. »Ich würde gern mitfahren.«

Sie stand auf und ging in ihr Schlafzimmer, griff sich ihre Handtasche, ein Buch, das sie gekauft hatte, und ein Kissen. Dann kehrte sie in die Küche zurück. »Bereit.«

Frank folgte ihr zur Tür. Beim Hinausgehen streifte ihr Arm seine Brust. Sie stolperte. Er fing sie auf und hielt sie fest, länger, als notwendig gewesen wäre. Sie spürte, wie sich sein Griff versteifte, dann zog er sie zu sich heran, sodass sie sich in der Tür von Angesicht zu Angesicht gegenüberstanden und in den Augen des anderen ihr Begehren lesen konnten.

Er beugte sich zu ihr hinunter, und seine Lippen suchten, forderten die ihren, als hätten sie alles Recht dazu. Es geschah so schnell und mit solcher Heftigkeit, dass sich Jade nicht dagegen wehren konnte. Unvorbereitet traf sie der Verrat ihres eigenen Körpers. An ihn gepresst, spürte sie sein Verlangen, und statt Entsetzen oder Scham empfand sie nur Lust und eine Kraft, die so alt war wie die Menschheit. Er wollte sie.

Sein Kuss war fordernd, seine tastende Zunge ein Versprechen. Ihr schwindelte vor Leidenschaft, sie war benommen von einem Bedürfnis, das so urplötzlich über sie gekommen war, dass sie ihre Beine nicht mehr bewegen konnte. Sie spürte, wie er sich nach unten beugte, sein Arm glitt unter ihre Kniekehlen, und dann trug er sie durch das Haus ins Schlafzimmer. Er ließ sie auf der Decke mit dem Kirschblütenmuster nieder, die ihre Mutter eigenhändig gefertigt hatte. Irgendwo hatte sie ihre Schuhe verloren, Franks Hände machten sich an den Knöpfen ihres Kleides zu schaffen, während sie an seinem Hemd zerrte.

Jade hörte es als Erste, einen Wagen, der über den holprigen Weg auf ihr Haus zukam. Sie legte die Hand an Franks Wange und brachte ihn zum Verstummen. Auch er hörte es jetzt, stand auf, knöpfte sich sein Hemd zu, stopfte es in die Hose, während sie aufsprang, das Kleid richtete und ihre Schuhe suchte. Sie saßen beide wieder auf ihren alten Plätzen am Küchentisch, als Jonah Dupree in das Haus seiner Tochter kam. Er sah zu ihr, dann zu Frank und schien zu überlegen.

»'n Abend, Mr. Frank.« Jonahs Blick wanderte zu Jade. »Ich wollte dich ins Krankenhaus fahren. Miss Lucille hat mir den Wagen gegeben. Sie sagt, ich kann dich am Morgen auch wieder nach Hause bringen. Ich dachte mir, du bist dann vielleicht zu müde zum Fahren.«

»Danke, Daddy.« Jade spürte, wie heiß ihre Wangen waren, aber sie konnte es nicht ändern. Jonah würde sie nie auf Franks

Anwesenheit ansprechen, aber die Sache würde immer zwischen ihnen stehen. Genau wie die Umstände ihrer Geburt, etwas, worüber nie gesprochen wurde, was aber ständig präsent war.

11

*D*otty ging in dem kleinen Krankenzimmer auf und ab und sah wiederholt auf ihre Uhr. Die Stelle an ihren Lippen, wo sie sich ständig rieb und mit der Zunge darüberfuhr, war wund und aufgesprungen; eine nervöse Angewohnheit, die sie bis zu diesem Tag überwunden zu haben glaubte. Lucas hatte sich kein einziges Mal blicken lassen. Er wusste, dass sie hier war. Ihr Kleid war zerknittert, und sie konnte sich selbst riechen, den nicht unangenehmen Geruch von Weiblichkeit mit einem Hauch von Sex, wie eine Frucht, die den höchsten Reifegrad erreicht hatte und bald in Fäulnis übergehen würde. Sie trat ans offene Fenster. Wenigstens zerfloss die Sonne am Horizont, die Luft wurde kühler. Es war ihr schleierhaft, wie jemand in einem Zimmer, das einem Ofen glich, gesund werden sollte. Als würde man versuchen, Marlena zu backen, nur dass die Patientin keinen einzigen Tropfen Schweiß vergoss. Dottys Kleid war klatschnass, sie spürte, wie ihr der Schweiß über den Rücken lief. Ein schrecklicher Tag. Und wo zum Teufel blieb Jade?

Die Bulova-Uhr an ihrem Handgelenk, von zwei schwarzen Seidenbändern gehalten, zeigte halb sieben. Jade schloss ihren Laden um fünf. Wo steckte sie bloß? Dotty kochte vor Wut. Das sah dieser nichtswürdigen Niggerin ähnlich, nicht aufzutauchen.

Nahezu lautlos ging die Tür auf, gleichzeitig erkannte Dotty die hereintretende Jade und ließ ihrer Wut freien Lauf. »Es ist halb sieben. Ich hab auf dich gewartet. Wo zum Teufel bleibst du?« Dass Jade erfrischt und sauber aussah, verstärkte ihren Zorn nur noch.

Als nach Jade auch noch Frank hereinkam, wich Dotty einen Schritt zurück. Auf Frank war sie nicht vorbereitet. Sie spürte, wie sie rot wurde. Jeder in der Stadt behandelte Jade, als wäre sie aus purem Gold, vor allem dieser Frank Kimble. Er behandelte sie wie eine Weiße. Er ließ Dotty spüren, dass er ihr eigenes Verhalten strikt missbilligte.

»Jade hat Fragen beantwortet, Mrs. Strickland. Offizieller Natur. Etwas, worum ich Sie ebenfalls bitten möchte.«

»Oh, natürlich.« Das Gefühl der eigenen Wichtigkeit war nach ihrem so jäh unterbrochenen Wutanfall wahrer Balsam auf ihre Seele. »Es freut mich, wenn ich Ihnen helfen kann. Fahren wir zum Sheriffbüro?« Sie hatte zwar ein Auge auf Lucas geworfen, aber Frank wäre auch nicht schlecht, um an einem Freitagabend seinen Spaß zu haben. Lucas hatte zwar das Geld, und jeder in der Stadt wusste, dass Frank ein bisschen neben sich stand und in dem großen alten Haus wohnte, in dem er nur wenige Zimmer benutzte. Aber wenn dieses Haus ihr gehörte, würde sie es wieder öffnen und jeden Abend eine Party geben. Eine Vorstellung, die ihr so gut gefiel, dass sie lächelte.

»Ich kann die Fragen gleich hier stellen«, sagte Frank.

Etwas schwang in seinem Tonfall mit, aber sie wusste es nicht näher zu benennen. »Es macht mir nichts aus, zum Sheriffbüro zu fahren.« Zu dieser Zeit würde sich niemand mehr im Rathaus aufhalten, sie und Frank wären dann ganz allein. War der Mann so beschränkt, dass er das nicht kapierte?

»Schon gut, Mrs. Strickland. Ich treffe mich um sieben mit Huey, ich stelle Ihnen also die Fragen gleich, dann können Sie nach Hause und ein heißes Bad nehmen. Je mehr Informationen ich für Huey habe, umso schneller werden wir das Mädchen finden. Sie wissen vielleicht Dinge über Suzanna, die ihr das Leben retten könnten.«

Dotty hatte Jade fast vergessen. Sie lehnte in der Ecke an der Wand und hielt ein Buch in den Händen. »Würdest du so gut sein und uns eine Cola holen?«, fragte Dotty sie. Sie wollte, dass Jade das Zimmer verließ, damit sie einen Moment lang mit Frank allein sein konnte. Marlena zählte ja nicht, denn sie stand so sehr unter Medikamenten, dass sie noch nicht einmal wusste, wo sie sich befand.

»Gute Idee«, sagte Frank und zog seine Brieftasche heraus. »Können Sie drei Coca-Cola tragen?«, fragte er und hielt ihr einen Dollar hin.

»Ich glaube, das schaffe ich.« Mit ausdrucksloser Miene nahm Jade den Geldschein entgegen und ging; ihre Schuhe klackten auf den Kacheln, bis sie im Krankenhausflur verklangen.

»Hat sich Marlena mit jemandem getroffen?«, fragte Frank.

Sein schroffer Tonfall ärgerte Dotty. »Woher soll ich das wissen?« Es sah Frank Kimble gleich, wenn er glaubte, Marlena hätte was im Schilde geführt.

»Sie sind ihre beste Freundin, oder?«

»Sie hat mir nie was erzählt.«

»Wirklich?«

»Hören Sie, ich bin keine ungebildete Negerin. Ich habe einen Highschool-Abschluss, ich würde mich erinnern, wenn Marlena mir irgendwas gestanden hätte. Sie ist in dieser Sache das Opfer. Vielleicht sollten Sie mal darüber nachdenken.«

Sie spürte Franks musternden Blick. Eigentlich mochte sie es, wenn Männer sie betrachteten, Frank aber hatte etwas an sich, was sie beunruhigte. Er war verrückt. In seinen Augen lag nur Schwärze. Sie war froh, nicht mit ihm allein ins Rathaus gefahren zu sein. »Wenn Sie mir noch eine Frage stellen wollen, dann nur zu. Ich will nach Hause.«

»Wie alt sind Sie, Dotty?«

Die Frage schmerzte. »Das geht Sie nichts an.«

»Sie sind sechsunddreißig, richtig? Ich kann Ihren Führerschein überprüfen.«

»Und?«

»Kennen Sie jemanden, der einen Grund hätte, Marlena so etwas anzutun?«

Hinter dieser Frage konnte vieles stecken. Aber sie war viel zu clever, um Frank in die Falle zu gehen. »Natürlich nicht. Soweit ich weiß, ist Marlena in der ganzen Stadt beliebt. Sie ist in jedem Wohltätigkeitskomitee. Sie macht freiwillige Arbeit für die Schule und das Krankenhaus. Sie ist für die Leute so was wie eine Heilige.«

»Jemand ist da anderer Meinung.«

Dotty runzelte die Stirn. »Ich glaube nicht, dass Lucas das gern hören wird. Ich glaube sogar, nichts von dem, was Sie hier andeuten wollen, wird Lucas interessieren.«

»Das kann ich ihm nicht verdenken. Und ich sage es auch nicht gern, weil ich Marlena besondere Sympathien entgegenbringe. Als Mama krank war, hat Marlena ihr jeden Tag zu essen gebracht.«

Das war Dotty völlig neu. Aber es war ja kaum verwunderlich; so war Marlena eben. Sie hatte ein weiches Herz, und weil sie sich um Geld keine Gedanken machen musste, hatte sie viel Zeit, sich in der gesamten Stadt wie Florence Nightingale aufzuführen.

»Ich glaube eher, Sie bringen diesem Nigger-Mädel besondere Sympathien entgegen«, sagte Dotty. »Ich wäre da vorsichtig, Frank. Jade könnte deswegen in große Schwierigkeiten kommen, und Sie auch. Es gibt Dinge, die werden in Drexel

113

nicht geduldet, ganz egal, was dort drüben in Europa geschehen sein mag.«

»Was wollen Sie damit sagen, Dotty?«

Sie hatte ihn damit wütender gemacht als beabsichtigt.
Plötzlich wirkten seine Augen leer, als wäre seine Seele aus
ihnen geflohen. »Ich will Ihnen nur einen Gefallen tun. Was
man wahrnimmt, kann einen manchmal in die Irre führen.
Jade ist eine hübsche Frau, aber es hat schon seinen Grund,
warum sie nicht verheiratet ist. Sie hält nach der falschen
Hautfarbe Ausschau, und das wird in dieser Stadt nicht gern
gesehen.«

»Woher wissen Sie denn, wonach Jade Ausschau hält?«,
fragte er.

»Ich habe Augen im Kopf. Ich sehe, was vor sich geht. Und
andere sehen es auch. Leute, die nicht so aufgeschlossen sind
wie ich.«

Frank nickte. »Ich weiß, Sie wollen nur mein Bestes, Dotty,
ich danke Ihnen dafür.« Er lächelte. Seine Mundwinkel gingen leicht nach oben, und plötzlich kam Dotty der schreckliche Gedanke, wenn er jetzt den Mund öffnete, würde sie
scharfe, angespitzte Zähne sehen.

»War das alles?«, fragte sie und konnte es kaum erwarten,
von ihm und aus dem Zimmer wegzukommen.

»Würden Sie sagen, Lucas ist in seiner Ehe mit Marlena
glücklich?«

Sie wühlte in ihrer Handtasche nach den Autoschlüsseln,
bei der Frage aber hielt sie inne. Sie spürte seinen Blick auf
sich. Gänsehaut lief ihr über die Arme. »Sie kamen mir glücklich vor.«

»Lucas hat sich nie beschwert? Ihnen gegenüber?«

Sie sah ihm in die Augen und fragte sich, woher er es wusste.
Es überkam sie die verrückte Vorstellung, dass er alles wusste,
was sie diesen Morgen getan hatte. »Lucas hat nie ein böses

Wort über Marlena fallen lassen. Kein einziges.« Das war nicht gelogen.

»Und Marlena? Hat sie jemals ein böses Wort über Lucas fallen lassen?«

Dotty zuckte mit den Schultern. »Nur Frauensachen. Sie war es leid, ihm jeden Morgen ein großes Frühstück zu machen, war es leid, dass er alle Entscheidungen trifft und ihr nur sagt, was wie getan wird.« Erneut zuckte sie mit den Schultern. »Solche Sachen. Nichts Ernstes.«

»Danke, Dotty«, sagte Frank. Sie hatte das Gefühl, aus den Klauen eines Raubvogels fallen gelassen worden zu sein.

Frank hatte damit gerechnet, von Dotty Strickland nichts Brauchbares zu erfahren. Die diensthabende Schwester teilte ihm noch mit, dass Marlena nichts mehr gesagt habe, allerdings wolle der Arzt am darauffolgenden Tag versuchen, die Morphiumdosis, die sie bislang ruhiggestellt hatte, zu reduzieren.

Frank fuhr zum Rathaus, wo Huey bereits mit Leidensmiene wartete. »Du hast uns dort draußen allein gelassen«, sagte er, nicht unbedingt anklagend, aber doch mit einem Anflug von Missfallen.

»Wurde in die Stadt zurückgerufen. Marlena hat die Täter teilweise beschreiben können. Es sind zwei, ein Stämmiger, ein Schlanker. Sie hatten was über die Köpfe gezogen.«

Die Neuigkeiten munterten Huey etwas auf. »Du meinst, der Klan könnte dahinterstecken?«

Frank schüttelte den Kopf. »Der Klan? Auf keinen Fall. Lucas könnte die Bank dazu veranlassen, ihnen die Hypotheken aufzukündigen. Dieses Risiko würden sie nicht eingehen. Außerdem gibt es keinerlei Anhaltspunkte, dass Marlena diese Idioten gegen sich aufgebracht haben könnte.«

»Vielleicht nicht Marlena«, sagte Huey.

»Daran hab ich noch gar nicht gedacht«, gestand Frank. »Trotzdem kann ich mir nicht vorstellen, dass dieser Abschaum sich an Lucas Bramletts Frau vergreift.«

Huey lehnte sich auf seinem Stuhl zurück und legte die Füße auf den Tisch. »Bei jedem anderen als Lucas würde ich mir mehr Gedanken machen, aber wenn er mit Negermädchen zu tun hat, dann rein gewerblich. Damit hat der Klan kein Problem.«

Frank setzte sich auf die Kante von Hueys Schreibtisch. Wenn nötig, konnte Huey sehr pragmatisch sein und ein Auge zudrücken. Er sah, was er sehen musste.

»Was hast du im Wald gefunden?«, fragte Frank.

Huey schüttelte den Kopf. »Wir haben die Spur im Fluss verloren, sie aber flussabwärts wieder gefunden, genau dort, wo du gesagt hast. Sie führt zu der Stelle, wo du Marlena entdeckt hast. Haben dann alles abgesucht, von dem Mädchen aber keine Spur.« Er war ehrlich besorgt. »Ich fürchte, sie ist tot, Frank.«

Frank nickte. »Ich weiß.«

»Und wenn nicht? Was, wenn ihr was angetan wird?«

Frank musterte den Sheriff. Huey neigte nicht dazu, sich über menschliche Abgründe Gedanken zu machen. Er dachte nicht darüber nach, zu was durchgeknallte Typen wirklich fähig waren. »Haben das die Freiwilligen gesagt?« Junior, Pet und Rufus Dean meldeten sich immer freiwillig zu solchen Suchaktionen, bei Unglücksfällen, Überschwemmungen, was auch immer. Die anderen beiden waren John Merritt und Ammon Sullivan, Farmer aus der Gegend, die einen heißen Tag im Wald verbracht und nach einem vermissten Kind gesucht hatten, obwohl auf ihren Feldern die Arbeit wartete.

Huey nickte, die Lippen aufeinandergepresst. »Junior meint, man würde sie als weiße Sklavin verkaufen.« Er machte ein angewidertes Geräusch. »Ich denke eher, sie ist tot.«

Erneut nickte Frank. »Der Tod ist manchmal die einfachste Antwort.« Er holte Luft. »Ich habe mit Lucas gesprochen, über mögliche Verdächtige. Er hat mir einige Namen genannt. Zwei davon habe ich bereits gestrichen, bleibt noch der dritte, der überprüft werden muss. Warum rufst du nicht Lucas an und teilst ihm das Ergebnis der Suche mit?«

»Okay.« Huey griff nach dem Hörer und begann zu wählen. Frank zog seinen Notizblock heraus. Von den drei Namen, die Lucas ihm gegeben hatte, waren zwei abgehakt: Locklin war mit seinem Geschäft nach Texas übergesiedelt, und Orin McNeil hatte ein wasserdichtes Alibi – er lag mit Nierensteinen im Krankenhaus. Blieb Dantzler Archey. Jemand, der nur schwer aufzutreiben war. Für Frank Ansporn genug, ihn zu finden. Die Dunkelheit brach herein, und falls Archey mit der Sache zu tun hatte, würde er untertauchen müssen. Frank wollte dem zuvorkommen.

12

Vom Krankenhausfenster aus waren die Lichter von einem halben Dutzend Häuser in der Jasmine Street zu sehen. In dreien davon war Jade als kleines Mädchen gewesen. Ruth hatte dort Wäsche abgeholt, die sie spätabends bügelte, um ein bisschen dazuzuverdienen. Eula Lee Walden, die in einem dieser Häuser wohnte, hatte Ruth damals für Jade fünf Kleider geschenkt, aus denen Beth Ann, Mrs. Waldens Tochter, herausgewachsen war. Eines davon, ein wunderschönes gelb-weiß kariertes Strandkleid, war über und über mit Schmetterlingen bestickt, dazu gab es einen passenden gelben Sweater mit einem Schmetterling an jedem Revers. Wenn man den Sweater zuknöpfte, sah es aus, als würden sich die Schmetterlinge küssen. Es war das schönste Kleid, das Jade jemals gesehen hatte. Sie liebte es und trug es immer, wenn Ruth es erlaubte. An einem Sonntag, als sie dieses Kleid trug, trafen sie in der Stadt Mrs. Walden und Beth Ann, und zu ihrer Überraschung begann Beth Ann zu weinen. Sie sah zu ihrer Mutter und sagte, Jade sehe in diesem Kleid viel schöner aus als sie.

Trotz ihrer Verlegenheit hatte Jade sich insgeheim darüber gefreut. Als Ruths Gehilfin wusch sie im Haus der Longiers das Geschirr, sie rechte als Jonahs Handlangerin das Laub im Garten der Longiers und hatte sich nie träumen lassen, dass sie einmal etwas haben würde, was sich ein kleines reiches weißes Mädchen wünschte. Es hatte ihr gutgetan.

Jade starrte auf die Lichter des Walden-Hauses und dachte an jene Zeit. Beth Ann war erwachsen geworden und hatte einen Arzt aus Jackson, Mississippi, geheiratet. Ihr Bild war in der örtlichen Zeitung abgedruckt gewesen; langes, glänzendes kastanienbraunes Haar, eine Perlenkette um den Hals, den Schleier zurückgeschlagen, damit ihr Lächeln zu sehen war. Das war zehn Jahre her. Die meisten Frauen in Jades Alter, ob schwarz oder weiß, waren mittlerweile verheiratet, viele waren weggezogen. Jade hatte nicht geheiratet. Sie hatte kaum Beziehungen zu Männern gehabt. Sie hatte mit einigen geschlafen, weil sie die Bedürfnisse ihres Körpers nicht ignorieren konnte, auch wenn sie mit dem Herzen nicht dabei gewesen war. Sonst aber schien sie eine Barrikade um sich zu errichten, bei der der Großteil der Männer keine Lust verspürte, sie zu überwinden. Frank Kimble war die Ausnahme. Jade drehte sich um, betrachtete ihre Schwester und versuchte das heiße Verlangen zu unterdrücken, das die Gedanken an Frank in ihr wachriefen. Sie war zu alt, um sich von einem Mann zum Narren halten zu lassen, zu alt und zu vorsichtig. Ihre Lust würde sie nicht ins Unglück stürzen.

Marlena warf sich auf dem Kissen herum. Jade tränkte ein Tuch in kaltem Wasser und legte es ihrer Schwester auf die Stirn. Marlena hatte hohes Fieber, der Arzt machte sich Sorgen deshalb. Er war einmal hereingekommen und hatte von einem Spezialisten aus New Orleans gesprochen. Es gab ein Wundermittel, Penizillin, das er Marlena ohne schädliche Nebenwirkungen verabreicht hatte. Er wollte ihr noch mehr davon geben.

Marlenas Haut war weich und heiß und so straff, dass es sich anfühlte, als wollten ihre Wangen jeden Moment platzen. Jade berührte sie mit dem Handrücken, strich über die gespannte Haut und flüsterte: »Du musst gesund werden, Marlena. Wir müssen Suzanna finden, und wir brauchen deine

Hilfe.« Es stimmte. Der Arzt hatte die Morphiumdosis so weit reduziert, dass Marlena wieder zu klarem Verstand kommen sollte. Bislang war dies nicht geschehen. Jade hatte gehört, wie der Arzt der Schwester zugeflüstert hatte, Marlena weigere sich, das Bewusstsein zu erlangen.

Jade tränkte das Tuch neu und legte es wieder auf. Sie holte warmes Seifenwasser und wusch ihre Schwester, massierte ihre Füße und Beine, regte die Muskeln und Nerven an. »Marlena, wir brauchen dich hier bei uns«, sagte sie. »Frank will mit dir reden.«

Frank. Nicht Lucas, der kein einziges Mal gekommen war, um seine Frau zu besuchen. Das ganze Krankenhaus tuschelte darüber, einige der Gerüchte waren sogar ihrer 16.30-Uhr-Kundin, Mrs. Hargrove, zu Ohren gekommen, die sich über Lucas' Gefühllosigkeit entsetzt gezeigt hatte.

»Vielleicht wartet er zu Hause auf den Anruf für die Lösegeldforderung«, hatte Jade vorgeschlagen, eine Möglichkeit, die die tuschelnden Frauen nicht in Betracht zogen, weil es ihr an Bosheit mangelte.

Eine dunkelhäutige Schwesternhelferin kam an die Tür. Sie war jung und hielt den Blick gesenkt. »Ein Anruf für Miss Dupree an der Rezeption.«

»Danke«, sagte Jade und fragte sich, warum Jonah oder Ruth im Krankenhaus anriefen. Ihr Herzschlag beschleunigte sich. Entschlossen ging sie zur Rezeption. Die Schwester zögerte, als sie ihr das Telefon reichte. Jade war zu müde, um sich irgendetwas dabei zu denken.

»Hallo«, sagte sie.

»Ich bin es, Lucas. Wie geht es Marlena?«

Sie war überrascht. »Unverändert. Der Doktor sagt, er gibt ihr gegen die Infektion Penizillin. Er wollte um acht noch mal kommen. Er will, dass ein Spezialist aus New Orleans sie sich ansieht.«

»Ich versuche zu kommen, will aber das Telefon nicht allein lassen«, sagte Lucas. »Hat sie noch was gesagt?«

»Nein.« Jade überkam ein ungutes Gefühl. Lucas hatte nicht angerufen, solange Dotty bei Marlena gewesen war; er hatte gewartet, bis er mit ihr reden konnte. Alles, was Lucas tat, war wohlüberlegt. Was also steckte dahinter?

»Wenn ich es für den Arzt nicht schaffen sollte, kannst du mich dann bitte anrufen?«

Lucas hatte ihr sonst immer Befehle erteilt. Er hatte schriftliche Anweisungen hinterlassen, wie etwas zu tun sei, aber kein einziges Mal hatte er sie bisher *gebeten*, etwas zu tun. »Ja, Sir, ich werde anrufen, sobald der Doktor fort ist.«

»Danke, Jade«, sagte er, was ebenfalls zum ersten Mal geschah. Er klang, als meine er es tatsächlich ernst.

Sie kehrte ins Zimmer und zu ihrem Platz am Bett zurück. Marlena lag im Sterben. Sie spürte es, auch wenn der Arzt es nicht sagte. Die Infektion hatte sich in ihrem Körper ausgebreitet und schien den Kampf zu gewinnen. Zum Teil lag es wohl auch daran, dass Marlena aufgegeben hatte. Was immer geschehen sein mochte, es musste so schrecklich gewesen sein, dass sie Zuflucht in der Bewusstlosigkeit suchte. Jade zitterte die Hand, als sie über das heiße Gesicht ihrer Schwester strich. Eine Hand legte sie Marlena auf die Stirn, die andere, ganz sacht, auf ihr Herz.

»Komm zurück zu uns«, drängte sie. »Wir brauchen dich, Marlena. Wir brauchen dich, damit du uns hilfst, Suzanna zu finden.«

Jade hob die Hand, die nun leicht über ihrer Schwester schwebte. Sie musste sie nicht berühren, um die Hitze zu spüren, die der fiebernde Körper verströmte. Sie konzentrierte sich darauf, Marlena zu kühlen, und dachte an einen kalten Bachlauf, in den Marlenas Körper eintauchte, das Gesicht in die Sonne gerichtet, während ihre Haare um ihr Gesicht wogten.

»Jade?« Marlenas Stimme war schwach.

»Ich bin hier«, sagte Jade und schlug die Augen auf. »Es wird alles gut werden.«

»Sie haben Suzanna.«

Jade entgegnete nichts.

»Ich hab sie schreien hören. Als die Männer kamen. Einer hatte Suzanna. Er ließ sie fallen.«

Marlena weinte nicht. Jade befühlte ihre Stirn. Das Fieber hatte nachgelassen. Schweiß tropfte ihr aus den Haaren, Jade wischte ihn mit einem Waschlappen fort. »Ich bin gleich wieder da. Ich muss Frank Kimble finden. Er wartet darauf, dass er mit dir reden kann.«

Langsam schüttelte Marlena den Kopf. »Sag ihm, ich schaffe es nicht. Ich …«

Sie würden sie verlieren, Jade wusste es. »Marlena.« Vorsichtig rüttelte sie an ihrer Schulter. Unsicher machte Marlena ihr unverletztes Auge auf, ein dünner Schlitz, umgeben von aufgequollenem, verfärbtem Fleisch. Der Knochen darunter war gebrochen und verunstaltete die Konturen ihres Gesichts. Um die Gesichtsseite zu stabilisieren, hatte der Arzt mit Draht ihren Kiefer fixiert. Sie würde ihr Augenlicht behalten, falls sie überlebte. Und sie würde überleben, falls Jade es verhindern konnte, dass sie wieder in die Bewusstlosigkeit fiel.

»Schon gut, Marlena«, sagte Jade. »Wir müssen Suzanna finden, wir wollen doch beide miterleben, wie sie aufwächst. Sie hat noch nicht viel von ihrem Leben gehabt. Sie ist doch noch ein so kleines Mädchen.«

»Sie ist fort«, seufzte Marlena.

»Hast du sie gesehen?« Ein kühler Lufthauch, so kam es Jade vor, strich durch das offene Fenster und berührte ihre nackten Arme.

Marlena lächelte nur. Ihr Auge flackerte.

»Marlena, wenn du stirbst, wird Suzanna auch sterben.«

Marlena öffnete das Auge, das Lächeln verschwand. »Was?«

»Erzähl mir von den Männern.« Ihre Schwester war geschwächt. Sie fürchtete, sie zu überfordern; genauso groß aber war die Angst, Marlena könnte sterben, ohne ihr erzählt zu haben, was sie wusste. »Haben die Männer irgendwas gesagt?«

Marlena nickte. »Gemeine Dinge.«

»Schon gut«, sagte Jade und hielt Marlena die Hand. »Erzähl es mir. Du musst es mir erzählen.«

»Fotze. Hure. Sie haben gesagt, man müsse mich bestrafen.«

»Der andere Mann, was hat er gesagt?«

»Er hat mich gehalten, während der große...« Ihr Mund öffnete sich, als wollte sie schreien, aber kein Ton kam heraus. Sie warf den Kopf zurück, aber noch immer brachte sie keinen Laut zustande.

Jade stöhnte innerlich auf, fasste sich und drückte Marlena die Hand. »Schon gut, sie können dir nicht mehr wehtun. Du bist hier in Sicherheit, ich pass auf dich auf.«

Die Worte schienen Marlena zu beruhigen. »Haben sie irgendwas über Suzanna gesagt?«, fragte Jade. »Was sie mit ihr vorhaben? Du musst es mir sagen. Denk nach, Marlena, denk nach.«

»Sie haben sie mitgenommen.« Ihr Brustkorb begann sich in schneller Abfolge zu heben und zu senken. »Sie haben gesagt, ich würde dafür büßen. Babylonische Hure, so haben sie mich genannt.«

Ein Ausdruck, den Jade ihr Leben lang gehört hatte und womit immer eine exotische Frau mit Fußreifen und buntem Rock gemeint war, die wirbelnd im Kreis tanzte.

»Marlena, war noch jemand bei dir?« Jade kam sich wie eine Verräterin vor.

Marlena entwand ihr ihre Hand. »Nein! Nichts zu Lucas.«

Das war Antwort genug. »Ich werde Lucas nichts erzählen,

aber wir müssen diesen Mann finden«, sagte Jade. »Er weiß vielleicht was über Suzanna. Wer ist er?«

Marlena schüttelte den Kopf. Ihre Miene war verzerrt, ob vor Schmerzen oder von ihren Gedanken, konnte Jade nicht sagen. »Nein«, antwortete Marlena. »Nein.«

»Das Leben deiner Tochter hängt davon ab.«

Bevor Marlena etwas darauf erwidern konnte, kam ein Ausdruck der Ruhe über ihr Gesicht. Ihr Körper wurde so bewegungslos, dass Jade ihr in die Nasenlöcher zwicken musste, um zu sehen, ob sie noch atmete. Sie tat es. Doch als um acht Uhr Dr. Miller und der Spezialist erschienen, sagte der Arzt zu Jade, sie könne nach Hause gehen. Das Fieber sei zurückgegangen, Marlena aber ins Koma gefallen. Die Aussichten stünden nicht gut. Jedenfalls sei es zwecklos, die Nacht über bei ihr zu bleiben.

13

rank wusste, dass er die Grenze zum Greene County überquerte. Wie auf den Meilen zuvor drängten sich hohe, dunkle Kiefern an den Highway 63, es gab kein Schild, um ihn darauf hinzuweisen, dass er Jebediah County verließ und in das noch ländlichere Greene County hineinfuhr. Aber als County-Polizist kannte Frank die unsichtbare Linie, die die Grenze seines Amtsbereichs bestimmte. Er war zu einem inoffiziellen Besuch unterwegs. In Gedanken spielte er mehrere Varianten des anstehenden Gesprächs durch, während er über den Schotterweg raste – mit einer Geschwindigkeit, die bei Gegenverkehr gefährlich geworden wäre. Aber es gab keinen Verkehr. Gefahr drohte höchstens von einem Reh oder einer Kuh, die sich auf den Weg verlaufen hatte. Er konzentrierte sich auf die Strecke, die Geschwindigkeit aber verringerte er nicht. Fast zwei Stunden lang hatte er telefonieren müssen, bis er herausgefunden hatte, wo in der East-River-Region sich Dantzler Archey am häufigsten aufhielt. Der Mann führte ein Zigeunerleben. Er wohnte in Holzfällercamps, die sich über den gesamten Südosten des Staates Mississippi verteilten sowie über das Baldwin- und Escambia-County in Alabama, wo noch Reste der Mobila- und Creek-Indianer zu finden waren.

Dantzler Archey war von Berufs wegen Holzfäller und von

Natur aus ein Verbrecher. Er nahm sich, was er wollte, egal, mit welchen Mitteln. Seine Skrupellosigkeit hatte seinen Sohn das Leben gekostet. Natürlich sah Archey das anders. Nach den Berichten zu schließen, die Frank zusammengetragen hatte, war Archey jemand, der zu dem bestialischen Überfall auf Marlena und zu Suzannas Entführung durchaus fähig gewesen wäre. Dass bislang keine Lösegeldforderung eingegangen war, würde ebenfalls zu Archeys Charakter passen. Wenn er Suzanna in seiner Gewalt hatte, würde Archey davon ausgehen, dass er am längeren Hebel saß. Er würde an ihr, von der er annehmen musste, dass Lucas sie über alles schätzte, festhalten und mit Lucas so lange wie irgend möglich sein Spielchen treiben. Dies würde jedenfalls erklären, warum mittlerweile achtundzwanzig Stunden vergangen waren, ohne dass sie auch nur das geringste Lebenszeichen von dem Mädchen erhalten hatten. Jemand wie Dantzler Archey legte es darauf an, dass Lucas es mit der Angst bekam und vor Sorge um seine Tochter fast verrückt wurde.

Im Stalag in Nürnberg hatte Frank miterlebt, wie so etwas in die Tat umgesetzt wurde. Meistens hatte man die hungrigen, verdreckten und verlausten Kriegsgefangenen in Ruhe gelassen. Aber einen Luftwaffenoffizier gab es, der den Männern in Franks Baracke besonderes Interesse entgegenbrachte. Das Haar akkurat gekämmt, in makelloser Uniform, den Tod in den Augen, so schritt der Offizier durch das Lager und deutete wahllos auf einen der Gefangenen. Die Wachen schleiften diesen fort, und die übrigen Gefangenen verbrachten die folgenden Stunden in der Hölle. Keiner sagte ein Wort, aber jeder wusste, wenn der abgeführte Gefangene zurückkehrte, würde ihm etwas fehlen: ein Auge, ein Ohr, ein Finger, eine Zehe, ein Hoden, ein Hautstreifen, ein Knochen, ein Teil der Kopfhaut. Es gehörte zur Foltermethode. Und nichts war schlimmer als das, was die zurückgelassenen Männer sich ausmalten. Mehr als ein paar wurden dadurch in den Wahnsinn getrieben.

Als kleines Kind war Frank im Haus seiner Familie von Toten umgeben gewesen. Um zu überleben, hatte er gelernt, bestimmte Wege nicht zu beschreiten. Niemals hatte er die Geister, die ihn verfolgten, gefragt, was sie wollten. Niemals hatte er sich auszumalen erlaubt, was sie ihm antun könnten. Im Lager drehte er sich nur weg, starrte an die Wand und versenkte sich in seine Gedanken. Auf diese Weise entkam er dem Lager, überwand Jahreszeiten und Kontinente und suchte das kühle herbstliche Jebediah County auf, wo er mit seinem Hund Getter durch die Wälder streifte. Der Morgennebel legte sich schimmernd auf Getters rötliches Fell, der Hund stürmte voran, bemüht, die Fährte eines Hasen oder eines Rehs aufzuspüren, denen er aus schierer Lust am Laufen folgte. Frank ging nicht auf die Jagd. Zu oft wachte er mitten in der Nacht auf und sah sich seinen toten Verwandten und ihren Taten gegenüber. Das Töten hatte für ihn keinen Reiz. Und dennoch hatte er während des Krieges viele getötet. Manchmal erhoben sich diese toten Deutschen aus den Gräben, wo er sie mit dem Bajonett umgebracht hatte, oder standen auf dem Schlachtfeld, während Blut aus ihren Arm- oder Beinstümpfen strömte. Er hatte sie erschossen, erstochen, mit dem Gewehrkolben zu Tode geprügelt. Eingebracht hatte ihm dies zwei Purple Heart, einen Silver Star und unzählige stumme Besuche der Toten.

In einer Kurve schreckte er einen Geier auf, der sich über ein überfahrenes Tier hermachte. Er bremste ab, damit der schwerfällige Vogel genügend Zeit hatte, um sich in die Lüfte zu erheben, wo er anmutig auf den Luftströmungen dahinglitt, dann fuhr er weiter, bis er an eine zerfurchte Abzweigung kam. Es gab keinen Briefkasten. Dantzler Archey gehörte nicht zu jenen, die Briefe bekamen. Frank bog ab, vorsichtiger jetzt. Er schaltete das Radio an, lautstark ertönte in der sternenklaren Nacht KWKH aus Shreveport, Louisiana. Er wollte sich nicht unangekündigt dem Holzfällercamp nähern.

Die Camps waren berüchtigt. Tagsüber schufteten die Männer, nachts floss übermäßig der Alkohol. Es war klüger, die Männer nicht aufzuschrecken, gleichzeitig wollte er aber nicht, dass Archey sich auf und davon machte, wenn er jemanden zu Gesicht bekam, bei dem ihm klar sein musste, dass er Polizist war – auch wenn Frank im Greene County keinerlei Amtsgewalt besaß, was Archey wie die meisten Kriminellen natürlich wusste.

Das Camp lag im dichtesten Wald, damit die Männer keine weiten Strecken zurückzulegen brauchten. Frank war mit dem Gebiet nicht vertraut, wusste aber, dass der Chickasawhay nicht weit sein konnte. Die Männer zogen die gefällten Bäume zum Fluss, banden sie zusammen und flößten sie zur Sägemühle in Pascagoula. Manche der fortschrittlicheren Holzfäller luden ihre Stämme auf Laster und fuhren sie nach Drexel zur Eisenbahn. Andere aber, wie Dantzler, würden sich lieber die Hand abhacken lassen, als Lucas Bramletts Profit noch zu mehren.

Bei seinen Nachforschungen hatte Frank herausgefunden, dass das Verhältnis zwischen Bramlett und Dantzler mehr als vergiftet war. Es war ein Eitergeschwür. Die beiden Männer hassten sich bis aufs Blut, dabei ging es um mehr als Holz und einen toten Sohn. Junior Clements, immer ein Quell für Gerüchte und Tratsch, hatte Frank erzählt, dass Lucas Dantzlers Schwester Katy geschwängert habe. Frank erinnerte sich an Katy als gebrechliches Mädchen mit großen, veilchenblauen Augen und einer Haut so blass wie Mondlicht. Irgendwann in der zehnten Klasse war sie von der Schule abgegangen, woraufhin in Drexel niemand mehr von ihr gehört hatte.

Der Weg verengte sich, führte um eine Kurve und endete

schließlich in einem Schlammloch, das sich über die gesamte Breite des Weges erstreckte und gut zwanzig Meter lang war. Frank stieg aus, ging die Strecke ab und lotete mit einem Ast die Tiefe des Schlamms aus. Mehr als ein halber Meter, in der Mitte bestand der Untergrund aus weichem Schlick. Er ging zu seinem Pick-up zurück, schaltete das Radio, die Scheinwerfer und den Motor aus und machte sich zu Fuß auf den Weg zum Camp. In der nächtlichen Stille war ein Ziegenmelker zu hören, ein Vogel, von dem die Alten sagten, er bringe den Tod. Ein trauriger, düsterer Ton, der ihn an Hank Williams denken ließ, der genauso lebte, wie er es in seinen von Versuchung und Selbstzerstörung handelnden Liedern beschrieb.

Das Sirren der Zikaden, so laut, dass es Franks Schritte übertönte, verstummte plötzlich. Im gleichen Augenblick hörte er, wie ein Hahn gespannt wurde. Frank blieb stehen, die Hände an den Seiten. Er hatte keine Waffe mitgenommen, eine Entscheidung, die er nun vielleicht bereuen würde.

»Keine Bewegung, Mister«, ertönte eine Stimme. Der Sprecher war männlich und jung. Die Worte klangen, als würde der Junge sie gurgeln, bevor er sie hervorpresste. Eine Gaumenspalte? Eine Art Sprachfehler? Frank rührte sich nicht.

»Nimm die Hände hoch.« Der Junge kämpfte mit den Worten. Frank spürte den Gewehrlauf im Rücken. Wenn der Abzug durchgezogen wurde, wäre er im besten Fall danach an allen vier Gliedmaßen gelähmt. Aber nach seinen Erfahrungen im Krieg wusste er, dass er lieber tot wäre.

»Los!«, stieß der Junge mit Mühe hervor.

Er setzte sich in Bewegung, ging langsam voran. Die Waffe drückte weiter gegen sein Rückgrat. Er versuchte nicht, sich umzudrehen. Er versuchte nichts zu erklären. Der Junge war eine Wache des Camps, als solche hatte er keinerlei Befugnis, eine Entscheidung zu treffen. Frank wusste, er würde warten müssen, bis er mit Dantzler selbst sprach.

Sie marschierten knapp eine halbe Meile, als Frank den Lichtschein eines Feuers entdeckte und Männergelächter und das raue Kratzen einer Fidel hörte.

»Zerty!«, rief der Junge. Auch dieses Wort kam dem Jungen mühelos über die Lippen. »Zerty!«

Die Männer verstummten abrupt. Mit erhobenen Händen, den Gewehrlauf im Rücken, betrat Frank das Camp.

»Na, schau an, wen haben wir denn da«, kam es von Dantzler, als dieser aus einer grob behauenen Hütte heraustrat und sich die Hosenträger über die nackten Schultern streifte. »Deputy Frank Kimble gibt uns die Ehre. Wie das?« Dantzler sprach zu einer Gruppe von vier Männern, alle nur halb bekleidet. Selbst auf eine Entfernung von drei Metern konnte Frank sie riechen.

»Ich brauche Hilfe«, sagte Frank und zweifelte an sich selbst. Er hatte angenommen, wenn er geradewegs auftauchte und seine Fragen stellte, würde Dantzler kooperieren. Jetzt war er sich dessen nicht mehr sicher.

»Hilfe bei was?« Langsam schritt Dantzler um Frank herum, betrachtete ihn von allen Seiten, als wüsste er nicht genau, womit er es hier zu tun hatte.

»Ein Mädchen wird vermisst. Suzanna Bramlett. Ich weiß, du und deine Männer sind erfahrene Waldarbeiter. Ich dachte mir, vielleicht könntest du bei der Suche helfen. Sie ist flussabwärts von hier verschwunden.«

Dantzler lachte und setzte seinen Kreis um Frank fort. »Das ist aber eine interessante Frage, Kimble. Ich hab auch eine für dich. Wie kommt es, dass ein Mann, ein dekorierter Kriegsveteran, zu einem solchen Schoßhündchen verkommt?«

Die Männer lachten. Frank zwang sich dazu, sich zu entspannen. »Ich bin der Deputy eines Sheriffs«, sagte er bedächtig. »Ich mache meine Arbeit. Nicht mehr, nicht weniger.

Wenn dein Kind vermisst werden würde, würde ich das Gleiche tun.«

»Nein«, sagte Dantzler. »Nein, das würdest du nicht. Zufällig weiß ich, dass mein Sohn umgebracht worden ist, und da hast du nichts unternommen.«

Frank hatte den Finger genau auf Dantzlers Wunde gelegt. »Dein Junge ist vor zwölf Jahren getötet worden. Es ist oben im Stone County passiert, und ich war damals kein Deputy. Selbst wenn ich einer gewesen wäre, hätte ich nichts tun können, weil es in den Zuständigkeitsbereich von Sheriff Haven Tate fällt. Dort kann ich nichts tun, genauso wenig wie ich hier im Greene County was tun kann. Das weißt du.«

Die Männer verstummten. Der Gewehrlauf allerdings drückte weiter gegen seinen Rücken. Frank hatte den Jungen weder so alt noch so kräftig eingeschätzt, um so lange ein Gewehr zu halten. Er drehte sich etwas zur Seite und erhaschte im flackernden Feuer einen Blick auf den Jungen. Sofort wünschte er sich, er hätte es nicht getan. Der Junge war schrecklich missgestaltet. Was er für eine Gaumenspalte gehalten hatte, war sehr viel schlimmer. Narben zogen sich über eine Kopfseite und verschlossen sowohl den Mundwinkel als auch ein totes Auge. Das Ohr fehlte, nur ein Loch war dort zu sehen.

»Schau mich nicht so an«, sagte der Junge mit hasserfüllter Stimme.

Frank wandte den Blick ab und sah zu den Männern auf dem Boden. Auch sie hatten sich vom Jungen abgewandt.

»Sag mir, Deputy Frank, warum bist du den weiten Weg hier rausgekommen? Deine Leute, die waren doch auch Holzfäller. Im Jebediah County, da gibt es eine Menge Holzfäller. Was ist an uns so besonders?«

Langsam drehte Frank sich zu Dantzler. Sein Blick schweifte zum Jungen, bevor er Dantzler unverwandt in die Augen sah.

»Es hat böses Blut gegeben zwischen dir und Bramlett. Wenn du dir das Mädchen geschnappt hast, würde ich gern mit dir reden. Um zu sehen, ob du es nicht vielleicht wieder rausrückst. Damit die Sache unter Verschluss bleibt, bevor es noch schlimmer wird.«

»Hat Lucas Bramlett dich geschickt?« Es war so ruhig, dass Frank das Knistern und Knacken das Feuers hörte.

»Nein.«

»Du bist von dir aus gekommen, um mir diese Frage zu stellen?«

»Ja.«

»Und du meinst, du kannst mir diese Frage stellen und dich dann einfach wieder so davonmachen?«

»Ja.« Frank hatte keine Angst. Das war etwas, was Dantzler Archey nicht kapieren konnte. Frank wusste, es war sein einziger Trumpf. »Weißt du irgendwas über das Bramlett-Mädchen?«

»Ich könnte dich umbringen, und keiner würde dich je finden.«

»Irgendwann würden sie mich finden. Die Zeiten haben sich geändert, Dantzler. Es gibt jetzt rechtsmedizinische Untersuchungen, Beweise.« Er zuckte mit den Schultern. »Wenn du das Mädchen hast, dann gib es mir.«

»Und wenn nicht?«

»Dann bitte ich dich darum, bei der Suche mitzuhelfen.«

Dantzler lachte. »Du hast Nerven.«

»Weißt du, wo Suzanna Bramlett ist?«, fragte Frank. Einer der Männer rechts von ihm veränderte seine Stellung. Frank bemerkte das Schimmern einer Messerschneide. Hinter ihm bewegte sich ein weiterer. Wenn sie über ihn herfielen, hätte er nicht die geringste Chance. Er sah nicht zu den Männern, sondern konzentrierte sich auf Dantzler. Keiner würde etwas unternehmen, bevor Dantzler den Befehl dazu gab.

»Junge, in die Hütte«, sagte Dantzler. Als der Junge sich nicht schnell genug in Bewegung setzte, verpasste Dantzler ihm einen Schlag gegen den Kopf, der den Jungen zu Boden warf. »Trottel«, fauchte Dantzler. »Schaff dich in die Hütte!« Er holte aus, um dem Jungen am Boden einen Tritt zu verpassen.

Frank stellte sich dazwischen.

»Das geht dich nichts an, Deputy.«

Frank sagte nichts, rührte sich aber auch nicht. Der Junge kroch aus der Gefahrenzone, erhob sich und rannte zur Hütte. Das Gewehr blieb auf dem Boden liegen.

»Und du schaffst dich am besten zurück auf die Straße«, sagte Dantzler zu Frank. »Sofort.«

»Nicht, solange ich nicht weiß, ob du das Mädchen hast.« Hinter ihm kam erneut Bewegung in die Männer. Sie machten sich bereit, auf ihn loszugehen.

»Ich gebe dir nicht mein Wort, egal, worum es geht. Ich geb dem Schoßhündchen von Lucas Bramlett nicht mein Wort. Aber geh ruhig in die Hütte und schau dich selber um.« Dantzler schob sich an ihm und dem Feuer vorbei und zog in den Wald ab. Seine Männer folgten ihm wie gut ausgebildete Soldaten, bis Frank allein am Feuer stand, das Gewehr zu seinen Füßen. Er überlegte, ob er es aufnehmen sollte, ging dann aber stattdessen zur Hütte, wo eine Öllampe brannte.

Der Junge war drin, vielleicht wartete er auf ihn mit einem Messer oder einem Gewehr. Frank ging die Möglichkeiten durch. Als er die Tür erreichte, nahm er den Geruch warmen Maisbrots wahr. Es war nichts Ungewöhnliches, dass die Männer in den Holzfällercamps eine Schwarze anheuerten, die für sie kochte und wusch. Er klopfte leicht an. Als er keine Antwort bekam, drückte er die Tür auf und betrat den langen, schmalen Raum mit sechs Betten. Der Gestank war kaum auszuhalten. Der Raum glich einer engen Grabkammer und

133

verfügte über keine Fenster oder einen Abzug. Er hielt sich die Nase zu und näherte sich einem zugezogenen Vorhang, hinter dem die Küche sein musste.

Dahinter war jemand zu hören, wahrscheinlich der Junge, vielleicht noch jemand anderes. Er glaubte nicht, dass Suzanna hier war. Dantzler würde sie nicht einfach so preisgeben – außer er hatte vor, Frank auf dem Rückweg zum Wagen zu überfallen. Aus irgendeinem Grund zögerte er, den Vorhang zurückzuziehen. Dantzler hatte ihm eine Falle gestellt, und was immer er entdecken würde, es würde nicht schön sein. Es gab nicht vieles, was Menschen tun konnten, das Frank nicht erlebt oder an dem er manchmal sogar selbst beteiligt gewesen war. Trotzdem fürchtete er, was er zu sehen bekommen würde.

Hinter dem Vorhang war ein leises Schlurfen zu hören, das Geräusch von Ketten, die über den Boden schleiften. Seine Hand berührte den Vorhang. Er hörte jemanden weinen, ein leises Murmeln, keine Worte, sondern ein tröstendes Summen. Langsam zog er den Vorhang zurück; er wollte das Wesen, das sich wie ein wildes Tier anhörte, nicht erschrecken. Dann trat er in den warmen Küchendunst, in den Geruch von Maisbrot, und bekam die Frau zu Gesicht. Sie war nackt, abgemagert, die Haut von Abschürfungen überzogen. An einem Fußknöchel trug sie eine schwere Eisenschelle, an der eine Kette mit einer Kugel befestigt war, wie sie in Gefängnissen benutzt wurde. Der Junge klammerte sich an sie, in der rechten Hand hielt er ein Messer, seine Augen funkelten drohend.

Frank, unfähig sich zu bewegen, betrachtete sie, ihr dunkles, verfilztes und verdrecktes Haar, ihre veilchenblauen Augen, in denen das Licht des Wahnsinns loderte.

»Katy?«, sagte er mit brüchiger Stimme. »Katy?«

»Bleib weg«, sagte der Junge und fuchtelte mit dem Messer. »Komm nicht näher.«

Reglos nahm er alles in sich auf und reimte es sich zusammen. Gleichzeitig spürte er, wie Zorn in ihm aufwallte, so sengend, dass er glaubte, er müsse explodieren.

»Katy, hol dir was zum Anziehen«, sagte er und sprach mit ihr, als wäre sie ein verängstigtes Tier. »Hol dir was zum Anziehen. Ich nehme dich mit. Dich und den Jungen.«

»Bleib weg!« Der Junge stach in die Luft.

»Ich möchte euch helfen«, sagte Frank. Er wandte sich an den Jungen, nachdem Katy nicht zu verstehen gegeben hatte, ob sie auch nur ein Wort von ihm wahrgenommen hätte.

»Nein!«, heulte er auf. »Wenn sie weggeht, wird er mich wieder verbrennen.«

Mit einem Nicken machte Frank ihm klar, dass er verstanden hatte. Langsam zog er sich zurück zum Vorhang, der Katy und ihren Sohn von den Männern trennte, die für ihren Bruder arbeiteten. »Ich werde wiederkommen«, sagte er. »Ich werde wiederkommen und euch helfen.«

Der Junge schüttelte den Kopf, sein eines Auge füllte sich mit Tränen. »Nein«, stieß er hervor. »Komm nicht. Das Mädchen ist nicht hier.«

Frank verließ die Hütte. Er trat hinaus in die frische Nachtluft, seine Lungen zugeschnürt vor Zorn, wie er ihn seit Jahren nicht mehr empfunden hatte. Aus der Dunkelheit erschien Dantzler.

»Vergiss nicht, Deputy, du bist hier nicht zuständig. Bis du den alten Sheriff Miller in Leakesville aufgescheucht hast, werden Katy und der Junge verschwunden sein. Ich kann sie verstecken, wo und wie ich will.«

»Sie ist deine Schwester«, sagte Frank.

»Sie ist eine Hure. Sie hat Schande über mich gebracht, und jetzt zahlt sie den Preis dafür. Wie es in der Bibel steht.«

»Ich werde zurückkommen.«

»Wird nichts helfen. Sie ist verrückt. Ich halte sie an der

Kette, damit sie sich nicht im Wald verläuft. Sie kann keine Sachen anziehen, weil sie sich anzünden würde.« Er lachte. »Und jetzt schaff dich zu deinem Pick-up zurück, und verschwinde von meinem Land, und wenn du wiederkommen willst, dann bring am besten viele Polizisten mit vielen Gewehren mit.«

14

otty schaltete den Fernseher aus. Sie nahm ihr leeres Glas und ging in die Küche, verärgert über die Dummheit von Eve Arden als Connie Brooks, die es auf den ganz offensichtlich nicht interessierten Mr. Boynton abgesehen hatte. *Our Miss Brooks*, nur eine dumme Fernsehsendung, trotzdem kam sie ihr als exakte Parallele zu ihrem eigenen Leben vor. Denn sie steckte doch selbst in Drexel fest, hatte die besten Absichten und verschleuderte ihre Talente.

Sie griff unter der Küchentheke nach der Bourbon-Flasche, schenkte sich ein und holte die Eiswürfelschale aus dem Kühlschrank, gab mehrere Würfel ins Glas, dann etwas Coca-Cola und rührte mit dem Finger um, bevor sie kostete. Normalerweise trank sie nicht, wenn sie allein war, aber Lucas hatte in ihr ein Verlangen geweckt. Sie ging in der Küche auf und ab. Der Stoff ihres Kleides strich über ihre Oberschenkel, ihre Haut war mehr als empfänglich für das Gewisper des Nylonslips. Sie spürte jede Textur, jede Empfindung, und sie wollte mehr.

Sie sah auf die Uhr. Es war Viertel vor neun. Wenn sie so weitermachte, würde sie sich nie entspannen können und einschlafen. Kurz dachte sie daran, im Krankenhaus anzurufen und nach Marlena zu fragen. Vielleicht war ja Lucas dort, aber sie verwarf diesen Gedanken sofort wieder. Lucas war zu Hause. Er würde darauf warten, dass andere sich bei ihm melden.

Sie traf eine Entscheidung und griff zu ihrem Autoschlüssel, ging hinaus in die noch immer warme Nacht, stieg in ihren Wagen und schlug den Weg zu Lucas' Haus ein. Wenn er zu Hause war, würde er sich vielleicht über einen Besuch freuen. Sie hatte gebadet und ihr zweitbestes Höschen angezogen. Morgen früh würde sie vielleicht in die Stadt fahren und ein paar Sachen einkaufen. Marcel's hatte eine Unterwäschemarke, die sie sonst nicht kaufte, weil sie ihr zu teuer war. Zum Teufel, sie hatte noch etwas von dem Geld übrig, das sie von der Eisenbahngesellschaft bekommen hatte, nachdem Joe von einem Zug überrollt worden war. Manche nannten es Blutgeld, aber sie hatte damit das Haus abbezahlt, wie der Anwalt es ihr geraten hatte, und sich den Fernseher angeschafft, schließlich hatte sie sich ein bisschen Unterhaltung verdient für die langen Abende, an denen sie jetzt allein war. Den Rest des Geldes, es war nicht mehr viel, hatte sie für Notfälle auf die Bank gelegt. Nun, neue Unterwäsche konnte als Notfall durchgehen, vor allem, wenn Lucas Bramlett sie zu Gesicht bekommen sollte. Sie hatte Marlenas Unterwäsche gesehen, sie hatte sie begleitet, als sie sie in einem der teuren Kaufhäuser in Mobile gekauft hatte. Wenn Lucas es gewohnt war, solche Sachen zu sehen, dann wollte sie ihm den Gefallen tun.

Sie dachte an die Fernsehsendung. Eve Arden war so unschuldig, dass man Zahnschmerzen davon bekam. Sie musste sich doch nur vor Philipp Boynton stellen und ihm sagen, dass sie etwas von dem haben wollte, was er in der Hose versteckte. Das würde seinen Zweck schon erfüllen. Dotty lächelte; im kühlen Wind, der durch das offene Seitenfenster strich, und durch den Bourbon fühlten sich ihre Lippen taub und begierig zugleich an.

Sie würde nicht die Unschuldige spielen, die nur schwer zu bekommen war. Diese Rolle war Fernsehstars und jungen

Mädchen vorbehalten. Mit sechsunddreißig wusste Dotty, dass der Sand schnell durch das Stundenglas lief. Vielleicht wollte Lucas ein weiteres Kind. Sie könnte sich darauf einlassen, auch wenn sie nie Kinder gewollt hatte. Der Arzt hatte gesagt, Marlena würde keine Kinder mehr bekommen können. Lucas schien an Suzanna nicht besonders interessiert gewesen zu sein, aber das war schwer zu sagen. Manchmal wollten Männer erst dann etwas, wenn man es ihnen wegnahm. Nur um auf Nummer sicher zu gehen, hatte sie zwei Gummis in ihrer Handtasche. Sie hatte sie bereits mitgenommen, als sie Lucas das Frühstück gebracht hatte. Aber er hatte kein Verhütungsmittel benutzt. Bei dem Gedanken daran, welche Folgen sich daraus ergeben konnten, drückte ihr Fuß unweigerlich stärker aufs Gaspedal.

Vor der Bramlett-Einfahrt hielt sie an. Das Tor war zugeschoben, die Kette durchgezogen, das große Vorhängeschloss nicht zu übersehen. Lucas hatte das Tor versperrt. Das kam so unerwartet, dass sie im Wagen sitzen blieb und ihr nichts mehr einfallen wollte. Über das Tor zu klettern kam nicht infrage. Sie konnte nach Hause fahren, Lucas anrufen und ihn bitten, das Tor zu öffnen, aber irgendwie wusste sie, dass das nicht klug wäre. Offensichtlich wollte er niemanden bei sich haben. Ihr Gefühl sagte ihr, dass sie ihn zu nichts drängen konnte. Rückwärts setzte sie auf den Highway zurück und fuhr in östliche Richtung weiter. Schließlich war es Freitagabend. Sie hatte nicht vor, allein zu bleiben.

An der Kreuzung mit dem Highway 63 bog sie links ab und fuhr nach Norden. Kurz hinter der Grenze zum Greene County lag eine Bar. Dort gab es eine Jukebox und Schummerlicht und einen endlosen Vorrat an Whiskey. Sie würde sich ein paar Drinks genehmigen und vielleicht mit jemandem tanzen, wenn er hübsch genug war. Vielleicht auch mehr, wenn er ihr das Gefühl gab, dass sie schön sei. Sie war aufgekratzt und erregt und wollte jemanden, dem sie begehrenswert erschien. Wenn Lucas zu viel zu tun hatte, um sich um ihre Bedürfnisse zu kümmern, musste sie sich eben einen anderen suchen. Sie hatte den ganzen Tag seine Frau gepflegt, und das war nun der Dank dafür. So einfach würde er ihr nicht davonkommen.

Sie bog in den Parkplatz des Friendly Lounge ein, parkte, stieg aus, trat durch den Eingang und stolperte fast, als ihr Biergeruch und Zigarettenrauch entgegenschlugen. Langsam schob sie sich ins Lokal und musste sich erst an das Neonlicht der Reklametafeln für Budweiser und Kool-Zigaretten gewöhnen. Am Ende der Bar tanzten Plastikbänder im Wind eines großen Ventilators.

»Na, wenn das nicht mal Mrs. Strickland ist.« Der Barkeeper fasste hinter sich und griff nach einer Flasche Early Times und einem Glas. »Der Erste geht auf mich.«

Dotty lächelte. Boo Bishop war immer nett zu ihr, er hatte ihr nie die Schuld an der Messerstecherei gegeben, die Tommy Teel sechsundzwanzig Stiche am Hals eingebracht hatte und worauf das Friendly zwei Wochen schließen musste. Sie setzte sich auf einen Barhocker und nahm von Boo den Drink entgegen.

»Hast dich schon eine Weile lang nicht mehr blicken lassen, Dotty. Wo hast du dich rumgetrieben?«

Sie schüttelte den Kopf. »Ich war bei Marlena Bramlett im Krankenhaus. Du weißt doch, sie ist meine beste Freundin. Schrecklich, was diese Verbrecher ihr angetan haben.«

Boo stützte sich auf die Ellbogen. »Hab gehört, sie ist übel verprügelt worden. Dass man schreckliche Sachen mit ihr angestellt hat.«

»Du hast ja keine Ahnung«, sagte Dotty und beugte sich vor, damit er ihr teures Parfüm riechen konnte. Sie hatte die Flasche aus Marlenas Kosmetikkoffer mitgehen lassen. In dem

Zustand, in dem sich Marlena befand, dürfte sie sich für Parfüms wohl nicht mehr interessieren, und die Wahrscheinlichkeit, dass sie jemals selbst wieder eines auftragen würde, war sowieso gering.

»Erzähl doch«, sagte Boo.

»Sie ist fürchterlich aufgeschlitzt und vergewaltigt worden, mit ...« Die Stimme versagte ihr.

»Mit einem Ast«, kam eine Stimme aus einer dunklen Ecke. Junior Clements kam an die Theke. »Schlimm, das kann man wohl sagen.«

Boo machte einen Schritt nach hinten. »Wie schrecklich! Miss Marlena war immer nett zu mir. Will mir einfach nicht in den Kopf, wie jemand so was mit ihr machen kann.«

Unaufgefordert setzte sich Junior neben Dotty und legte den Ellbogen auf den Tresen, damit er beide zugleich ansprechen konnte. »Hab gehört, dass sie's verdient hat.«

»Das ist abstoßend und niederträchtig.« Dotty rückte von Junior weg. In seiner Gegenwart bekam sie Gänsehaut. »Wenn Lucas das hört, wird dir dein Gerede noch leidtun.«

Junior zuckte mit den Schultern. »Ich erlaube mir kein Urteil über sie. Ich wiederhole nur, was ich gehört habe.«

»Dann halt mal lieber den Mund«, sagte Dotty beleidigt, weil Junior ihr die Show gestohlen hatte. »Marlena ist ein guter Mensch. Sie hat das alles nicht verdient. Und was ist mit Suzanna? Hat die es auch verdient, dass sie entführt und verschleppt wurde?«

Junior nippte an seinem Bier. »Keine Ahnung, was mit der Kleinen passiert ist. Sheriff Huey hat die gesamte Gegend abgesucht. Frank Kimble macht kein Auge mehr zu.« Er gluckste. »Hab gehört, Frank hat das Spurenlesen von so einem Indianer gelernt, der im Krieg krepiert ist. Schätze, es schmeckt ihm ganz und gar nicht, wenn er noch nicht mal ein kleines Kind finden kann.«

»Hoffentlich finden sie sie, und hoffentlich geht es ihr gut.« Dotty legte alles an mütterlichen Empfindungen in ihre Worte, was sie aufbringen konnte. Es konnte nicht schaden, wenn die anderen sie von ihrer zartfühlenden Seite erlebten. Junior verbreitete sein Geschwätz im ganzen County, dann konnte er auch was Sympathisches über sie erzählen. »Den Männern, die sie entführt haben, wird es noch leidtun.« Das war eine Tatsache. Wenn Lucas erst herausfand, wer dahintersteckte, dann konnte die Täter kein Gesetz im Land mehr schützen.

»Wie kommst du drauf?«, fragte Junior.

»Marlena hat Jade heute Abend was erzählt. Dass sie die Männer identifizieren kann.« Junior und Boo waren jetzt ganz Ohr. Sie beschloss, die Lüge noch etwas weiter auszuführen. »Die werden nicht ungeschoren davonkommen.«

»Ich dachte, Mrs. Bramlett wäre bewusstlos«, sagte Junior. »Hab gehört, dass sie nicht mehr richtig im Kopf ist. Egal, was sie sagt, keiner wird ihr glauben. Sie hat nur noch Matsch in der Birne.«

Dotty spürte, wie Wut in ihr aufstieg. Junior war ein Esel. »Ja, das ist das, was du weißt. Sie hat ihrer Nigger-Schwester was gesagt. Marlena weiß, wer sie überfallen hat, und wenn sie wieder bei Kräften ist, wird sie reden.«

Junior lachte auf eine Art, bei der sich Dotty dämlich vorkam. Sie stand auf. »Der Doktor sagt, er rechnet damit, dass sie wieder ganz gesund wird.« Das war unumwunden gelogen. »Nicht mehr lange, und das kleine Mädchen ist wieder bei seiner Mama und seinem Daddy, und die Leute, die sie entführt haben, werden ins Gefängnis kommen. Falls sie überhaupt noch so lange leben.«

Die Eingangstür ging auf. Dotty drehte sich um. Das Neonlicht fiel Frank Kimble ins Gesicht. Dotty holte tief Luft. Frank sah so blass, so erschüttert aus, als hätte er ein Gespenst gesehen. Er ignorierte die anderen, ging zum Tresen und nahm drei Barhocker weiter Platz.

»Bourbon. Einen doppelten, on the Rocks«, sagte er.

Boo schenkte ihm ein, stellte das Glas vor ihm ab und entfernte sich wieder. Dotty sah zu und rührte mit dem Finger die Eiswürfel in ihrem Drink um. Es hatte ihr Spaß gemacht, Junior und Boo anzuspitzen, aber jetzt schien es ernst zu werden. »Frank, Sie sehen ja ganz geschafft aus. Haben Sie was über Suzanna herausgefunden?« Sie glitt von ihrem Barhocker und ging langsam und mit wiegenden Hüften zu ihm hinüber.

»Dotty, ich bin nicht in der Stimmung«, sagte er.

Gekränkt blieb sie stehen. »Hab nur höflich angefragt. Kein Grund, so gereizt zu reagieren. Ich habe ein Recht, mich nach Suzanna zu erkundigen. Sie ist die Tochter meiner besten Freundin.«

Etwas gärte in Frank. Es schien, als wollte er etwas sagen, aber dann ließ er es bleiben, und sie hatte das Gefühl, als wäre sie noch einmal davongekommen. Sie mochte Männer nicht, die sie verunsicherten. »Nichts für ungut«, sagte sie und kehrte zu ihrem Barhocker und Drink zurück.

Und dann musste sie mit ansehen, wie Junior sich zu Frank gesellte. Der Coroner war doch so dämlich wie ein Holzpfosten. Frank strahlte etwas aus, was andere davor warnte, sich ihm zu nähern. Jeder musste es spüren. Jeder. Bis auf Junior.

»Irgendwas über das Mädchen herausgefunden?«, fragte Junior.

Frank starrte auf seinen Drink; als er schließlich aufsah, war seine Miene hart und kalt. »Nein, Junior, ich hab nichts über Suzanna Bramlett herausgefunden. Aber ich frag mich, was du und Pet Wilkinson aus dem Chevy geklaut habt, der am Straßenrand abgestellt war. Was ihr gestohlen habt, das meine Suche nach Suzanna erschwert?«

»Wir haben verdammt noch mal gar nichts genommen«, antwortete Junior. »Du hast kein Recht, so was zu behaupten.«

Frank stand auf, leerte sein Glas und stellte sich vor Junior. »Ich weiß, dass ihr was genommen habt, und wenn ich weiß, was es ist, werde ich dafür sorgen, dass ihr dafür zur Rechenschaft gezogen werdet.«

Frank legte einen Dollar auf den Tresen, ging und knallte die Tür hinter sich zu. Junior sah ihm nach. »Scheißkerl«, sagte er, machte aber keinerlei Anstalten, Frank zu folgen. »Am liebsten würde ich ihm die Rippen brechen. Aber in der Stadt weiß doch jeder, dass er so durchgeknallt ist wie ein überfahrener Köter.«

Schwül und schwer war die Augustnacht hereingebrochen. Jonah hatte den Dreiviertelmond aufgehen und hinter einer dichten, hohen Wolkendecke verschwinden sehen. Bevor am westlichen Horizont der orangefarbene Schein verglüht war, hatte er den Ruf eines Streifenkauzes gehört. Der Tod wartete in der warmen Nacht. Er las die Zeichen, und egal, wie er sie zu deuten versuchte, sie sagten ihm, dass jemand sterben würde, bevor die Sonne den östlichen Himmel erhellte.

Jonah war niemand, der sich gegen das Schicksal auflehnte. Er hatte miterlebt, wie sein Vater nach einer vermeintlich kleineren Verletzung krank geworden und gestorben war. Mose war nach Hause gehumpelt, das Blut war ihm nur so aus der klaffenden Wunde am Oberschenkel geströmt. Jonah hatte seinem Vater geholfen, den Schnitt zu waschen und ihn mit sauberen Lumpen zu verbinden.

»Vielleicht heilt es, vielleicht nicht«, hatte Mose gesagt. Als hätte er es damit heraufbeschworen, entzündete sich die Wunde. Jonah hatte mit seiner Mutter den Eiter weggewaschen und sogar versucht, den Schnitt mit einem heißen Schürhaken auszubrennen. Mose hatte dabei nicht geflucht oder geschrien. Er hatte verstanden, dass für ihn die Zeit gekommen war.

Ähnlich wie sein Vater nahm auch Jonah das Leben und den Tod an. Er hatte für die Sellers und dann für die Longiers gearbeitet, hatte gelernt, was sie ihm aufgetragen hatten, Autofahren zum Beispiel oder die Umgangsformen eines Butlers. Er hatte sich gekleidet, wie sie es wünschten, bei Festen im Frack, zur Gartenarbeit in Khakikluft. Er war immer an Lucilles Seite gewesen, bei ihrer Schwangerschaft, ihrer Ehe, ihrer zweiten Schwangerschaft, beim Tod ihres Mannes. In gewisser Weise war er mit ihr ebenso verheiratet wie mit Ruth. Seine Frau kränkte das, wie ihm bewusst war. Trotzdem saß er in der Kühle der Nacht auf der Longier-Veranda, lauschte den Vorzeichen des Todes, wartete darauf, dass das Telefon klingelte oder die Scheinwerfer eines Fahrzeugs auftauchten und die tragischen Neuigkeiten überbracht wurden. Miss Lucille sollte nicht allein gelassen werden. Außerdem hatte Ruth im Lauf der Jahre unmissverständlich klargemacht, dass sie ihn nicht brauchte; das würde sie sich nie eingestehen.

Er rutschte auf der obersten Verandastufe hin und her und dachte an sein Leben, das von drei Frauen beherrscht wurde. Jade war seine Sonne. Sie wärmte sein Leben und brachte Freude und Fülle. Wenn er sie sah, musste er lächeln. Lucille war der Mond, ein blasses Licht, das Schatten warf und mehr verbarg als erhellte. Ihre Herrschaft über ihn war so stark wie die Gezeiten und ebenso unausweichlich. Ruth war die Erde, fest und immerwährend wie der Boden, auf dem er ging. Er konnte sich keinen einzigen Tag ohne sie vorstellen.

Keine von ihnen durfte er verlieren. Ohne diese drei würde sein Leben völlig aus den Fugen geraten. Manchmal träumte er, dass Jade in einer Stadt wie New Orleans lebte. Er sah sie als glückliche Frau vor sich, verheiratet und mit Kindern.

Wollte sie das alles haben, musste sie Drexel verlassen, und sosehr er es ihr wünschte, so sehr wollte er, dass sie blieb, dass sie ihren Laden weiterführte und zufrieden war mit ihrem wachsenden Wohlstand. Er wurde in seinen Träumen nicht mehr davon verfolgt, Ruth oder Lucille zu verlieren. Diese Zeit war gekommen und wieder gegangen. Jade war diejenige, deren Schicksal noch nicht besiegelt war.

Er hörte das Knarren der Dielen im Haus. Lucille war wach. Er hörte sie an die Gittertür kommen, aber er drehte sich weder um, noch sprach er sie an. Er wartete, dass sie das Wort ergriff.

»Warum bist du noch da, Jonah?«, fragte sie.

»Die Nacht ist voller Trauer. Ein schlechter Mond.« Er deutete zum Himmel, wo zwischen den Wolken ein Stück des Himmels sichtbar wurde. Kurz funkelten auch mehrere Sterne auf, bevor alles wieder von den Wolken verdeckt wurde.

»Du hältst die schlechten Nachrichten nicht fern, wenn du auf den Verandastufen sitzt.« Ihr brach die Stimme, leise schluchzte sie. »Ich möchte meine Enkelin wiederhaben.«

Jonah blieb sitzen. Es kam nicht oft vor, dass Lucille Gefühle zeigte. Sie war keine harte Frau, aber sie hatte Mauern um sich errichtet. Zerbröckelte eine davon und stürzte ein, brachte es Chaos und Schamgefühle mit sich, für Lucille und für jeden, der Zeuge davon wurde. Seine langjährige Erfahrung riet ihm zu warten. Ihr Schluchzen verstummte, dann rang sie kurzatmig nach Luft. Ein Zeichen, dass sie sich allmählich wieder im Griff hatte.

»Ruth wird in der Kirche der Schwarzen allen erzählen, dass ich dich die ganze Nacht bei mir behalten habe.«

Jonah registrierte ihre Verbitterung. Nicht nur Ruth war von Lucille besessen, vieles davon traf auch umgekehrt zu. »Ruth wird nichts erzählen. Sie macht sich ebenfalls Sorgen wegen Suzanna.«

»Sie hasst mich. Jeden Tag in den vergangenen siebenunddreißig Jahren hat sie mich gehasst.«

Jonah bestritt es nicht. Warum sollte er? Es war die Wahrheit. »Ruth sorgt sich um Marlena und Suzanna. Sie hat Ihnen
geholfen, Ihre Tochter großzuziehen, und sie war dabei, als
Suzanna geboren wurde. Sie hat ihr die erste Flasche gegeben
und ihr die erste Windel gewechselt. Ruth kann kalt wie ein
Stein sein, aber Marlena ist in ihrem Herzen.«

»Sie hat ihre Gründe, mich zu hassen«, sagte Lucille. Jonah
hörte das Knallen der Tür. Überrascht nahm er Lucilles nackte
Zehen wahr, die unter dem Saum ihres Baumwollkleides her-
ausspitzten, als sie neben ihn trat und sich an seiner Schulter
abstützte, um sich zu setzen. »Manchmal hasse ich mich
selbst.«

Jonah rührte sich nicht. Es war lange her, dass er seinen
Arm um Lucille gelegt hatte, damit sie sich an seiner Brust aus-
weinen konnte. Sie war so ein hübsches junges Ding gewesen,
so niedlich und reizend. Bedelia Sellers hatte es nie laut aussprechen müssen, dass zu Jonahs Arbeit auch gehörte, Lucille
zu beschützen. Es war nicht nötig gewesen. Jonah wusste es
von selbst. Wenn er Lucille in die Stadt gefahren hatte, war er
ihr auf Schritt und Tritt gefolgt, damit die Männer in der Stadt
wussten, dass mit ihr nicht zu spaßen war. Vollkommene Zeiten waren das gewesen, und wenn er an sie dachte, war es immer April, und immer lag süßer Glyzinienduft in der Luft.

»Glaubst du, dass die Missetaten des Vaters die Kinder
heimsuchen?«, fragte Lucille.

Jonah wusste, dass Worte manchmal heimtückisch sein
konnten, auch wenn Lucille aus der Bibel zitierte. »Ich weiß
nicht. Ich habe Gott nie als rächenden Gott gesehen. Ich
glaube, er ist ein Gott der Liebe und Vergebung.«

»Die Bibel sagt, meine Sünden werden auf meine Kinder
zurückfallen.« Sie zögerte. »Auf meine Enkelkinder.«

»Miss Lucille, ich glaube, Sie haben für Ihre Sünden bezahlt. So wie ich für meine bezahlt habe.«

»Und Marlena? Warum hat man ihr das angetan?«

»Ich weiß es nicht. Miss Marlena hat keiner Seele etwas
zuleide getan. Ich kenne mich damit nicht aus, aber die Bibel
sagt auch, dass wir die Wege des Herrn nicht immer verstehen.« Er wollte ihr ein bisschen Trost spenden. Es gab keinen,
der ihnen nicht die Haut von den Knochen peitschen würde,
wenn er von den Dingen wüsste, die sie getan hatten. Aber
dafür war jetzt nicht die Zeit. »Wir müssen uns überlegen,
was wir tun, wenn Miss Suzanna nach Hause kommt.« Er sah
sie an. »Wir sollten ein Fest geben.« Sofort war ihm sein Fehler
bewusst. »Sie und Mr. Bramlett sollten ein Fest für Marlena
und Suzanna geben. Sie könnten alle einladen, die mitgehol-
fen haben, sie zu finden.«

Ein Fest war gewöhnlich genau das, worauf Lucille an-
sprang, aber ihr war ganz offensichtlich nicht nach Feiern
zumute. Ihr Gesicht war verhärmt, die Falten ausgeprägter,
als er sie jemals gesehen hatte. Er wandte den Blick ab; er
wusste, wie viel Schmerz seine Gedanken ihr bereiteten.

»Als ich mit Jade schwanger wurde, habe ich nur daran
gedacht, meine eigene Haut zu retten«, sagte Lucille. Ihre
Stimme schien von ihrem Körper völlig losgelöst. »Was mit
ihr geschah, war mir egal. Es war mir egal, dass sie meine
Tochter war, ich wollte sie nur loswerden, damit ich mein
altes Leben zurückbekommen konnte.«

Jonah hatte sich oft gefragt, wie Lucille sich fühlte, wenn
sie Jade sah. Unter der Kälte, die sie ausstrahlte, mussten Gefühle sein. Lucille war auch nur ein Mensch. Sie konnte nicht
ihre verstoßene Tochter und deren Schönheit betrachten und
nichts dabei fühlen, gleichgültig, wie sehr sie es auch versuchte. »Jade ist sehr geliebt worden.«

»Mehr als Marlena«, sagte Lucille. »Ich bin eine schlechte

und selbstsüchtige Frau, Jonah. Gott sollte mich auf der Stelle tot umfallen lassen.«

Jonah spürte dumpfe Kopfschmerzen. Ursache dessen war immer Lucille. Sein ganzes Leben hatte er damit verbracht, sie zu beschützen, und ihr schlimmster Feind war immer sie selbst gewesen. »Gott wird so über Sie nicht urteilen, Lucille. Sie haben das Beste für Jade getan. Hätten Sie sie behalten, wäre ihr Leben viel, viel schlimmer geworden. Sie wissen das.«

»Ich weiß, ich habe nicht einen Gedanken daran verschwendet, sie zu behalten. Von dem Augenblick an, an dem ich wusste, dass ich schwanger war, dachte ich nur daran, wie ich sie wieder loswerden konnte. Wenn der Arzt in Mobile sie abgetrieben hätte, hätte ich es gemacht.«

Am liebsten wäre Jonah aufgestanden und fortgerannt. Die Vorstellung eines Lebens ohne Jade war undenkbar. »Das ist alles lange her«, sagte er und bemühte sich, seinen eigenen Worten zu glauben. »Jade ist erwachsen. Sie ist eine gute Frau. Sie haben ihr keinen Schaden zugefügt.«

Lucille holte mehrmals tief Luft. »Dann Marlena. Oh, wie sehr wollte ich das Baby. Sie wuchs in mir heran mit aller Liebe, die ich für ein anderes Wesen aufbringen konnte. Jade fasste ich nach der Geburt kein einziges Mal an. Die Schwester brachte sie sofort weg. Aber Marlena, ich stillte sie, ich liebte sie, und jetzt stirbt sie vielleicht. Sie stirbt vielleicht, und Suzanna wird vielleicht nie gefunden. Und alles ist meine Schuld.«

Jonah legte ihr den Arm um die Schultern, drückte sie sacht an sich und stützte sie. Sie würde nicht mehr weinen. Lucille war nicht die Frau, die leicht in Tränen ausbrach. Sie hatte immer überlebt, weil sie gehandelt hatte. Morgen würde sie wissen, was zu tun war, und ihre nächtlichen Bekenntnisse würden vergessen sein. Er rieb ihr die Schulter, während sie sich gegen ihn lehnte und er ihren weichen Atem am Hals spürte.

»Ich bin es leid, allein zu sein, Jonah.«

Die Worte überraschten ihn; das erste Mal seit Jahren, dass sie ihn überraschte. »Sie sind nicht allein. Warum, meinen Sie, sitze ich hier auf diesen harten Stufen?«

Sie schlang die Arme um ihn und klammerte sich an ihn. »Danke, Jonah.«

Er sagte ihr nicht, dass ihr Dank nicht notwendig war. Ein Mann schützt jene, die er liebt.

15

ie Morgendämmerung stahl sich ins Haus und brachte die Kiefernholzwände zum Schimmern. Wenn Jade erwachte, fühlte sie sich häufig, als befände sie sich im Inneren eines uralten Herzens und pulsierte im Einklang mit dem kräftigen, leuchtend roten Blut. An diesem Morgen musste sie an ein Höllenfeuer denken. Immer wieder war sie in der Nacht aufgewacht, aufgeschreckt durch den Albtraum der Wirklichkeit, der die Bilder ihrer Träume weit hinter sich ließ. Marlena lag im Koma. Es gab keinerlei Aussicht, Suzanna zu finden. Jetzt war es Samstag. Sie hatte ab sieben Uhr die ersten Kundinnen im Laden und fühlte sich, als hielte ein grausamer Riese sie an den Schultern gepackt. Sie hatte mit Frank Kimble eine Grenze überschritten, und auch das beunruhigte sie. Frank war ein Weißer. Er gehörte einer Welt an, zu der ihr der Zutritt verwehrt bleiben würde, zumindest in der starren Gesellschaftsordnung des Jebediah County. Eine Liaison mit Frank würde sie in eine Rolle drängen, die sie niemals hinnehmen könnte. Nie und nimmer wollte sie die Geliebte eines Weißen sein. Sie wollte Ruth und Jonah und auch sich selbst nicht diesem Schmerz aussetzen. Ihr ganzes Leben war ein Drahtseilakt gewesen; selbst wenn sie jetzt aus dem Gleichgewicht geriet, hatte sie nicht vor, so spät noch vom Seil zu fallen.

Sie stand auf, nahm ein schnelles Bad und fuhr zum Laden. Ihre Bewegungen waren träge, als würde ein schweres

Gewicht sie niederdrücken. Als sie parkte, vernahm sie die ersten Anzeichen des kommenden Herbstes: das Rascheln des Laubs in der großen Weißeiche, die vor dem Laden stand, und die Rufe der Vögel; ein leises Wispern nur, das ihr aber irgendwie Hoffnung verlieh. Die Zeit stand nicht still, und auch darin lag Trost.

Sie schloss den Eingang auf, ging hinein und begann mit den Vorbereitungen. Es war kurz nach sechs. Auf einer Heizplatte im hinteren Raum setzte sie Wasser auf. Zu Hause war keine Zeit mehr gewesen, sich Kaffee zu kochen. Wenn sie den Tag durchstehen wollte, brauchte sie eine kräftige Koffeindosis. Während das Wasser heiß wurde, öffnete sie die Hintertür. Und unvermittelt stand ein großer Mann vor ihr; sie schnappte nach Luft. Frank sah aus wie der Tod.

»Was? Geht es um Suzanna?« Sie griff sich ans Herz, eine melodramatische Geste und reiner Reflex, als könnte sie damit alles Leid fernhalten.

Er schüttelte den Kopf. »Darf ich reinkommen?«

Ihr schwindelte. Ungeachtet ihrer gerade getroffenen Entscheidung trat sie zur Seite und ließ ihn herein. Er ging durch den Laden, schloss die Eingangstür und sperrte ab.

Als der Kessel pfiff, glaubte Jade im ersten Augenblick, das schrille Geräusch stamme von ihr. Dann, als ihr bewusst wurde, woher es kam, gab sie Kaffee in den Filter und goss kochendes Wasser darüber. »Ein paar Minuten noch, dann ist der Kaffee fertig. Du siehst aus, als könntest du einen gebrauchen.« Plötzlich hatte sie Angst vor dem, was er ihr erzählen würde.

»Ich war letzte Nacht bei Dantzler Archey. Ich habe gehofft, er könnte etwas über Suzanna wissen.«

Jade ließ die Hand auf der Kaffeekanne aus Aluminium, die einst ihrer Mutter gehört und die sie zur Ladeneröffnung geschenkt bekommen hatte. Sie klammerte sich an ihre Gedanken und wollte sich nicht in die Richtung drängen lassen, in die Frank sie zu führen versuchte. Denn sie kannte Dantzler Archey und wusste um seine Gewalttätigkeit. Dass Suzanna ihm ausgeliefert sein könnte, war mehr, als sie ertragen konnte.

»Ich hab Suzanna nicht gefunden«, fuhr Frank fort. »Keine Spur von ihr. Aber ich hab Katy gefunden.«

Sie sah auf, ihre Blicke trafen sich. Sie zitterte. Der Tod haftete an ihm. »Erzähl mir nichts«, flüsterte sie. »Ich will es nicht wissen.«

»Ich muss es jemandem erzählen«, sagte Frank mit schmerzerfülltem Blick. »Ich hab Sheriff Miller drüben im Greene County angerufen. Er sagt, er kann nichts machen. Dantzler hat geschworen, Katy sei verrückt, und er würde alles tun, um für sie zu sorgen.«

Jade holte zwei Tassen und schenkte ihnen beiden schwarzen Kaffee ein – die gleichen Bewegungen wie am vorangegangenen Abend; sie erinnerte sich an seine Lippen, seine Küsse, die in ihr ein Feuer geweckt hatten, das noch immer loderte. Sie wartete, dass er fortfuhr, und sah ihm in die Augen, als sie ihm die Tasse reichte.

»Er hat Katy in der Küche angekettet, nackt. Ich gehe davon aus, dass die Männer, die für ihn arbeiten, sich an ihr vergehen. Vielleicht sogar er selbst.«

Unverwandt hielt sie seinem Blick stand. Sie schluckte und stellte ihre Kaffeetasse ab.

»Es gibt auch einen Jungen«, sagte Frank und presste die Worte heraus. »Katys Sohn, nehme ich an. Ihr Sohn und der von Lucas. Er hat üble Brandwunden. Ich vermute, Dantzler hat es absichtlich getan. Wahrscheinlich foltert er den Jungen und Katy.«

Jade konzentrierte sich auf ihren Atem. Manchmal, wenn sie im Balsamierraum mit einem Toten allein war, der misshandelt oder ermordet worden war, regte sich etwas in ihr. Genau wie jetzt. Sie hatte gelernt, sich dann ganz still zu verhalten und die Gefühle einfach durch sich hindurchgleiten zu lassen. Hielt man an ihnen fest, befand man sich auf dem besten Weg in den Wahnsinn. Nachdem sie sich etwas beruhigt hatte, sagte sie: »Was willst du jetzt machen?«

»Ich weiß es nicht«, antwortete Frank. Er sah auf seine unberührte Tasse und schob sie neben ihre. »Ich möchte ihn umbringen.«

Dantzler Archey hatte Jades Vater einmal einen Schlag ins Gesicht verpasst, als dieser Miss Lucille bei ihrem Einkauf im Marcel's begleitete. Wie immer hatte Jonah Miss Lucilles Päckchen getragen. Und Archey beschuldigte Jonah, ihre Seidenwäsche angefasst zu haben. Jade, damals dreizehn Jahre alt, hatte die Bedeutung des Gesagten nicht ganz erfasst, aber ihr war klar, dass ihrem Vater eine schändliche Tat vorgeworfen wurde. Sie hatte es seiner Miene angesehen, als er sich wieder aufrappelte.

Er hatte die Hände zu Fäusten geballt, in seinen Augen funkelte Hass. Mit einem entsetzten Aufschrei war sie zu ihm gelaufen, hatte sich an seinen Arm geklammert und ihn angefleht, weiterzugehen. Jonah hatte sie, schwer atmend, zur Seite geschoben. Daraufhin war Miss Lucille zwischen die beiden Männer getreten, hatte mit ihrer Handtasche ausgeholt und Archey ins Gesicht geschlagen. Das Blut war ihm aus der Nase gespritzt. »Raus aus diesem Laden«, hatte Lucille in gebieterischem Ton gesagt. »Raus hier, bevor ich Sie einsperren lasse.«

Archey war gegangen, aber in der darauffolgenden Nacht hatte jemand auf der Weide Jake erschossen, das alte Maultier. Jonah hatte Dantzler Archeys Namen nie erwähnt, aber Jade wusste, wer es getan hatte. Und sie wusste, dass sie aufpassen musste, wenn sie allein in die Stadt ging. Fast zwei Jahre lang machte sie es sich zur Angewohnheit, sich im Graben zu verstecken, wenn sich ein Fahrzeug näherte. Lieber auf Nummer sicher gehen, als es nachher bereuen – so lautete ihr Grundsatz bei allem, an dem Dantzler Archey beteiligt war.

Der Gedanke, jemand könnte ihn umbringen, löste keinerlei Gefühlsregung in ihr aus, Franks Blick allerdings traf sie zutiefst. Sie schüttelte den Kopf. »Nein«, sagte sie. »Das Gefängnis in Parchman, da gehört er hin. Ich habe gehört, dort ist es schlimmer als in der Hölle. Du bist Polizist, schaff ihn ins Gefängnis.«

Ihre Worte hatten die beabsichtigte Wirkung. Frank lächelte. Für einen Augenblick konnte er die Düsternis abschütteln, die ihn umgab. Die Macht ihrer einfachen Worte faszinierte sie, und dann wurde ihr bewusst, dass sich etwas geändert hatte. Spannung lag in der Luft. Frank sah sie an, und ihr war, als würde er sie langsam aller Kleider entledigen. Sie spürte, wie sein Blick über ihre Brüste wanderte, sodass sich ihre Brustwarzen aufrichteten. Sein Blick verweilte auf ihrem Bauch, bevor er weiter nach unten glitt und sich ihr Inneres vor Begierde zusammenzog. Es geschah so schnell, dass sie dem allen keinen Einhalt gebieten konnte. Und sie wollte es auch nicht, selbst wenn sie dafür einen hohen Preis würde bezahlen müssen.

»Jade«, sagte er mit rauer Stimme.

Sie öffnete den Mund, wollte etwas sagen, aber ihr versagte die Stimme. Sie stand nur auf, sah ihn an und verzehrte sich danach, von ihm berührt zu werden.

Keine Sekunde später hatte er die Arme um sie geschlungen und drückte seinen Mund auf ihren. Sie drängte sich an ihn und versuchte das gewaltige Bedürfnis zu stillen, das sich ihres Körpers bemächtigt hatte. Seine Hände zerrten an ihrem Kleid und zogen das minzgrüne Oberteil auseinander. Ihr war, als würde in ihr eine riesige Welle anschwellen, die sie mit einer Gewalt, der sie sich fügen musste, wenn sie nicht kämpfend untergehen wollte, zur Küste hin zog. Frank stützte sie mit dem Arm, während er sie ungestüm küsste und sie sich nach hinten bog und sich an ihn klammerte.

Seine Hand tastete unter ihr Kleid, unter ihren BH, bis er ihre Brustwarze fand. Noch im selben Moment schlossen sich seine Lippen darum. Sie stöhnte auf, ihre Finger vergruben sich in seinem dichten Haar, packten ihn und drückten seinen Kopf gegen ihre Brüste.

Als sie den Kopf verdrehte, erhaschte sie ihr Bild im langen Spiegel, der die gesamte Höhe einer Wand einnahm. Sein dunkles Haar lag zwischen ihren Brüsten, seine Lippen umschlossen sanft eine Brustwarze. Sie erkannte sich kaum selbst wieder, ihre Gesichtszüge waren vor unwiderstehlicher Lust verzerrt. Das Entsetzen darüber brachte sie zur Besinnung. Sie umfasste sein Gesicht und schob ihn von sich weg.

»Frank«, sagte sie. »Frank. Wir müssen aufhören.«

Er verharrte, nur seine kurzen Atemstöße berührten noch ihre nackte Haut, er atmete tief ein und sah sie an. »Wir müssen nicht aufhören.«

Unerwartet und wütend brach sie in Tränen aus. »Doch, wir müssen aufhören. Ich muss es.«

Er reagierte sofort. Er trat zurück und schloss ihr Kleid. »Es tut mir leid, Jade.«

Sie war es nicht gewohnt, dass Liebhaber Verständnis zeigten. Sie war eine vorsichtige Frau, aber sie war nicht unschuldig. Männer am Rande der Leidenschaft waren nur selten verständnisvoll. »Nein«, sagte sie langsam. »Mir tut es leid.« Sie drehte sich um und nahm ihre Kaffeetasse in die Hand, obwohl ihr Kleid zerrissen war und ihr Dekolleté entblößt war.

»Was ist los?«, fragte er mit einem schiefen Lächeln. »Abgesehen davon, dass deine Schwester im Koma liegt und deine Nichte entführt wurde.«

Sie spürte, wie sich auch ihre Mundwinkel zu einem leisen Lächeln verzogen. »Ach, ich weiß nicht. Das könnte vielleicht ein Grund sein. Ein anderer ist, dass du ein weißer Deputy bist und ich eine schwarze Friseuse. Ich sehe keine Zukunft für uns, nur jede Menge Probleme und Kummer.« Sie schluckte, wollte den plötzlichen Kloß im Hals loswerden und hielt sich an ihrem Lächeln fest. »Nur ein paar kleine, unüberwindbare Widrigkeiten.«

»Willst du heute Abend mit mir zum Essen gehen?«

Sie schüttelte den Kopf. »Genau das ist das Problem, Frank. Wo sollen wir essen? In den Restaurants, in denen ich bedient werde, bist du nicht willkommen, und in Amy's Café oder dem Fish House lassen sie mich noch nicht mal durch den Vordereingang. Und wenn ich mich einfach an einen Tisch setzte, würde man mich nicht bedienen.«

»Oh, man würde dich bedienen …«

Jade schüttelte den Kopf. »Weil du die Macht des Gesetzes hinter dir hast, kannst du sie dazu zwingen. Aber was dann? Ich habe hier einen Laden. Meine Eltern wohnen hier. Damit würde ich etwas anfangen, was ich nicht zu Ende führen kann.«

Frank lächelte noch immer. »Das Essen dort ist es sowieso nicht wert, dass man deswegen einen Streit anfängt.« Er trat näher und legte die Hände auf ihre nackten Arme. »Komm zu mir. Ich werde kochen.«

Wieder spürte Jade ihr tiefes Verlangen. Am liebsten wäre sie dahingeschmolzen. »Du kannst kochen?« Nur mit Mühe konnte sie sich beherrschen.

»Ich bin ein guter Koch. Ich habe es in Frankreich gelernt. Jemand hat es mir dort beigebracht.«

Sie wusste, sie sollte absagen. Sie brauchte kein Doppelleben, sie wollte keines. Nie würde sie sich mit Frank in der Öffentlichkeit blicken lassen können. Aber sie konnte nicht aus ihrer Haut. »Gut«, sagte sie. »Nur zum Essen.« Eine Lüge, ganz offensichtlich, aber sie fühlte sich besser damit.

»Ich hol dich um sieben ab.«

»Es sei denn, Marlena geht es besser, und ich muss bei ihr bleiben.«

Er nickte. »Es sei denn, es tauchen neue Spuren im Fall auf, denen ich nachgehen muss.«

Sie berührte sein Gesicht und spürte seine dunklen Bartstoppeln, die sich auf der zarten Haut ihrer Brüste so erregend angefühlt hatten. »Es ist vielleicht ein fürchterlicher Fehler«, sagte sie.

Diesmal lächelten Franks Augen. »Mein ganzes Leben besteht aus einem fürchterlichen Fehler nach dem anderen, aber das hier gehört bestimmt nicht dazu. Ich möchte dich kennenlernen, Jade.«

»Ich muss mich für die Kunden vorbereiten.« Sie hatte keine Zeit mehr, nach Hause zu fahren und sich umzuziehen, aber hinten hatte sie einen Kittel hängen, den sie sich überstreifen konnte. Es würde warm werden, aber ihr zerrissenes Oberteil wäre damit verdeckt.

»Ich fahre nach Hattiesburg, sollte aber so um fünf wieder zurück sein.«

»Nach Hattiesburg?« Hoffnung stieg in ihr auf. »Wegen Suzanna?«

»Dem Mann, mit dem Marlena sich getroffen hat. Er ist seit Donnerstagnachmittag verschwunden. Ist nicht mehr zur Arbeit aufgetaucht, hat noch nicht mal angerufen. Ich werde mich in seinem Haus umsehen, vielleicht findet sich was.«

»Glaubst du, er hat Suzanna?«

»Ich weiß es nicht«, sagte Frank. »Ich denke, er war am Tatort. Er hat vielleicht gesehen, was passiert ist. Vielleicht weiß er etwas.«

»Fährst du allein?« Überrascht musste sie sich eingestehen, dass sie ihn am liebsten begleitet hätte.

»Ja.« Er schien ihre Gedanken zu lesen. »Willst du mitkommen?«

»Ja.« Sie schloss die Augen. »Aber ich habe Termine, und ich sollte hier sein, wenn Marlena mich braucht. Ich weiß noch nicht mal, wie es ihr heute Morgen geht.«

»Ich komme heute Abend zurück«, sagte er. »Dann erzähle ich dir, was ich herausgefunden habe.«

Er ging zur Hintertür hinaus, in die Sonne und Hitze und verschwand in der Gasse. Jade zog ihren Kittel an, schloss den Eingang auf und öffnete weit die Tür. Unter das prickelnde Gefühl der Vorfreude mischte sich auch Angst. Die Dinge änderten sich. Sie war sich nicht sicher, was sie für Frank empfand. Außer Lust. In der Stadt redete man, dass er etwas labil sei. Das hatte er soeben bewiesen, als er sie zum Essen eingeladen hatte.

Jonah stand unter den Ästen der Eiche und wartete, bis er Frank aus der Gasse hinter dem Hollywood Styles kommen, die Straße überqueren und den Weg zum Rathaus einschlagen sah. Es versetzte ihm einen Stich, und er spürte ein heftiges Pochen in den Schläfen. Jade und der weiße Deputy hatten etwas miteinander; Jonah sah bereits die Katastrophe heraufziehen. Keine gebrochenen Herzen, die wieder heilen, keine Tränen, die wieder trocknen würden, sondern wirklich tragische Ereignisse. Er hatte am Abend zuvor die Zeichen des Todes gesehen. Die ganze Nacht hatte er darauf gewartet, dass jemand zu ihm käme und ihm sagte, wer gestorben sei. Aber niemand war aufgetaucht. Der Tod hing über dem Jebediah County, und für Jonah war es nur eine Frage der Zeit, bis er zuschlug.

Jade hatte sich auf das Unheil eingelassen. Er hatte es am

Abend zuvor gemutmaßt, als er zufällig über die beiden gestolpert war. Beide waren so in ihren Kaffee vertieft gewesen, dass sie sich kaum anzusehen gewagt hatten. Jetzt war es klar. Er hatte Frank und seine Tochter bei ihrer leidenschaftlichen Umarmung beobachtet. Unwillkürlich hatte er in den Laden stürmen und seine Tochter vor dem Fehler bewahren wollen. Aber er hatte es nicht getan. Er wusste um die Macht der Leidenschaft, die Anziehungskraft des Verbotenen. Er hätte dieses Mal dazwischengehen können, aber es würde ein nächstes Mal geben und ein nächstes und ein übernächstes Mal, bis sich die Leidenschaft verbraucht hatte oder der Druck, ein Doppelleben führen zu müssen, sie auseinanderreißen würde.

Jonah blieb im Schatten der Eiche und dachte daran, wie oft er sich in seinem Leben für einen Weg hatte entscheiden müssen. Manchmal hatte es den Anschein, als habe er immer und immer wieder die gleiche Richtung eingeschlagen. Er hatte die Nacht nicht bei seiner Frau, sondern bei Lucille verbracht. Wieder musste er an ihre nackten Zehen denken, die unter ihrem Nachthemd herausgespitzt hatten; den intimen Blick auf eine weiße Frau, der ihm nicht gestattet war. Sie hatte ihn gefragt, ob die Missetaten der Eltern deren Kinder heimsuchten. Er hatte es verneint, jetzt aber war er davon nicht mehr überzeugt. Jade war seine Tochter, und sie hatte einen Weg gewählt, der nur in die Katastrophe führen konnte. Wenn sie sich in Frank verliebte, ihn wirklich liebte, wie es einem Menschen nur einmal im Leben gegeben war, würde es sie zerstören. War das die Strafe, die er ihr vermacht hatte?

Wenn in der Stadt ruchbar wurde, dass die beiden ein Verhältnis hatten, würde sich auf Jade aller Zorn entladen. Und Schlimmeres. Jade würde darunter leiden, nicht Frank. Letztendlich hatte Ruth recht gehabt. Jade hätte fortgehen, sie hätte nach Detroit oder New Orleans ziehen sollen, wo die Rassenschranken von einer Frau mit heller Haut und grünen Augen überschritten werden konnten.

Er beobachtete Jade, die sich im Laden zu schaffen machte. Sie zog den hellen lavendelfarbenen Kittel über ihr Kleid, und er wusste warum. Er hatte sich um ihre körperlichen Bedürfnisse nie groß Gedanken gemacht. Er war einfach davon ausgegangen, dass sie Freunde hatte, Gefährten, Sex. Weil sie sein kleines Mädchen war, hatte er es nie so genau wissen wollen. Nicht weil er etwas dagegen gehabt hätte, dass Jade einen Mann liebte. Frank allerdings war der Falsche. Gedankenverloren ließ er den Kopf hängen. In Drexel gab es für Jade keinen Richtigen.

Er sollte sich auf den Weg machen. Er musste nach Hause und nach Ruth sehen. Noch vor Suzannas Entführung hatte Lucille eine lange Liste mit den Dingen erstellt, die vor dem Herbst noch zu tun waren. Der Maisspeicher musste repariert, das Feld bei der abgestorbenen Kiefer umgestochen werden. Die Arbeit erstreckte sich vor ihm so lang und heiß wie der Tag. Trost lag in der Arbeit, das Gefühl, das Richtige zu tun. Ruth verstand das; das hatten sie gemeinsam, weshalb sie es auch miteinander aushielten.

Ruth dürfte aufgeblieben sein und auf ihn gewartet haben und schließlich zu Bett gegangen sein, eine Spur wütender als zuvor. Als die Sonne über den Horizont gekrochen war, würde sie aufgestanden sein, Kaffee gemacht und ihr Bad genommen haben. Wahrscheinlich war sie unterwegs zur Arbeit für Miss Lucille. Er sah sie vor sich, in ihren zu großen Schuhen, wie sie die Straße entlangging, kerzengerade, brodelnden Hass im Herzen. Jonah trat aus dem Schatten der Eiche zur Bank neben den drei großen Azaleen. Es fehlte ihm die Kraft, nach Hause zu gehen. Die Wahrheit traf ihn mit voller Wucht: Ruth wurde von ihrem Hass getrieben. Er hatte immer versucht, sich von seiner Liebe leiten zu lassen. Jade aber war mittendrin gefangen und wurde in beide Richtungen gezogen. Niemand hatte sie auf die zerstörerische Gewalt vorbereitet, die die Liebe mit sich bringen konnte. Darin hatte er ebenso versagt wie Ruth.

Er hörte Motorengeräusche, das dumpfe Dröhnen eines großen Autos. Der Leichenwagen des Rideout-Bestattunginstituts kam langsam die Straße entlang. Am Steuer erkannte er Junior Clements. Jonah graute. Hier kamen die Neuigkeiten, die vorhergesagt worden waren. Der Tod hatte zugeschlagen, und Junior war sein Bote.

Der Leichenwagen hielt vor Jonah an. Junior sagte nichts, sondern sah ihn eine ganze Minute lang nur an. Junior gehörte zu jenen, die sich nicht an Regeln hielten, es sei denn, sie reglementierten das Verhalten der anderen. Jonah sagte nichts. Es zwang Junior dazu, als Erster das Wort zu ergreifen.

»Sag deiner Tochter, Mr. Lavallette wird sie heute noch brauchen.«

Jonah hielt den Blick auf den schwarzen Lack der Leichenwagentür gesenkt. »Ja, Sir, werde ich tun.« Er tat so, als würde es ihn nicht interessieren.

»Willst du nicht wissen, wer gestorben ist?«, blaffte Junior.

»Geht mich nichts an«, sagte Jonah. Er erhob sich und wollte gehen.

»Da hast du recht. Es geht dich nichts an. Es sollte für dich keine Rolle spielen, dass Mrs. Amelia Covington heute Morgen verschieden ist. Friedlich wie ein Baby, so ist sie gestorben.«

»Tut mir leid zu hören«, sagte Jonah. »Jade wird Mr. Lavallette sicherlich gern helfen.«

»Sag ihr, sie soll nach der Mittagspause zum Bestattungsinstitut kommen.«

»Mach ich«, sagte Jonah. »Ich mache, was Sie sagen, Mr. Clements.« In jüngeren Jahren hatte er darunter gelitten, wenn er sich unterwürfig zu geben hatte. Mit fünfundfünfzig war er klüger. Worte waren ein kleiner Preis, um Gefahren von jenen fernzuhalten, die er liebte. Junior Clements war zu Gewalt fähig, solange er glaubte, sie hätte keinerlei Konsequenzen für ihn.

Der Leichenwagen setzte sich wieder in Bewegung. Jonah überlegte, ob er zu Jade in den Laden gehen und mit ihr reden sollte, fürchtete aber, dass er sich nicht zurückhalten könnte und ihr Vorhaltungen machen würde. Er setzte seinen Strohhut auf, um die Augusthitze etwas abzumildern, und marschierte los. Er ging aus der Stadt, fort von seinem Haus, fort von Miss Lucilles Anwesen. Er marschierte in Richtung Chickasawhay und der Stelle, an der Miss Marlena angegriffen und Suzanna entführt worden war.

16

Frank bog vom Highway 98 links in die Letohatchie Road ab. Die Sonne heizte den neuen, flirrenden Asphalt auf, von dem ein verbrannter Geruch ausging. Er musste an den Jungen im Holzfällercamp denken. Falls Suzanna wirklich von Dantzler Archey entführt worden war, dann hoffte er, dass sie bereits tot war. Manchmal konnte der Tod eine Erleichterung sein.

Er sah auf seine Uhr. Der Morgen war ihm bei seinen ergebnislosen Ermittlungen durch die Finger geglitten. Er hatte in zwei Läden in McLain angehalten und erfahren müssen, dass die Besitzer samstags nicht anwesend waren; die Verkäufer hatten von John Hubbard, dem Big-Sun-Vertreter, noch nie etwas gehört. Berger's Grocery in Beaumont hatte geschlossen, ein Schild im Schaufenster kündete von einem Todesfall in der Familie. Frank war weiter nach Nordwesten gefahren, bis er New Augusta erreichte, den Verwaltungssitz des Perry County. Es war fast Mittag, und noch immer war er mehr als dreißig Meilen von Hattiesburg entfernt.

Die Straße zum Stadtplatz war neu geteert, aber die schweren Holzlaster hatten schon wieder den Belag aufgerissen. Vorsichtig wich er den Schlaglöchern aus. Da er in offizieller Mission unterwegs war, hatte Huey ihm den Streifenwagen überlassen. Huey machte ihm Sorgen. Selbst wenn er lediglich im Büro an seinem Schreibtisch saß, war er im Gesicht

164

puterrot und hatte Schweißtropfen auf der Stirn. Grund dafür waren sicherlich Suzannas Verschleppung und die ehrlichen Sorgen, die er sich um das Kind machte.

Frank umrundete den Platz und fuhr anschließend auf dem Highway 12 weiter zu Goode's Grocery, eines der Geschäfte, die zu Hubbards Kunden gehörten. Seine Hoffnung wuchs, als er sah, dass der Laden geöffnet hatte. Die Tür war nicht versperrt, die Fenster waren nach oben geschoben für den unwahrscheinlichen Fall, dass ein Lufthauch durchziehen würde. Frank hielt neben der Zapfsäule an und wartete, bis ein ältlicher Mann aus dem Laden kam. Noch im Gehen zog er die Hosenträger hoch.

»Vollmachen?«, fragte der Alte.

»Klar«, sagte Frank, stieg aus und streckte sich. Er trug Khakihosen und ein gestärktes weißes Hemd; die langen Ärmel hatte er nach oben gerollt. Er hatte sich gegen die Uniform entschieden, die sich manchmal eher als hinderlich erwies, außerdem verlieh ihm der Wagen genügend Autorität.

»Was macht die Polizei aus dem Jebediah County hier oben?«, fragte der Mann.

»Wir verfolgen eine Spur«, antwortete Frank. Er lehnte sich gegen den Wagen. »Könnte sein, dass Sie mir helfen können.«

»Ich?«, fragte der Alte und zog die Augenbrauen hoch. »Was soll ich darüber wissen, was unten im Jebediah County passiert?«

Frank stieß sich vom Wagen ab und schlenderte um die Zapfsäule herum. »Ich hätte gern was zu trinken. Und vielleicht auch ein paar Chips. Muss noch weiter nach Hattiesburg und hatte noch kein Frühstück.« Er zögerte. »Haben Sie irgendwas Kaltes?«

»Im Laden ist ein Kühlschrank.« Der Alte sah ihn nicht an.

»Wie heißen Sie?«, fragte Frank.

»Sample Corley«, antwortete der Mann. Er klopfte zweimal auf den Einfüllstutzen und zog ihn aus dem Tank. »Macht vier dreiundzwanzig.«

Frank nahm einen Fünf-Dollar-Schein aus der Brieftasche und reichte ihn ihm. »Ich komme mit rein für die Cola.« Er folgte Corley durch die Gittertür in den Laden.

Der Holzboden war ausgetreten und dunkel mit Öl eingelassen, sodass er das fahle Licht einfing. An der Rückseite des Ladens summte eine Kühlbox, in der Glasflaschen mit frischer Milch neben braunen Bierflaschen standen. Auf der anderen Ladenseite stand eine Fleischtruhe, in der Steaks, Bratenfleisch, Rippchen, Würste und bereits aufgeschnittener und auf Wachspapier ausgelegter Schinken zu erkennen waren. Stapelwaren, Dosen und Backzutaten füllten die Gänge. Der Ständer mit den Big-Sun-Chips stand direkt an der Ladentheke. Nur wenige Tüten waren noch vorhanden.

»Ich wollte noch ein paar Chips«, sagte Frank. »Barbecue-Geschmack haben Sie nicht mehr?«

»Johnny ist gestern nicht gekommen«, sagte Corley stirnrunzelnd. »Hat mich auch schon letzte Woche versetzt.«

»Kommt das öfter vor?«

»Zum Teufel noch mal, nein, Johnny ist sonst immer pünktlich. Muss wohl krank sein.«

Frank sagte nichts. Er holte sich eine Coca-Cola aus dem roten Kühlschrank, öffnete sie und nahm einen langen Schluck. »Ah, das tut gut«, sagte er. »Könnte ich noch was vom Käse und Cracker haben?«

»Klar«, sagte Corley, ging zur Fleischtruhe und nahm den Bauernkäse heraus. Er schnitt ein großes Stück ab und wog es. »Macht fünfundvierzig Cent und die Cracker fünf Cent.«

Frank nickte. »Wunderbar.« Er nahm den in Wachspapier gewickelten Käse und eine Tüte Saltine-Cracker in Empfang.

Corley ging hinter seine Kasse, rechnete Franks Einkäufe zusammen und gab ihm das Wechselgeld zurück.

»Kennen Sie John Hubbard gut?«, fragte Frank. Er brach sich ein Stück Käse ab und schob es in den Mund.

»Was sind Sie so an Johnny interessiert?«, fragte Corley misstrauisch.

»Wie Sie schon sagten, er hat am Freitag seine Tour sausen lassen. Vielleicht ist ihm was zugestoßen.«

Corley schnaubte. »Schon klar. Diesen ganzen Aufwand, den Sie da unternehmen, alles wegen eines Chips-Vertreters, der noch nicht mal im Jebediah County wohnt.«

Frank grinste. »Sie sind zu schlau für einen Verkäufer.«

»Das lernt man, wenn man so einen Laden hat. Man kennt seine Leute. Kein Polizist kommt den Weg hier hoch, nur weil er sich nach dem Wohlergehen von einem Typen erkundigen will, der *möglicherweise* in Schwierigkeiten steckt. Was ist los?«

»Mr. Hubbard hat vielleicht Informationen über die Verschleppung eines Kindes.« Es wäre unklug gewesen, mit Corley ein Spielchen abzuziehen. Der Alte hatte nichts zu tun, außer sein Misstrauen zu pflegen.

»Johnny würde sich kein Kind schnappen.« Corleys Miene verhärtete sich. »Eine Frau, vielleicht. Ein Kind – nie im Leben. Johnny kann mit den Kleinen nicht so viel anfangen.«

Frank nahm einen weiteren Schluck von der Cola, die ihm im Rachen kratzte. »Ich suche ihn nicht, weil er der Entführer ist. Ich denke nur, er hat sich am oder in der Nähe des Tatorts aufgehalten. Könnte sein, dass er was gesehen hat, was uns weiterhelfen könnte.«

»Wann ist das passiert?«, fragte der Alte.

»Donnerstag, so um die Mittagszeit oder etwas später.«

Corley fasste unter den Ladentisch und zog einen Priem und ein Taschenmesser hervor, schnitt sich einen Klumpen ab und schob ihn in den Mund. Er hielt Frank den Kautabak hin.

»Nein danke. Hab mir in Deutschland das Rauchen abgewöhnt. Ich mach mir nichts mehr draus.«

»Ein Weltreisender«, schnaubte Corley.

»Kriegsgefangener«, sagte Frank, wickelte den Käse aus und brach ein weiteres Stück ab. Er kaute langsam. »Hubbard hat also mit Kindern nicht viel anfangen können, und er mag Frauen. Woher wissen Sie das?«

Corley kam hinter dem Ladentisch hervor, ging nach draußen, bedeutete Frank, ihm zu folgen, und ließ sich auf einem der zwei alten Stühle nieder, die vor dem Laden standen. Er winkte Frank heran und spie in den Staub zu seinen Füßen. »Man darf die Frau nicht auf den Laden aufpassen lassen, wenn Johnny seinen Besuch angekündigt hat. Er kann es mit den Frauen.« Er zuckte mit den Achseln. »Hat so eine Art, wie er mit ihnen redet. Frauen mögen ihn. Die blühen bei ihm richtig auf.«

»Hat er mehr gemacht als nur mit ihnen geredet?«

»Hier nicht. Myrtle freut sich über ein Kompliment, viel mehr interessiert sie aber nicht. Klar, sie freut sich, wenn der Chevy vorfährt. Dann strahlt sie übers ganze Gesicht. ›Sample‹, ruft sie, ›Johnny ist da. Hol doch ein Stück vom Kuchen, den ich für ihn gebacken habe.‹ Sie backt einen Kuchen, nur für ihn!«

Frank musterte das Gesicht des Alten. »Sie mögen Hubbard?«

»Ja, ja«, sagte Corley und spuckte erneut aus. »Ist ein netter Kerl, man muss ihn gern haben. Er ist kein Kidnapper. Wie gesagt, er haut dir vielleicht mit deiner Frau ab, aber er greift sich keine Kleinen.«

»Sie sind sich dessen sicher? Warum?«

»So, wie er Kinder anschaut, wenn sie in den Laden kommen. Als hätten die irgendeine Krankheit. Nein, von Kindern hält er nicht viel.«

»Das Mädchen, das entführt wurde … sie stammt aus einer reichen Familie.«

Corley schnaubte und lachte. »Johnny hat das Geld nicht nötig. Er hat alles, was er braucht, und mehr. Big Sun bezahlt ihn gut. Er ist ihr bester Verkäufer, erst vor ein paar Wochen hat er mir erzählt, dass sie ihm die beste Route angeboten haben, oben nach Jackson. Ihm fehlt es an nichts.«

»Hat er mal von einer bestimmten Frau erzählt?«, fragte Frank. Seine Cola-Flasche war leer, aber er hielt sie noch in der Hand und genoss ihre Kühle.

»Er ist wohl in eine verliebt. Warum ich das weiß? Weil er von anderen Frauen nicht mehr gesprochen hat. Meistens hatte er irgendwas am Laufen, wie es bei Männern halt so ist.« Corley spähte zu Frank, um zu sehen, ob er es verstanden hatte.

»Das sollten Sie vielleicht erklären.«

»Na, Sie wissen schon, hat davon erzählt, was die wieder getan hat und welche besser ist als die andere.« Corley wurde rot. »Nicht im Beisein von Myrtle, nein, nein, so einer ist er nicht. Nur wenn ich allein hier war. Zum Teufel, er kann einem dermaßen einheizen, dass man alles bestellt, was er einem hinlegt.« Er lachte und wandte den Blick ab. »Aber dieses ganze Gerede, das hat so vor einem halben Jahr aufgehört. Meinte, er hätte da eine ganz Besondere.«

»Wirklich? Hat er einen Namen genannt?«

Corley schüttelte den Kopf. »Nein, nie. Nur, der einzige Haken an der Sache wäre, dass sie ein Kind hat.« Er gluckste. »Er macht sich eben nichts aus Kindern, und er hat gesagt, dieses eine sei ein ganz verzogenes Gör.« Er runzelte die Stirn. »Vielleicht ist er mit seiner Freundin durchgebrannt, und sie haben geheiratet. Vielleicht hat er deswegen seine Tour am Freitag ausfallen lassen.«

Frank stand auf. Er stellte die leere Cola-Flasche in den Holzkasten neben der Tür. »Das glaube ich nicht«, sagte er. »Falls Sie Mr. Hubbard sehen sollten, dann sagen Sie ihm bitte, er soll sich im Sheriffbüro im Jebediah County melden.«

Corley beugte sich vor. »Sie suchen Johnny nicht wegen irgendeines Verbrechens, oder?«

»Wie ich schon sagte, er hat vielleicht Informationen, die wir brauchen.« Noch immer hielt Frank den Käse und die Cracker in der Hand. Er betrachtete sie, als hätte er vergessen, was sie waren. »Danke, Mr. Corley. Sie waren eine große Hilfe.« Er ging zu seinem Wagen, stieg ein und fuhr zum Highway 98 zurück und weiter nach Hattiesburg.

Die Hitze war drückend, wie ein nasser Waschlappen, der sich auf das Gesicht presst und die Nase verstopft. Dotty warf sich auf dem Bett herum, ihr Körper kribbelte vor unerfüllten Bedürfnissen und hitzigen Erinnerungen. Sie hatte das schreckliche Gefühl, als müsse sie aus der Haut fahren, als wollten ihre geschwollenen Glieder aufbrechen.

Sie rollte sich auf den Rücken und starrte an die Decke. Von Lucas hatte sie kein Wort mehr gehört, seitdem sie ihm das Frühstück gebracht hatte. Je länger sie darüber nachdachte, umso wütender wurde sie, nur richtete sich ihre Wut gegen sich selbst. Es war ihr schleierhaft, wie sie jemals hatte denken können, Lucas würde sie anrufen. Sie war ihm zu Diensten gewesen, und damit hatte es sich. Er hatte niemals gesagt, dass er sich melden, niemals angedeutet, dass er auch in Zukunft an sie denken würde. Sie hatte alles viel zu schnell geschehen lassen. Aus Angst, es würde sich keine weitere Gelegenheit mehr bieten, hatte sie es ihm viel zu leicht gemacht.

Ihr Kopf pochte vom Whiskey am Abend zuvor. Obwohl es bereits Spätnachmittag war, lag sie immer noch im Bett.

Vage erinnerte sie sich daran, mit Junior Clements und Pet Wilkinson getanzt zu haben. Allein schon bei dem Gedanken daran wurde ihr übel. Sie setzte sich auf der Bettkante auf. Ihr war schlecht. Egal, wie sehr sie sündigte, sie musste immer dreifach dafür büßen. Also, sie hatte sich betrunken und im Friendly mit Pet und Junior und mit noch einem anderen getanzt. Sie war nicht die einzige Frau, die so was machte, aber auf jeden Fall die einzige, die für ein paar Stunden Spaß nachher fürchterlich zu leiden hatte. Als sie sich im Frisierspiegel sah, wandte sie sich schnell ab. Sie hatte tiefe Augenringe, ihre Gesichtshaut sah aufgedunsen und spröde aus. Sie wusste nicht mehr, wie viel sie getrunken hatte oder wie sie nach Hause gekommen war.

Sie mühte sich auf die Beine, nachdem sich der Druck in der Blase nicht mehr ignorieren ließ. Mit kurzen, schnellen Schritten lief sie durch den Flur, sank auf der Toilettenschüssel nieder und stützte mit beiden Händen den Kopf. Es war lange her, dass sie so verkatert gewesen war. Sie überlegte, ob sie sich übergeben sollte, aber sie hatte lange nichts gegessen. Falls sich Brechreiz einstellte, käme nichts weiter als ein trockenes Gewürge. Was ihr nicht guttun würde. Sie ließ Wasser ins Waschbecken, tränkte einen Waschlappen und legte ihn sich aufs Gesicht. Das kühle Wasser schien zu helfen. Sie pinkelte zu Ende, wischte sich ab und kam auf die Beine. Wasser, das war es, was sie brauchte, falls sie es in sich behalten konnte. Sie füllte ein Glas und trank es. Aus dem Medizinschränkchen nahm sie die Aspirin-Flasche, schüttelte drei Tabletten heraus und schluckte auch diese.

Als das Telefon klingelte, wollte sie nicht rangehen. Dann aber dachte sie, es könnte Lucas sein, worauf sie die Treppe hinunter zum Telefontischchen im Eingangsflur hastete. Dort angekommen, keuchte sie schwer und war nahe daran, sich doch zu übergeben.

»Dotty, hier ist Lucille Longier. Ich schicke meinen Chauffeur vorbei, er holt Sie ab. Wir müssen miteinander reden.«

Bevor sie absagen konnte, war die Leitung tot. Sie hielt sich am Hörer fest, als wäre er irgendein unbekanntes Werkzeug. Schließlich legte sie auf und eilte nach oben, ließ sich ein Bad ein und suchte im Schrank nach einem Kleid. Lucille Longier war Marlenas Mutter. Lucas' Schwiegermutter, eine mächtige Frau. Dotty vermochte nicht zu sagen, ob aus Lucilles Stimme Missbilligung oder Verzweiflung herauszuhören gewesen war. Es war ganz unmöglich, dass sie von ihrer Begegnung mit Lucas erfahren hatte. Niemand war ihr gefolgt, als sie in die Bramlett-Einfahrt abgebogen war. Niemand hatte sie sehen können. Sie hatte keinen Piep davon verlauten lassen, und sie glaubte auch nicht, dass Lucas damit zu seiner Schwiegermutter lief. Dennoch hatte sie das Gefühl, als legten sich ihr kalte Finger auf den Rücken. Ihr drehte sich der Magen um, sie lief zur Toilette und schaffte es gerade noch, bevor sie das zuvor getrunkene Wasser wieder von sich gab. Ihr Leben war ein fürchterliches Durcheinander. Sie hatte doch nichts getan, das schlimm genug gewesen wäre, damit sie so dafür büßen musste. Sie klammerte sich an die Klobrille, schluchzte und wartete, dass sie sich erneut übergab.

17

onah blinzelte in das Spätnachmittagslicht, als er den Buick über den Highway steuerte. Ihm knurrte der Magen, er wünschte sich nichts sehnlicher als eine lange Dusche und saubere Kleidung. Der Tag hatte sich ihm entzogen. Jade und Marlena hatten sich in seinen Gedanken und Gefühlen miteinander verknäult, und was am Ende dabei herauskam, war Angst. Etwas lauerte am Horizont.

Neben ihm auf dem Beifahrersitz stierte Dotty Strickland vor sich hin; es musste ihr ziemlich schlecht gehen, ihr war noch nicht mal aufgefallen, dass sie neben einem Neger saß. Es hatte ihn überrascht, als Lucille ihn anwies, in die Stadt zu fahren und Dotty abzuholen. Ihm war schleierhaft, was Lucille von Dotty wollte, einer Frau, über die sie immer wieder deutlich ihr Missfallen zum Ausdruck gebracht hatte. Für Marlenas Freundschaft mit der Witwe hatte sie gewöhnlich nur Verachtung übrig. Aber Lucille war in letzter Zeit nicht sie selbst. Sie hatte kein Wort darüber fallen lassen, dass er heute Morgen zu spät zur Arbeit erschienen war.

Er war in Richtung Chickasawhay losmarschiert, eine verdammt lange Strecke, und dabei von Sheriff Huey aufgegriffen und zum Longier-Haus zurückgebracht worden. Der Sheriff hatte ihm gesagt, am Fluss gäbe es nichts zu sehen, außerdem benötige Lucille seine Unterstützung und Hilfe. Jonah hatte eigentlich nicht in die Stadt zurückfahren wollen,

der Sheriff aber hatte so schlecht ausgesehen – sein Gesicht
war aufgedunsen, die hervortretenden Augen blutunterlau-
fen –, dass er eingestiegen war und sich an seinem Arbeits-
platz hatte absetzen lassen. Er wollte sich nicht mit einem
Mann streiten, der aussah, als stünde er kurz vor einem Schlag-
anfall.

Ruth hatte weiche Brötchen mit Bratwurstsauce zubereitet,
aber Jonah hatte nichts davon hinuntergebracht. Auch Lucilles Teller war nicht angerührt worden. Wie als Herausfor-
derung hatte sich Ruth daraufhin selbst einen Berg auf den
Teller geladen, ihn bis zum letzten Krümel verdrückt und
alles mit zwei Tassen Kaffee hinuntergespült. Noch nie hatte
er Ruth so essen sehen. Sie hatte es aus purem Trotz getan.
Dann war sie aufgestanden, hatte die Laken von Lucilles Bett
gerissen, mit mürrischer Miene mit dem Waschen begonnen
und ihm zuweilen funkelnde Blicke zugeworfen. Um Ruths
Wut und Lucilles Niedergeschlagenheit zu entkommen, war
er mit zwei Zwanzig-Liter-Kübeln zu den Weinstöcken mar-
schiert, hatte sie mit wilden Trauben gefüllt und war zum
Haus zurückgekehrt. Dann hatte Lucille ihn losgeschickt, um
Dotty zu holen.

Er sah kurz zu Dotty hinüber und überlegte, ob er anhalten sollte. Ihr Gesicht war grün, und sie klammerte sich an
den Türgriff, als wäre sie kurz vor dem Ertrinken.

»Miss Dotty, soll ich anhalten?«

Er sah, wie sie etwas sagen wollte, innehielt und nur den
Kopf schüttelte. Er gab etwas mehr Gas, damit er nicht auch
noch Erbrochenes aus dem Wagen wischen musste, bog rechts
in die lange Anfahrt ein und beschleunigte erneut. Dotty
schloss die Augen und hielt das Gesicht in den Fahrtwind.

Jonah hielt vor dem Haus an, stieg aus, ging um den Wagen herum und öffnete die Beifahrertür. Mit zitternder Hand
ließ sich Dotty aus dem Sitz helfen. Sie schwankte, er ver-

steifte den Arm und geleitete sie über die Stufen zur Veranda hoch. Ruth kam ihnen an der Tür entgegen, ihr stierer Blick wanderte von Dotty zu Jonah. Sie sagte nichts, öffnete dann die Gittertür und trat in den Flur. Jonah war es überlassen, die schwankende Frau ins Haus und in die Küche zu führen, wo Lucille wartete.

»Mrs. Strickland, ich wusste nicht, dass es Ihnen so schlecht geht«, sagte Lucille und erhob sich vom Stuhl am Kopfende des Tisches.

»Nur eine Magenverstimmung. Die Erschöpfung. Wegen Marlena.«

»Ja.« Lucille schob die Tasse mit dem von Ruth eingeschenkten schwarzen Kaffee vor Dotty. »Wir sind alle fürchterlich durcheinander. Wollen Sie etwas essen?«

»Nein danke.« Dotty wandte sich vom Tisch ab. Jonah bemerkte, wie sich ihre Lippen spannten. Unwillkürlich wollte er ihr helfen, blieb aber wie angewurzelt stehen. Hasserfüllt starrte seine Frau ihn an.

»Jonah, würdest du für Mrs. Strickland ein Glas Brandy bringen. Sie sieht ein wenig mitgenommen aus.«

Jonah ging in den Salon und schenkte ein Kristallglas voll. Jebediah County war eine alkoholfreie Gemeinde, was die privilegierten Mitglieder der Gesellschaft jedoch nicht vom Alkoholgenuss abhielt. Lucille bewahrte ihn in geschliffenen Glaskaraffen auf, für alle einsehbar, selbst wenn Sheriff Huey hin und wieder am Abend vorbeikam. Manchmal schlürfte er mit ihr Brandy und schwelgte in Erinnerungen an jene Tage, als Bedelia und J. P. Sellers noch am Leben gewesen waren und ihr Vermögen für teure Getränke und Essen ausgegeben hatten.

Dotty hielt sich mit beiden Händen am Tisch fest. Jonah stellte ihr das Glas hin. Sie ergriff es, nippte und schloss die Augen. Jonah spürte die Spannung im Raum. Langsam ahnte er, warum Lucille nach Dotty geschickt hatte, verstand aber nicht, warum er und Ruth noch immer anwesend waren.

Lucille fuhr sich mit der Zunge über die Lippen und beugte sich abrupt vor. Ihre Stimme war kaum ein Flüstern. »Dotty, hat Marlena Ihnen gesagt, was sie ihm Wald zu suchen hatte?«

Dotty riss die Augen auf. Sie griff sich wieder das Glas, führte es zum Mund, schluckte. Dann stellte sie es ab, bevor sie zu Lucille sah. »Marlena hat nie ein Wort darüber verloren. Ich weiß es nicht.«

Lucille verzog den Mund. »Meine Tochter wird vielleicht sterben. Mein Enkelkind ist verschwunden. Wenn Sie etwas wissen, dann erzählen Sie es mir. Wenn Sie wissen, was Marlena im Wald gemacht hat, dann ist jetzt die Zeit dafür, es mir zu sagen.«

Jonah lehnte am Küchentresen und hatte das Bedürfnis, dem Gespräch ein Ende zu bereiten. Ruth war fünf Meter von ihm entfernt, ein siegessicheres Lächeln auf den Lippen.

»Ich habe nicht die geringste Ahnung, was Marlena vorhatte.« Der Wortwechsel schien Dottys Wangen etwas Farbe verliehen zu haben. Sie setzte sich aufrechter hin.

Jonah, der es nicht mehr ertragen konnte, trat vor. »Miss Lucille, es ist an der Zeit, im Krankenhaus anzurufen und sich nach Miss Marlena zu erkundigen. Vielleicht geht es ihr besser und sie könnte Ihnen selbst sagen, warum sie zum Fluss gefahren ist.«

Lucille richtete sich auf, fasste sich, ihr Blick schweifte von Dotty weg. »Ruth, würdest du aus dem Auto meinen Handkoffer holen?«

»Ich mach schon, Miss Lucille«, wandte Jonah ein und wollte bereits los. Seine Frau hasste es, in Gegenwart anderer herumkommandiert zu werden.

»Nein, Jonah.« Lucilles scharfer Ton ließ ihn innehalten. »Ich habe Ruth gebeten, ihn zu holen.«

»Ja, Ma'am.« Ruth schlurfte durch die Küche zur Seitentür. »Ich hol Ihnen den Koffer, Miss Lucille.«

Sie sagte es mit spöttischem Unterton. Jonah erwartete, Lucille würde sie zurechtweisen. Die Frauen kamen ihm vor wie drei verängstigte Katzen in einem Sack, die kurz davor waren, mit Krallen und Zähnen aufeinander loszugehen. Als die Gittertür zugeknallt wurde, beugte sich Lucille zu Dotty vor.

»Wenn Sie etwas wissen oder zu wissen meinen, dann sagen Sie es jetzt.«

Dotty zuckte mit den Achseln. »Ich weiß nicht, was Marlena an einem heißen Augusttag im Wald wollte. Die Mücken fressen einen bei lebendigem Leib auf, von den Bremsen ganz zu schweigen.« Sie fuhr sich durchs Haar.

Lucille ergriff Dottys Hand. »Sie schützen Marlena nicht, wenn Sie irgendetwas zurückhalten.«

Dotty zog die Hand zurück. »Was sagen Sie da? Was soll ich Ihrer Meinung nach denn wissen?« Aber allmählich schien es ihr zu dämmern. »Sie glauben, Marlena hat mir ein Geheimnis anvertraut, und jetzt wollen Sie es hören?«

Jonah kam an den Tisch. »Miss Lucille«, sagte er leise. »Niemand hat hier was davon. Miss Marlena ist mit ihrer Tochter zu einem Picknick gefahren. Nicht mehr und nicht weniger.«

Zitternd drehte sich Lucille zu ihm hin. »Meine Tochter stirbt vielleicht, und mein Enkelkind wird vermisst«, wiederholte sie. »Ich muss herausfinden, was Dotty weiß.«

Jonah sah sie unverwandt an und wollte ihr zu verstehen geben, dass sie nicht weiterreden sollte. Falls sich Marlena mit jemandem im Wald getroffen hatte, dann war Dotty Strickland die Letzte, die davon erfahren durfte. »Miss Dotty kann Ihnen nicht helfen«, sagte er. »Es ist besser, keine wilden Gerüchte in die Welt zu setzen.« Er sah zu Dotty, die ins Grübeln gekommen war. Miss Lucille hatte ihr soeben eine geladene

Waffe in die Hand gedrückt. Er zweifelte nicht daran, dass sie den Abzug durchziehen würde, wenn sie sich einen Nutzen davon versprach.

Ruth kam über die Veranda gepoltert; der unförmige Koffer machte ihre Schritte noch schwerer. »Ruth, hast du im Lagerschuppen schon die alten Briefe herausgesucht?«, sprach Jonah sie an. »Wenn wir den Namen von Miss Marlenas Freundin herausbekommen, die wieder in die Stadt gekommen ist, können wir sie vielleicht finden. Ich kann mich nur noch an den Vornamen erinnern. Connie. Fällt dir mehr ein?«

Ruth blieb in der Tür stehen und ließ den Koffer einfach los. Mit einem lauten Knall schlug er auf dem Boden auf. »Was willst du …«

»Ich geh mit dir in den Schuppen«, sagte er. Seine Frau würde nicht den kleinen Finger rühren, um Miss Lucille zu helfen, selbst wenn es auf Kosten von Marlena ging. »Wenn wir die Briefe finden, finden wir vielleicht auch die Frau. Mit der hat sich nämlich Miss Marlena am Fluss zu einem Picknick treffen wollen. Erinnerst du dich? Sie hat dich gebeten, was zu essen zu machen.«

Ruth sah zu Lucille und Dotty. Sie öffnete den Mund, um alles abzustreiten. Jonah nahm sie sacht am Ellbogen. »Gehen wir nachsehen.« Er bugsierte sie durch die Tür und auf die Veranda. Als sie etwas erwidern wollte, verstärkte er seinen Griff.

»Sag nichts«, flüsterte er und drängte sie die Verandatreppe hinunter, obwohl sie sich sträubte und wehrte.

»Fass mich nicht an«, zischte sie und versuchte sich von ihm loszureißen.

»Halt den Mund«, warnte er und packte sie noch fester, bis er spürte, wie sie sich wand. »Lucille kann dir egal sein, aber Miss Marlena hat es auszubaden, wenn du mir nicht hilfst.«

Ruth fügte sich. Zusammen gingen sie über den Hof zu

dem alten Schuppen, in dem früher die Sklaven untergebracht gewesen waren. »Sie beobachten uns«, sagte er und spürte die Blicke im Rücken, drehte sich aber nicht um. Vom Küchenfenster aus waren sie beide gut zu sehen. »Komm rein, Ruth. Tun wir so, als würden wir nach den Briefen suchen.«

»Ich mach bei dieser Lüge nicht mit«, entgegnete sie. Wieder sträubte sie sich.

Er beugte sich zu ihr und flüsterte ihr ins Ohr, eine Bewegung, die jedem außenstehenden Betrachter als vertraute, zärtliche Geste erscheinen musste. »Ruth, du gehst jetzt hier rein, um mir zu helfen, und du wirst es freiwillig tun.« Er kannte den Tonfall seiner eigenen Stimme nicht mehr.

Ruth gehorchte, ging neben ihm die Stufen hinauf und in den Schuppen. Sobald die Tür hinter ihnen geschlossen war, drehte sie sich um und verpasste ihm in der nahezu vollkommenen Dunkelheit eine schallende Ohrfeige.

Seine Augen tränten vor Schmerz, aber er rührte sich nicht. Sie gab einen Laut von sich wie der eines verwundeten Tiers und verpasste ihm einen zweiten Schlag auf die andere Wange. »Du Mistkerl«, entfuhr es ihr. Dann ging sie auf ihn los und trommelte mit den Fäusten auf seine Brust ein. »Verdammt seist du. Als Jade noch klein war, hab ich mir eingeredet, dass sie deine Tochter ist. Dein Fleisch und Blut. Ich wollte, dass es so war, weil ich Angst hatte, Miss Lucille würde sie uns wieder wegnehmen. Damals wollte ich glauben, dass aus deiner Liebe zu dieser Schlampe auch was Gutes kommen kann. Jetzt weiß ich, dass Jade weder ein Teil von dir noch von ihr ist. Es kann gar nicht sein.« Sie holte aus, als wollte sie erneut zuschlagen.

Er packte sie an den Handgelenken und hielt sie fest. »Nichts ist passiert, Ruth. Ich bin hiergeblieben, weil ich dachte, die Nachricht von Suzannas Tod würde eintreffen. Mehr war nicht.«

Weinend sackte seine Frau gegen ihn. Er spürte, wie ihre Tränen sein Hemd nässten. »Es war viel mehr«, schluchzte sie. »Sie ist dir mehr wert als ich, als deine eigene Tochter. Du bist geblieben, um sie zu trösten.«

»Marlena ist ihre Tochter«, sagte Jonah.

»Jade ist auch ihre Tochter. Aber sie ist ihr egal. Sie tut so, als sei Jade nichts für sie. Warum soll ich also so tun, als würde Marlena mir was bedeuten?«

Jonah legte den Arm um sie und drückte sie an seine Brust. »Weil sie dir etwas bedeutet, Ruth. Du kannst es abstreiten, so viel du willst, aber das ändert nichts an deinen Gefühlen.«

»Sie ist eine verzogene weiße Frau.«

»Ja«, sagte er. »Das ist sie. Aber auch viel mehr, und das weißt du.« Beruhigend, tröstend streichelte er ihren Rücken, als wäre sie ein kleines Kind. »Sie ist Jades Schwester. Ob es nun falsch oder richtig ist, Jade macht sich Sorgen um sie. Und sie macht sich Sorgen um Suzanna. Und auch wenn du es nicht offen zugeben willst, du machst dir ebenfalls Sorgen.«

»Ich werde es nicht zugeben.«

Jonah lächelte in der Dunkelheit. Ruth war eine halsstarrige Frau. Das war ihre größte Stärke und größte Schwäche zugleich. Dadurch überlebte sie, und dadurch bestrafte sie sich selbst. »Ich werde Miss Dotty nach Hause fahren. Am Schlimmsten wäre es, wenn Miss Lucille irgendwas ausplaudert.«

»Was soll sie denn ausplaudern?«, fragte Ruth.

Jonah zögerte. Ruth war dickköpfig, sie konnte bis ins Grab ihren Groll pflegen, aber er glaubte auch, dass ihre Liebe zu Marlena größer war als ihr Hass auf Lucille. »Miss Lucille meint, Marlena hat sich im Wald mit einem Mann getroffen. Sie will herausfinden, ob Dotty irgendwas darüber weiß. Es wird nicht mehr lange dauern, bis die ersten Gerüchte auftauchen, und wenn Dotty Strickland irgendeinen Vorteil für sich darin sieht, wird sie sie in der ganzen Stadt herumerzählen.«

Noch immer lehnte Ruth an seiner Brust; er spürte regelrecht, wie es in ihr arbeitete. »Miss Marlena würde ihren Mann nicht hintergehen. Mr. Lucas würde sie umbringen.«

Jonah sagte nichts. Ruth musste wissen, wie viel auf dem Spiel stand.

»Hat Lucas von dem Picknick gewusst?«, fragte Ruth.

»Das weiß ich nicht.«

Seine Frau löste sich von ihm. »Hat sie sich mit einem Mann getroffen?«

Er konnte sie in der Dunkelheit nicht sehen, aus irgendeinem Grund aber hatte er das Gefühl, als wäre er zu weit gegangen. »Ich weiß es nicht«, antwortete er. »Keiner kann es mit Sicherheit sagen. Aber wenn Gerüchte die Runde machen, werden sie nicht mehr aufzuhalten sein.«

»Lucas wird sie nicht mehr wollen, egal, ob die Gerüchte stimmen oder nicht. Für verdorbene Sachen hat er keine Verwendung.« Eine einfache Feststellung.

»Ich mach mir Sorgen, was Miss Dotty sagen wird.« Seit Jahren hatte er Ruth nicht mehr von seinen Ängsten erzählt. Jetzt allerdings kam es ihm wie etwas ganz Natürliches und Richtiges vor.

»Du hast auch allen Grund dazu.« Ruth schaltete die Deckenlampe an; harte Schatten fielen auf ihr Gesicht. »Sie und deine so kostbare Miss Lucille, sie sind doch alle gleich. Am besten, du hältst dich von ihnen fern, Jonah, oder du wirst den größten Preis von allen zahlen.«

18

Jade saß neben dem Krankenhausbett, während das Nachmittagslicht durch das offene Fenster fiel und ihr den Nacken wärmte. Schweißtröpfchen kitzelten zwischen ihren Brüsten. Sie versuchte, nicht an die liegen gebliebene Arbeit zu denken. Bevor sie ins Krankenhaus gekommen war, hatte sie sich zu Hause noch umgezogen und statt des zerrissenen Kleides eine Kaliko-Hemdbluse übergestreift. Wenn sie an Franks Hände und Lippen dachte, wurde ihr noch wärmer, in die Hitze der Leidenschaft aber mischte sich kalte Furcht. Wenn sie weitermachten, würden auf sie beide Probleme zukommen. Vor allem auf sie. Aber sie konnte nicht aufhören. Sie konnte sich noch nicht einmal vorstellen, dass sie sich nicht zum Essen trafen. So stark war sie nicht. Frank hatte in den vergangenen zwei Jahren, seit seiner Rückkehr, immer am Rand ihres Gesichtsfelds geschwebt. Sie hatte ihn gesehen, ihn beobachtet, ihren Kundinnen gelauscht, wenn sie sich über ihn unterhielten, und sich ihre eigenen Gelüste kaum eingestanden. Ihr Leben wäre unerträglich geworden, hätte sie Frank gegenüber irgendwelche Phantasien gehegt. Von einem Haus am Strand in Jamaika zu träumen, das war harmlos, weil es völlig utopisch war. Frank hingegen war gleichzeitig präsent und unerreichbar. Wenn sie sich begegneten und ihre Blicke sich trafen, knisterte es zwischen ihnen. Augenblicklich wurde sie sich in solchen Momenten ihres Kör-

182

pers bewusst, spürte das Blut, das ihr in die Leisten schoss. Sie fühlte sich zu ihm hingezogen, hatte es aber bislang geschafft, sich von ihm fernzuhalten.

Etwas Verhängnisvolles schwebte über ihr, sie spürte es. Sie ergriff Marlenas Hand, hielt sie fest und wärmte sie. Marlena war kalt, ihre Haut so blass, dass die Adern durchschimmerten. Der Tod hatte sie gestreift, sie vielleicht gezeichnet, um sie später zu sich holen zu können. Der dunkle Engel würde zurückkommen, und jetzt war es an ihr, sich für ihre Halbschwester in den Kampf zu werfen. Marlena war zu jung zum Sterben und in vielerlei Hinsicht so unschuldig. Jade wusste, der Tod konnte sich in eine Kinderkrippe schleichen, in ein Bett, ein Zimmer, um sich mit einem Leben davonzumachen. Sie spürte die Anwesenheit des Todes auf Marlenas kalter Haut. Sie hielt sie noch fester, entschlossen, Marlena nicht aus der Hand zu geben. Sie schloss die Augen und stellte sich Marlena vor, wie sie im Rosengarten von Lucas' Haus lachte. In der einen Hand hielt sie eine Gartenschere, in der anderen frisch geschnittene First-Blush-Rosen. Ihre Lieblingssorte, cremig-weiße Blüten mit einem Hauch von Rosa in der Mitte. Die Blumen waren das Einzige an ihrer Hochzeit, das Marlena selbst hatte aussuchen können. Jade konzentrierte sich auf das Bild, auf Marlena, die, in weißes Licht getaucht, die Rosen in der Hand hielt und lachte.

Die Tür ging auf und riss sie aus ihren Erinnerungen. Ein anderer Arzt, jünger, mit beherrschter Miene, betrat das Zimmer. Er ging zum Bett, nahm Marlenas andere Hand und fühlte nach dem Puls. Dann sah er zu Jade; er schien seine Gedanken abzuwägen.

»Sie hat ein starkes Herz«, sagte er und ließ Marlenas Hand los. »Wenn sie wieder aufwachen will, wird sie es tun. Dr. McMillan und ich sind unterschiedlicher Meinung, aber ich glaube, sie hat sich ihr Koma selbst geschaffen. Eine Flucht.«

»Ihr Gehirn …« Jade vollendete den Satz nicht. Marlena hatte so heftige Schläge ins Gesicht bekommen, dass eine Schwellung des Gehirns, Blutgerinnsel, Schäden an den Vorderlappen oder am Stammhirn befürchtet wurden. Die Schwellungen im Gesicht waren abgeklungen, aber niemand konnte vorhersagen, welche Auswirkungen die Verletzungen auf ihr Gehirn hatten.

»Sie war ansprechbar, als sie das Bewusstsein erlangt hat. Das weist darauf hin, dass Gehirnschäden nicht zu befürchten sind«, sagte der Arzt. »Wäre sie nicht aufgewacht, hätte ich mir Sorgen gemacht.« Er wollte bereits gehen.

»Sie glauben, sie könnte aufwachen, wenn sie es nur will?«, fragte Jade.

Der Blick des Arztes wanderte zu Marlenas regloser Gestalt. »Ja«, sagte er schließlich. »Ich glaube, sie kann am Leben bleiben. Wenn sie es will. Oder sie kann sterben, es ist ihre Entscheidung. Die Mrs. Bramlett zugefügten Verletzungen sind gravierend, aber nicht lebensbedrohlich.«

Jade ließ Marlenas Hand los und erhob sich langsam. »Was kann ich tun?«, fragte sie.

»Helfen Sie ihr, sich daran zu erinnern, warum sie am Leben bleiben soll. Reden Sie mit ihr«, sagte er. Er ging zur Tür und drehte sich noch einmal um. »Wo ist ihr Mann?«

»Wartet am Telefon auf die Lösegeldforderung für seine Tochter.« Jade glaubte es nicht, aber es war die einfachste Erklärung für Lucas' fortgesetzte Abwesenheit.

»Er sollte hier bei seiner Frau sein. Sie braucht ihn.«

Jade nickte, obwohl sie ihm nicht zustimmte. Lucas konnte Marlena jetzt nicht helfen. Er hatte hier keinerlei Einfluss auf sie.

»Ich werde einem Pfleger sagen, er soll Ihnen eine Liege bringen«, sagte der Arzt.

Jade wollte protestieren, aber er verschwand bereits im

fahl beleuchteten Gang. Sie würde nicht hier sein, wenn die Liege gebracht wurde, und damit einer Auseinandersetzung aus dem Weg gehen, auf die sie keine Lust hatte.

Marlena seufzte; erneut ergriff Jade ihre Hand. »Du musst zurückkommen«, sagte sie. Sie versuchte sich glückliche Momente ins Gedächtnis zu rufen. »Erinnerst du dich noch an die Schaukel am Magnolienbaum, die dir Jonah gebaut hat?« Jade schloss die Augen und sah die dicke Holzplanke vor sich, in die Jonah vier Löcher gebohrt hatte. Mit Schrauben hatte er Ketten angebracht, dann war er auf den riesigen Baum gestiegen. »Erinnerst du dich, wie Daddy auf den Ast vorgeklettert ist und die Ketten befestigt hat?«

Gedankenversunken lächelte Jade. »Und dann ließ er dich als Erste schaukeln. Er schwang dich so hoch, dass du geschrien hast. Dein Haar wehte erst nach hinten und verhedderte sich dann wie ein goldenes Netz in deinem Gesicht. Du wolltest es dir wegstreichen, aber Daddy sagte, du sollst auf keinen Fall die Ketten loslassen. Erinnerst du dich?«

Ein wunderbarer Augenblick in Jades Erinnerung. Nach Marlena hatte Jonah Jade auf der Schaukel angeschoben. Sie fühlte sich, als würde sie über die Baumwipfel hinausfliegen, und zugleich fühlte sie sich sicher, weil ihr Daddy da war. Danach war Lucille aus dem Haus gekommen und hatte dem Schaukeln ein Ende bereitet. Sie hatte Marlena nach drinnen geführt und ihre Hand dabei in die Schulter des kleinen Mädchens gebohrt.

»Es war im Mai, und wir konnten die Magnolien riechen«, fuhr Jade fort und konzentrierte sich auf die schönen Dinge. Sie sah alles so klar vor sich, dass sie sich an das Licht auf den glänzenden Magnolienblättern erinnerte und an das dunklere Grün der Schusterpalmen um den Baumstamm. Jade drückte fest die Hand ihrer Schwester. »Es gibt keinen süßeren Duft auf der Welt als den einer von der Sonne gewärmten Magnolie. Riech ihn, Marlena. Du wolltest eine Blüte für deine Mutter, und Jonah holte eine. Er sagte dir, du dürftest die Blütenblätter nicht berühren, sonst würden sie braun werden. Du warst so vorsichtig. Du wolltest, dass die Blume für deine Mutter vollkommen war. Du sagtest, sie rieche genau wie die Magnolie, und so war es auch. Ich erinnere mich daran, genauso hat sie gerochen.«

»Ich erinnere mich.«

Jade öffnete die Augen. Marlena starrte sie an. Ihre blauen Augen war klar.

»Erzähl niemandem, dass ich wach bin«, sagte Marlena mit gepresster Stimme, behindert durch den mit Draht fixierten Kiefer.

»Mein Gott, Marlena!« Jade wurde schwindelig. Sanft berührte sie Marlenas Wange, die purpurrot, grün und gelb geschwollene Fleischmasse, gegenüber der die linke Gesichtsseite eingefallen aussah. Der Arzt hatte gesagt, eine plastische Operation sei nötig. »Wir haben noch keine Spur von Suzanna. Kannst du dich an irgendwas erinnern?«

Marlena starrte an Jade vorbei. »Sie ist tot.«

Jade sah aus dem Fenster. Es war erst später Nachmittag, aber die Sonne senkte sich bereits auf den westlichen Horizont. Frank war nach Hattiesburg gefahren und würde nicht vor Einbruch der Dunkelheit zurück sein. »Ich sollte deine Mutter anrufen.« Sie drehte sich um und wollte aufstehen.

»Nein!« Marlenas Protest kam so entschieden, dass Jade mitten in der Bewegung innehielt. »Ruf Mutter nicht an.«

Vielleicht war Marlena geistig doch etwas verwirrt, ging Jade kurz durch den Kopf. »Ich muss es jemandem sagen. Man sucht nach Suzanna. Es gab keine Lösegeldforderung, nichts. Hast du irgendeine Vorstellung, wer es gewesen ist?«

»Sie hatten Mehlsäcke mit Löchern für die Augen und den Mund.« Sie schluckte. »Sie haben gestöhnt. Und mir Schimpfwörter an den Kopf geworfen. Sie haben gesagt, sie würden

186

mir wehtun, und ich müsste büßen, weil ich die Hure von Babylon bin.«

Jade zögerte. »War noch jemand bei dir?«

Marlena starrte ins Leere. »Spielt das irgendeine Rolle?«

»Es könnte für Suzanna eine Rolle spielen. Könnte er sie verschleppt haben?«

Sie schüttelte den Kopf. »Nein.«

»Bist du dir sicher? Wenn es eine Möglichkeit gibt…«

»Er hat sie nicht mitgenommen. Ich wünschte bei Gott, er hätte es getan, aber er hat es nicht.« Sie sah Jade an. »Diese Männer, sie haben sie mitgenommen.«

»Marlena, du musst mit Frank Kimble reden. Du musst ihm alles erzählen, woran du dich erinnerst. Von Suzanna fehlt jede Spur. Sie waren mit Spürhunden im Wald, haben aber nichts finden können. Jetzt wissen sie nicht mehr, wo sie nach ihr suchen sollen.«

»Johnny hat Suzanna nicht mitgenommen. Als die Männer aus den Büschen kamen, hat er überhaupt nichts getan. Einer der Männer warf Suzanna auf den Boden. Sie gab keinen Laut von sich, sie rührte sich nicht.« Sie mühte sich, die Fassung zu wahren. »Der andere, der Hagere, hielt mich fest. Er sagte, ich sei eine dreckige Schlampe, und der Große trat mich. Johnny stand nur daneben. Ich rief ihm etwas zu, und er sah mich an, als wollte er weinen, und dann drehte er sich um und rannte davon. Er hat noch nicht mal versucht, mir zu helfen. Er rannte einfach davon und überließ mich diesen Männern.«

Marlenas Lippen zitterten, aber ihre Augen blieben trocken. Jade wollte sie trösten, wusste aber nicht wie. »Was soll ich tun?«, fragte sie.

»Bring mich um«, sagte Marlena. »Ich habe das Leben meiner Tochter in Gefahr gebracht, um mich mit einem Mann zu treffen, der mir noch nicht mal helfen wollte. Mein Leben ist nichts mehr wert.«

Die Eingangstür zu John Hubbards Haus hatte drei überein-
anderliegende, abgestufte Fenster, die Frank an eine Treppe
erinnerten. Wenn, ging ihm seltsamerweise durch den Kopf,
er durch jedes einzelne Fenster spähte, würde er unterschied-
liche Räume zu sehen bekommen. Als er einen Blick hinein-
warf, erkannte er lediglich nackte Holzdielen und keinerlei
Möbel. Officer Lloyd Hafner war zur Rückseite des Hauses
gegangen, wo er die Tür aufbrechen konnte, ohne sofort gesehen zu werden. Sie hatten einen Durchsuchungsbefehl, aber
Frank hatte um so viel Diskretion wie möglich gebeten. Falls
die Nachbarn misstrauisch wurden, würden sie Hubbard vielleicht vorwarnen.

»Es ist offen«, rief Hafner. Frank ging um das Haus herum,
bemerkte die akkurat gestutzten Sträucher, das erst vor Kur-
zem gemähte Gras um die leer stehende, betonierte Einfahrt.
John Hubbard war ein ordentlicher Mensch. Wie hatte er sich
auf etwas so Heikles wie die Affäre mit einer verheirateten
Frau einlassen können?

Hafner stand in der Hintertür und verzog das Gesicht. »Irgendwas da drin riecht ziemlich reif.«

Frank folgte ihm, sie gingen über grau lackierte Dielen
durch einen kleinen Wäscheraum, der in die Küche führte. Der
süßliche Fäulnisgeruch wurde stärker, dazu war das Schwir-
ren von Fliegen zu hören, ein unheilvolles Geräusch, das Erinnerungen an die Gemetzel auf den Schlachtfeldern weckte.
Für den Bruchteil einer Sekunde wurde Frank von der Vergangenheit überwältigt; Blutgeruch stieg ihm in die Nase, ein
metallischer Geschmack lag ihm auf der Zunge. Er legte die
Hand auf seine Waffe an der Hüfte, während sie sich vorsichtig der Küche näherten.

Ein kleiner quadratischer Tisch mit weißen Stühlen stand
mitten im Raum. Die weiß gestrichenen Schränke waren geputzt und sauber. Dann entdeckte Frank die Quelle des Ge-

ruchs: Bananen, bereits schwarz geworden, faulten auf dem Küchenschrank vor sich hin. Er entspannte sich.

»Sieht so aus, als wäre der gute Johnny seit ein paar Tagen nicht mehr daheim gewesen«, sagte Hafner. Er fuhr mit der Hand über die Bananen und scheuchte die Fliegen auf.

Neben dem Kühlschrank war der Abfalleimer ein weiterer Anziehungspunkt für einen Schwarm Schmeißfliegen. Sie schimmerten irisierend, als sie im nachmittäglichen, schräg durch das Küchenfenster fallenden Sonnenlicht aufstoben. Auf den Schlachtfeldern waren sie Todesfliegen genannt worden. In Wahrheit aber warteten sie nicht immer, bis der Tod wirklich eingetreten war. Er hatte noch lebende, zuckende Soldaten gesehen, in deren offenen Wunden sich bereits die Fliegenmaden tummelten. Mehr als einmal hatte er daran gedacht, die Verwundeten zu erschießen. Zweimal hatte er es getan.

»Ich schau vorn nach, mal sehen, vielleicht finden wir ja einen Hinweis darauf, wo sich Johnny-Boy aufhält«, sagte Hafner. Seine schweren Schuhe hallten auf den Holzdielen, als er die Küche verließ.

Frank wäre es lieber gewesen, er hätte das Haus allein durchsuchen können. Aber er war schon froh, dass sich der Polizist aus Hattiesburg interessiert genug gezeigt hatte, um einen Durchsuchungsbefehl ausstellen zu lassen und mitzukommen.

»Ich schau mich im Schlafzimmer um«, sagte Frank und ging durch den schmalen Flur zur Rückseite des Hauses. Die erste Tür führte in ein leeres Zimmer, das er durchquerte, die nächste Tür war jene zum Schlafzimmer. Er blieb auf der Schwelle stehen. Das Bett war ordentlich gemacht, unter der blauen Chenille-Decke zeichneten sich, perfekt ausgerichtet, die Kopfkissen ab. Auf dem Nachtkästchen neben dem Bett stand ein Wecker, daneben lag eine Zeitschrift, auf deren Titelblatt nackte Frauen in verführerischen Posen zu sehen waren. Eine neuere Ausgabe. Frank sah auf das Erscheinungsdatum, berührte aber nichts.

Es war fahl im Zimmer. Er ging zum Fenster und zog den Rollladen hoch, damit das Nachmittagslicht einfallen konnte. Im Garten des Hauses nebenan bemerkte er zwei Kinder. Einen Jungen und ein Mädchen. Der Junge fuhr auf einem Dreirad im Kreis um ein Mädchen herum, das auf einer Schaukel saß. Die Hitze schien ihnen nichts auszumachen. Frank betrachtete sie eine Weile, bevor er sich wieder an seine Arbeit machte.

Es gab keinerlei Kunst- oder andere dekorative Gegenstände im Zimmer. Die Wände waren blassblau gestrichen, ein ruhiger, anscheinend sorgfältig ausgewählter Farbton. Frank blieb vor einer Kommode stehen, sein Blick fiel auf ein Bild von Marlena. Sie trug ein rotes Kleid, der ausgestellte Rock bauschte sich um ihre wunderschönen Beine. Sie lachte, hielt den Rock nach unten und war glücklicher, als er sie jemals gesehen hatte. Im Hintergrund stand der zweifarbige Chevy.

Frank öffnete die Rückseite des Rahmens, nahm das Bild heraus und schob es in seine Tasche. Er wusste nicht genau, warum er Marlena schützte, aber er tat es. Nicht vor dem Gesetz, aber vor Lucas und der Ächtung in Drexel. Die oberste Schublade enthielt Socken und Unterwäsche, mehr nicht. Er legte den leeren Bilderrahmen dazu, bevor er sie schloss und die nächste aufzog. Taschentücher, Gürtel, eine Nagelschere, Nadeln und Garne, alles sauber und ordentlich eingeräumt. John Hubbard achtete auf Details.

Er hörte Hafners Schritte, worauf er die Schublade schloss und wartete.

»Sieht für mich wie die Bude eines Junggesellen aus«, sagte Hafner. »Aber ordentlich. Hubbard muss ein Pedant sein. Meine Wohnung ist immer ein einziges Chaos.«

»Ja«, sagte Frank. »Nichts, was uns sagen könnte, wo er sich aufhält.« Er ging zum Schrank und durchsuchte die Taschen der drei Hosen und zwei Jacketts, die dort hingen. Ein Stapel Schmutzwäsche war in die Ecke gestopft. Frank durchwühlte sie. »Nichts«, sagte er.

»Hubbard gilt bei Big Sun als zuverlässiger Mitarbeiter. Hat in vier Jahren keinen einzigen Tag gefehlt. Sie haben von ihm seit Mittwoch nichts mehr gehört. Sein Boss meint, es könnte ihm was zugestoßen sein.« Hafner sah sich um. »Vielleicht ist jemand gekommen und hat alles aufgeräumt.«

Das glaubte Frank nicht, aber ihm war nicht danach, den Officer auf andere Gedanken zu bringen. »Könnte sein«, sagte er. »Haben Sie schon im Badezimmer nachgesehen?«

»Noch nicht.«

»Ich seh es mir mal an.«

»Ich übernehm das Gästezimmer.«

Frank ließ Hafner den Vortritt, bevor er wieder durch den Flur ins puderblaue Bad ging. Im Waschbecken lagen dunkle Bartstoppeln, auf dem Boden zwei Handtücher. Der Hahn in der Badewanne tropfte. Frank öffnete das Medizinschränkchen. Auf dem Regal standen eine Flasche Aspirin und zwei Fläschchen, die von einem Arzt verschrieben worden waren.

»Hier ist nichts«, war Hafner zu hören. »Haben Sie was gefunden?«

Frank nahm sich ein halbvolles Fläschchen mit Phenobarbiton. Laut dem Etikett war es von einem Dr. Willard Herron verschrieben und einen Monat zuvor von der Apotheke in der Hardy Street ausgegeben worden. Er ließ es in die Tasche zum Foto von Marlena gleiten und schloss die Spiegeltür des Medizinschranks. »Nichts. Ich denke, wir sind hier fertig«, sagte er zu Hafner.

19

ade saß an ihrem Küchentisch, vor sich ein unberührtes Glas Wasser. Sie starrte auf das Glas und zwang sich, nicht zur Uhr zu sehen, die neunzehn Uhr vierunddreißig zeigte. Über die Wälder hatte sich die Nacht gelegt, die Zikaden sirrten. Sie hatte sechsmal bei Frank angerufen, niemand war rangegangen. Sie konnte es nicht erwarten, mit ihm zu reden und ihm zu sagen, dass Marlena aufgewacht war. Gemäß Marlenas Wunsch hatte sie niemandem davon erzählt, noch nicht einmal ihrem Vater. Sie hatte Marlena ihr Wort gegeben.

Sie nahm einen Schluck Wasser und stellte das Glas wieder ab, schob den Stuhl zurück, der über das Linoleum kratzte, stand auf und ging im Zimmer auf und ab. Das Kleid, das sie ausgesucht hatte, entsprach in der Farbe genau der ihrer Augen. Die Brokatmuster, der weite V-Ausschnitt, der ärmellose Schnitt betonten ihre vollen Brüste und ihre weiche Haut. Sie hatte das Kleid in New Orleans gekauft, in Drexel allerdings noch nie die Gelegenheit gehabt, es zu tragen. Der gestärkte Petticoat knisterte bei jeder Bewegung. Das Geräusch störte sie, als sie sich wieder setzte. Als sie schließlich draußen einen Wagen hörte, glaubte sie, ihre Beine würden ihr nicht gehorchen. Sie stand auf, schaffte es, die Herrschaft über ihre Gliedmaßen zu gewinnen, ging zur Tür und wartete auf Franks Klopfen.

Bei seinem Anblick blieb ihr der Atem weg. Sie sahen sich an, bis er sich räusperte und sich für sein Zuspätkommen entschuldigte. Er wirkte angespannt und erschöpft. Sie sah so vieles in den Falten seines Gesichts.

»Marlena ist aufgewacht«, sagte sie. »Sie will nicht, dass es sonst jemand erfährt. Aber ich habe ihr klargemacht, dass ich es dir sagen muss.«

Die Neuigkeit verblüffte ihn. »Sie wird wieder gesund werden?«, fragte er.

Jade zögerte. Marlena würde nie wieder ganz gesund werden. Sie würde überleben, und sie würde sich an eine Form von Leben klammern, aber das war alles andere als gesund. »Es bleiben keine Gehirnschäden zurück. Die körperlichen Wunden werden heilen.«

Frank ergriff ihre Hände. »Das sind gute Neuigkeiten. Hat sie irgendwas über Suzanna gesagt?«

»Sie erinnert sich nicht an viel.« Jade spürte, wie schwer die Geheimnisse ihrer Schwester auf ihr lasteten. »Sie hat sich mit einem Mann getroffen. Sein Vorname lautet Johnny, mehr hat sie nicht erzählt. Sie glaubt nicht, dass er irgendwas mit Suzannas Entführung zu tun hat.« Jade senkte den Blick. »Er hat nicht versucht, ihr zu helfen, als sie von den Männern angegriffen wurde. Sie sagt, er sei weggerannt.« Sie sah ihn an. Statt des erwarteten Mitleids lag Wut in Franks Blick.

»Der Scheißkerl hat sie alleingelassen, damit sie zusammengeschlagen und vergewaltigt wurde?«

»Ja.« Jade legte die Hand auf seinen Arm, eine besänftigende Geste.

»Ich muss mit Marlena reden. Noch heute Abend.«

»Ich hab versucht, dich anzurufen und es dir zu sagen.«

»Ich bin eben erst aus Hattiesburg zurückgekommen.« Er legte ihr die Hände auf die Schultern. »Ich bin als Erstes zu dir. Ich wollte dich sehen.«

»Wir können das Essen auf einen anderen Abend verschieben«, sagte sie.

Sein Griff wurde fester. »Nein«, sagte er. »Ich weiß nicht mehr, wann ich das letzte Mal etwas so sehr gewollt habe wie dieses Essen mit dir.« Seine linke Hand strich von ihrer Schulter zum Hals, sein Finger tastete sich an ihrem Kiefer entlang. »In Deutschland, im Kriegsgefangenenlager, habe ich mir geschworen, nie wieder auf etwas zu verzichten, wenn ich es wirklich will. Wir werden heute Abend zusammen essen.«

»Wie wär's, wenn ich selber fahre?«, sagte Jade. »Ich mach mich fertig, und du kannst noch zum Krankenhaus und Marlena besuchen. Falls sie sich an etwas erinnert…«

Er sah auf seine Uhr. »In einer halben Stunde?«

Sie nickte. »Ich werde da sein.«

Er verließ die Veranda, blieb dann aber auf der zweiten Stufe stehen. »Du kannst auch gleich mit mir mitkommen«, sagte er.

Damit gab er ihr zu verstehen, dass er sich offen zu ihr bekannte. Ein Gefühl der Freude durchzuckte sie, dennoch schüttelte sie den Kopf. »In einer halben Stunde. Bei dir.«

Sanft war die Augustnacht hereingebrochen, unzählige Sterne breiteten sich über den schwarzen Himmel. Unter anderen Umständen wäre es eine wunderschöne Nacht gewesen. Dotty schlug nach einer Mücke, die im Wagen umherschwirrte. Das verdammte Ding hatte sie bereits zweimal gestochen. Morgen würde ihre Wade mit großen, hässlichen Schwellungen übersät sein. Wenn sie noch einmal auf ihr landen sollte, würde sie sie zerquetschen. Als sie eine leichte Berührung am Knöchel wahrnahm, klatschte sie so fest darauf, dass ihr unwillkürlich ein Schrei entfuhr. Die Mücke allerdings sirrte weiter, als machte sie sich lustig über Dotty und die lächerliche Situation, in der sie sich befand.

Sie rutschte auf dem Fahrersitz herum und überlegte, was sie tun sollte. Sie hatte gegenüber der Straße zum Bramlett-

Haus auf einem alten Holzweg geparkt. Eigentlich hatte sie sich vorgenommen, durch den Wald zu schleichen und Lucas nachzuspionieren, ob eine andere Frau bei ihm wäre. Wäre er allein, hätte sie einfach an seine Tür geklopft. Sie habe Neuigkeiten, die ihn vielleicht interessieren könnten. Marlenas eigene Mutter glaubte, Marlena habe Lucas betrogen und sich mit einem anderen Mann im Wald getroffen. Deshalb war sie von Lucille in die Mangel genommen worden – weil sie herausfinden wollte, was sie wusste.

Sie streckte die Beine auf dem Sitz aus und überlegte, was Lucas mit dieser Information anfangen würde. Sicherlich würde er ihr irgendeine Belohnung zukommen lassen, würde sich dankbar erweisen, weil sie so sehr auf ihn aufpasste. Sie hatte hochgerollte Jeans angezogen, damit ihre hübschen Waden zu sehen waren, ihre Söckchen, Saddle-Oxfords, dazu eine blau karierte Bluse, die unter den Brüsten geknotet war, was ihre ausgezeichnete Figur betonte und ihr die Illusion der Jugend verlieh. Sie hatte die Rundungen einer richtigen Frau, und wenn Lucas sie erst einmal vor sich sah, würde er sie nicht mehr wegschicken. Die ganze Nacht könnten sie zusammen haben. In Erwartung dessen, was er mit ihr machen würde, presste sie die Hand gegen das Becken. Sie wollte erobert, beherrscht, zu schmutzigen Dingen gezwungen werden. Dazu musste sie nur über die Straße gehen, sich durch den Wald schleichen und sich vergewissern, dass er allein war.

Sie fasste zum Türgriff und zögerte. Sie wagte es nicht. Lucas würde es kaum schätzen, wenn sie ihm hinterherspionierte. Wenn er sie erwischte, wäre es aus mit ihr. Dann ließ er ihr vielleicht noch nicht einmal mehr die Möglichkeit, ihm die wichtigen Neuigkeiten mitzuteilen. Vielleicht war er auch mit einer anderen zusammen. Das wäre das Schlimmste: herauszufinden, dass sie fallen gelassen worden war, bevor sie überhaupt die Gelegenheit hatte, ihm all ihre Kniffe zu zeigen. Die Vorstellung, eine andere Frau beuge sich über seinen Küchentisch, brannte wie Säure auf ihrer Haut. Die Unwissenheit nagte an ihr, aber die Angst vor dem, was sie herausfinden könnte, ließ sie an Ort und Stelle ausharren. Zweifel piesackten sie wie die im Wageninneren summende Mücke. Zwei ganze Tage waren verstrichen, in denen sie kein Wort von ihm gehört hatte. Die meisten Männer konnten nicht von ihr lassen, wenn sie erst einmal auf den Geschmack gekommen waren. Der einzige Grund, den sie sich für Lucas' Verhalten vorstellen konnte, war eine andere Frau. Er ließ sich von einer anderen umsorgen. Sie musste etwas unternehmen.

Sie stieg aus und ging die fünfzehn Meter zum Highway, von dem aus Lucas' Einfahrt auf der anderen Straßenseite zu sehen war. Das Metalltor stand offen. Wahrscheinlich, weil er Gesellschaft erwartete. Dotty trat auf den Asphalt, überquerte halb die Straße und blieb abrupt stehen. Scheinwerferlichter erschienen auf dem Hügel im Osten, woraufhin sie die letzten Meter zurücklegte, in den Graben neben dem Tor stolperte und sich flach ins dichte Gras warf. Das Letzte, was sie brauchte, war jemand, der sie hier entdeckte. Sie würde zum Gespött der ganzen Stadt werden. Der Wagen bremste ab. Dotty hielt den Atem an und hoffte, beim Überqueren der Straße nicht gesehen worden zu sein.

Als das Fahrzeug in die Einfahrt einbog, zog sie den Kopf ein, bis der Wagen vorbei war. Sofort danach richtete sie sich auf und erhaschte noch einen Blick auf Juniors alten, verbeulten Ford Pick-up. Jemand saß auf dem Beifahrersitz, Dotty konnte aber nicht erkennen, um wen es sich handelte. Sie stand auf, staubte ihre Jeans ab und sah in die Einfahrt. Ihre Neugier war stärker als die Angst. Sie hielt sich am Waldrand und lief die Einfahrt entlang. Wenn Lucas an einem Samstagabend Junior empfing, wollte sie wissen, warum.

In der kreisförmigen Zufahrt war Juniors Pick-up geparkt;

von ihm oder seinem Beifahrer war nichts zu sehen. Sie mussten im Haus sein. Sie wartete im Schutz der Bäume und lauschte. Die Mücke aus ihrem Auto musste ihr gefolgt sein und hatte mehrere Freunde mitgebracht. Dotty klatschte sich in den Nacken, auf ihrer Hand zeichnete sich ein Blutfleck ab. Wenigstens hatte sie eine erwischt. Ein weiteres Insekt stach sie in den Knöchel oberhalb der Socke. Sie schlug dorthin. Mit jedem Stich wurde sie wütender. Lucas hatte keine Zeit, sie anzurufen, aber er hatte Zeit für Junior Clements, den Versager der Stadt. Und jetzt versteckte sie sich im Wald wie ein liebeskranker Teenager oder ein russischer Spion, nur dass sie in zehn Minuten wahrscheinlich eine blutleere Leiche sein würde, und alles, weil Lucas sie wie ein gewöhnliches Flittchen behandelte. Sie trat aus dem Wald. Sie würde sich sein Benehmen nicht bieten lassen.

Sie ging um den Pick-up herum und hatte vor, direkt zum Eingang zu marschieren und anzuklopfen. Die Seitenscheiben des Wagens waren nach unten gekurbelt, sie spähte hinein und verzog das Gesicht, als sie die leeren Bierflaschen und den Abfall auf dem Boden sah. Und noch etwas entdeckte sie. Einen rauen Stoff mit einem schwachen Aufdruck wie bei einem Mehlsack. Trotz ihres Abscheus vor dem Dreck im Wagen griff sie hinein und zog das Material heraus, hielt es hoch, und dann glaubte sie, ihr bleibe der Atem weg; sie erkannte Augen- und Mundöffnungen, die in den Sack geschnitten waren. Ein brauner Fleck zog sich quer darüber. Sie ließ ihn auf den Sitz fallen und wich vom Pick-up zurück, holte tief Luft, stürzte in den Wald und begann zu laufen.

Lange stand Frank in der Tür zu Marlenas Krankenzimmer. Das Licht über dem Kopfteil ihres Bettes brannte, ansonsten lag das Zimmer in Dunkelheit. Sie hatte das Gesicht zum Fenster gewandt, in dem nur Schwärze zu sehen war. Im sanften Schein des Lichts erkannte er ihre Wange und die Linie ihres Kiefers, und plötzlich fiel ihm auf, dass Marlena aus dieser Perspektive Jade sehr ähnlich sah. Er räusperte sich. Marlena rührte sich nicht.

»Marlena, Jade hat mir gesagt, Sie seien bei Bewusstsein.« Sie rührte sich nicht, nur ihre Stimme war zu hören. »Sie meint, sie müsste es Ihnen sagen, aber sonst niemandem.«

Marlena sprach, ohne den Kiefer zu bewegen. Erst jetzt erinnerte er sich, dass er mit Draht fixiert war, damit das Gesicht heilen konnte. »Sie hält ihr Wort. Wir müssen Suzanna finden.«

Er trat ins Zimmer und blieb vor dem Bett stehen. Als sie sich schließlich umdrehte und ihn ansah, musste er sich zusammenreißen, um nicht zurückzuschrecken. Ihr wunderbares Gesicht war zerstört.

»Suzanna ist tot«, sagte sie.

»Sind Sie sich sicher?«

»Sie ist tot.«

»Wir müssen sie trotzdem finden.« Wie viel von dem, was sie glaubte, entsprach der Wirklichkeit, und wie viel davon war Phantasie oder Wunschdenken?, fragte er sich. Niemand, der Misshandlungen wie Marlena erlebt hatte, konnte sich wünschen, dass seine Tochter hilflos den Männern ausgeliefert war, die einem so etwas angetan hatten.

»Der Große hat sie über der Schulter gehabt und sie dann auf den Boden geworfen, und sie hat keinen Laut von sich gegeben. Sie hat sich nicht gerührt.« Sie atmete hörbar ein, dann noch einmal. »Ihre nackten Füße waren zu sehen. Sie hatte Sand an den Fußsohlen. Sie hat sich nicht gerührt, und sie hat nicht geatmet.«

»Sind Sie sich sicher?« Sie hatte damit zu kämpfen, sich von ihren Gefühlen nicht überwältigen zu lassen. Er wollte sie berühren, so wie er Sterbende auf dem Schlachtfeld berührt hatte, nur um ihnen ein bisschen Trost zu spenden. Aber er ließ es sein. Marlena würde die Berührung durch einen Mann nicht als Trost empfinden.

»Ja«, sagte sie. »Ich habe versucht zu vergessen, was ich gesehen habe. Ich habe versucht, mich davor zu verstecken, aber es geht nicht. Jade hat mich zurückgerufen. Ich wünschte, ich könnte einfach aufhören zu atmen und sterben.«

»Sie werden es nie vergessen, Marlena, aber die Zeit nimmt den Erinnerungen ihre Schärfe.« Er konnte nicht lügen, aber er ließ ihr allen Trost zukommen, den er hatte. »Erzählen Sie mir, was geschehen ist, von Anfang an.« Seine Hand ging zur Tasche, wo noch immer ihr Foto steckte. Wenn nötig, würde er es ihr zeigen. Sie musste ihm alles erzählen.

»Suzanna war angeln. Ich hatte etwa fünfzig Meter davon für das Picknick gedeckt, auf einer ebenen Fläche mit Gras.« Sie hob das Kinn und schluckte. Frank sah die Streifen an ihrem Hals, wo sie gewürgt worden war. Er biss die Zähne zusammen vor Wut. Wenn er die Männer finden würde, die das getan hatten, würde er ihnen beibringen, was Leiden war. Er hatte im Krieg einiges gelernt, Dinge, die kein Mensch jemals erfahren sollte.

»Fahren Sie fort«, sagte er. »Wo war John Hubbard?«, fragte er, bevor sie sich in irgendwelche Lügen verstricken konnte.

»Woher kennen Sie seinen Namen?«, fragte sie.

»Wir haben seinen Wagen am Weg gefunden. Einen zweifarbigen Chevy. Und dann hab ich die Kartoffelchips in der Nähe der Picknickstelle entdeckt.«

»Weiß Lucas davon?«

»Ich habe es ihm nicht gesagt, und ich glaube nicht, dass Huey irgendeinen Zusammenhang hergestellt hat.«

»Sagen Sie es ihm. Vielleicht kommt er und bringt mich um.«

»Erzählen Sie, was geschehen ist. Möglicherweise war Suzanna nur bewusstlos.«

Sie seufzte. »Johnny und ich trieben es auf der Picknick-decke, während Suzanna beim Angeln war. Sie wusste, sie durfte nicht kommen. Wir würden sie sonst nicht mehr mit-nehmen, wenn sie nicht gehorchte.« Sie atmete schwer. »Ich bin keine schlechte Mutter. Ich liebe Suzanna, aber ich musste sie mitnehmen. Lucas hätte mich nie allein aus dem Haus gelassen. Suzanna hat nie etwas mitbekommen. Sie hat kei-nen Verdacht geschöpft. Wenn es sein musste, konnte sie sich an die Regeln halten.«

Frank dachte an das starrköpfige Mädchen. Wie sehr hatte sie bei ihrer Mutter sein wollen, wenn sie sich Vorschriften unterwarf. So weit er wusste, war Suzanna ein Kind, das mut-willig alle Grenzen überschritt, die man ihm setzte.

»Haben Sie jemanden kommen hören?«, fragte er.

»Nein.« Sie zögerte. »Johnny hat mich geküsst. Er hat mit mir Sachen gemacht, die Lucas nicht macht. Er hat mich be-friedigt. Zum ersten Mal in meinem Leben war es so, wie ich es wollte und wie es mir gefiel.« Ihr Kinn zitterte, aber sie weinte nicht. »Was war ich nur für eine Idiotin. Ich habe einen Mann geheiratet, der sich eher zum Gefängniswärter eignet als zum Ehemann, und ich verliebe mich in einen Mann, der mich auf die mieseste Weise verrät.«

Behutsam legte Frank ihr die Hand auf den Arm. »Sie müs-sen es mir nicht erklären.«

»Ich versuche es mir selbst zu erklären«, sagte sie. »Ich muss verstehen, wie ich meine Tochter verlieren konnte.«

»Keiner kann vorhersehen, auf diese Weise überfallen zu werden, Marlena. Das entzieht sich jeder Vorstellungskraft.«

»Ich bin ihre Mutter. Ich hätte sie schützen sollen.«

»Sagen Sie mir, was genau passiert ist.« Die Absolution, nach der sie suchte, würde er ihr verweigern müssen.

»Johnny hörte etwas zwischen den Sträuchern. Wir dach-ten, Suzanna hätte uns nachspioniert und versuchte uns zu beobachten. Er stand auf. Er sagte, er wolle ihr den Hintern versohlen, wie sie es verdient hätte.« Ihre Stimme brach, kurz wandte sie ihr Gesicht ab. Als sie ihn wieder ansah, liefen ihr Tränen über die Wangen. »Das Nächste, woran ich mich erinnere, war der Mann mit einem Sack über dem Kopf. Er kam auf mich zu und trat mir in die Rippen. Ich wusste nicht, was los war. Ich schrie und versuchte mich wegzurollen. Ich war nackt, und er starrte mich an. Er warf mir Beschimpfungen an den Kopf, schmutzige Ausdrücke. Dann kam der andere, er hatte Suzanna über der Schulter, ein Sack war über ihren Kopf gebunden. Er warf sie zu Boden und sagte: ›Geben wir der babylonischen Hure, was sie verdient hat.‹«

Eine Motte flatterte gegen das Fliegengitter des Fensters. Jemand ging draußen auf dem Flur vorbei. Als die Schritte verklungen waren, holte Frank tief Luft.

»Wo war Hubbard?«

»Das weiß ich nicht. Die beiden Männer traten mich in den Bauch und in die Rippen und ins Gesicht. Ich wollte zu Suzanna kriechen, aber sie trieben mich mit ihren Tritten zurück. Ich sah auf, und Johnny stand etwa fünf Meter entfernt. Er sah zu mir. Er wollte etwas sagen, aber dann drehte er sich um und rannte weg.«

»Liefen die Männer hinter ihm her?«

Sie schüttelte den Kopf. »Nein. Sie dürften ihn nicht gesehen haben. Der Hagere saß auf meinem Kopf und hielt meine Arme fest, der Große spreizte mir die Beine und sagte, wenn ich nicht aufhörte, mich zu wehren, würde er mir sehr weh-tun. Und das tat er dann. Er tat mir weh.«

»Marlena, wurden Sie vergewaltigt? Können Sie sich daran erinnern?«

Sie schüttelte den Kopf. »Sie schoben mir einen Ast rein. Sie sagten, ich sei zu dreckig für ihre Schwänze, deswegen würden sie einen Ast nehmen. Dann zückte der Große ein

Messer und begann zu schneiden. Er sagte, er würde alles rausnehmen, was mich zu einer Frau macht.« Erneut wandte sie den Kopf ab. »Ich bin müde, Frank.«

»Nur ein paar Fragen noch.« Er nahm das Wasserglas vom Tisch neben dem Bett und hielt es ihr hin, damit sie den Strohhalm erreichte. »Was ist dann geschehen?«

»Ich muss ohnmächtig geworden sein. Als ich wieder zu mir kam, waren sie verschwunden. Und mit ihnen Suzanna. Ich kroch herum, um sie zu suchen. Ich konnte nicht sehr gut sehen. Ich rappelte mich hoch und versuchte die Straße zu finden. Das ist das Letzte, woran ich mich erinnere. Ich ging zum Fluss runter und dann nach Westen.«

»Ich hab sie im Wald gefunden. Sie waren bewusstlos.«

»Sie hätten mich dort liegen und sterben lassen sollen.«

»Marlena, kannten Sie diese Männer?«

Sie ließ sich mit der Antwort so lange Zeit, dass Frank bereits glaubte, sie sei eingeschlafen. Er hätte es ihr nicht verdenken können. Was sie durchlitten hatte, war unvorstellbar.

»Ich habe darüber nachgedacht«, sagte sie schließlich. »Woher wussten sie, dass ich eine Hure bin? Wenn sie Fremde gewesen wären, hätten sie doch annehmen müssen, ich wäre mit Johnny verheiratet. Sie hätten Suzanna für unsere Tochter halten müssen.« Sie sah ihn an. »Sie mussten mich gekannt haben.«

Frank lief es kalt über den Rücken. Sie hatte recht. »Würden Sie ihre Stimmen wiedererkennen?«

»Ich weiß es nicht. Sie waren aufgekratzt. Wenn sie wieder so klingen … vielleicht.«

»Warum sind Sie so davon überzeugt, dass Suzanna tot ist?«

Sie zögerte. »Wenn sie mich kannten und wenn sie wussten, wer Suzanna war, dann wären sie nie so über mich hergefallen, wenn sie nicht vorher Suzanna schon getötet hätten.

Nachdem sie Lucas' Tochter umgebracht hatten, glaubten sie wahrscheinlich, dass sie nichts Schlimmeres mehr anstellen konnten, also taten sie mit mir einfach, was sie wollten.«

»Und Hubbard? Könnte er etwas damit zu tun gehabt haben?«

Marlena schloss die Augen. »Bitte, Frank, lassen Sie mich allein.« Sie tastete mit der Hand nach der Schwesternklingel und drückte auf den Knopf. »Ich möchte Morphium. Bitten Sie die Schwester darum. Sagen Sie ihr, ich hätte vor Schmerzen gestöhnt und bräuchte etwas.« Sie wandte wieder das Gesicht ab. »Mehr werde ich nicht erzählen.«

20

Nur der zweite Stock des Kimble-Hauses war von der Straße aus sichtbar, und das auch nur untertags. Kein Licht brannte in den Fenstern des zweiten Stocks. Als Jade zu der in Dunkelheit liegenden Einfahrt abbog, kam es ihr vor, als begebe sie sich in eine unbekannte Welt. Einer der Kimbles musste ein Pflanzenliebhaber gewesen sein, denn importierte Kamelienbüsche säumten die Anfahrt und hatten sich nach jahrelanger Vernachlässigung zu dichten, hoch aufragenden Bäumen ausgewachsen. Die Anfahrt war ein dunkler Tunnel; schattenhafte Gestalten huschten durch Jades Scheinwerferlichter und vermittelten den Eindruck, als würden Geister hin und her gleiten.

Jade hatte Jonah vom Kimble-Haus sprechen hören und den vielen wundersamen Dingen, die dessen Vater Mose darin eingebaut hatte. Aber sie hatte das Haus nie betreten. Noch nicht einmal das Grundstück. Bislang hatte es keinen Grund dafür gegeben. Als im Scheinwerferkegel das Erdgeschoss des verschachtelten viktorianischen Gebäudes auftauchte, verringerte sie die Geschwindigkeit noch mehr und betrachtete den kunstfertigen Detailreichtum der Verzierungen. Schließlich, überwältigt von der Handwerkskunst, hielt sie an. Die Eingangstür ging auf, und Frank trat auf die Veranda. Er hatte sich umgezogen und wirkte entspannter, aber auch trauriger. Er winkte sie heran, sie hielt vor den Verandastufen, schaltete die Scheinwerfer ab und stieg aus. Die Tragweite dessen, was sie hier im Begriff war zu tun, ließ sie vor dem Wagen innehalten. Frank kam ihr auf der Treppe entgegen, schloss sie in seine Arme und gab ihr Zeit, noch einen Rückzieher zu machen – falls sie es wollte.

»Was hat Marlena gesagt?«, fragte sie. Sie wusste, sie würde damit das Unvermeidliche nur hinauszögern. Hätte Marlena irgendwas über Suzannas möglichen Aufenthaltsort erzählt, würde Frank jetzt auf der Suche nach dem Mädchen sein.

»Sie glaubt, die Männer, die sie überfallen haben, kennen sie.«

Jade war wie vor den Kopf gestoßen. Bislang hatte sie angenommen, es wären Fremde gewesen. Es war unvorstellbar, dass jemand, der Marlena kannte, ihr Derartiges antun konnte; unvorstellbar, dass jemand Lucas Bramletts Tochter entführte, ohne Angst vor den Folgen. »Glaubst du das auch?«

»Ja.«

Er berührte sie am Ellbogen und führte sie die Stufen hinauf zum Eingang. Sie hörte das Knirschen der Farbe unter ihren Füßen. Das Haus war gut in Schuss, sah man vom abblätternden Verandaanstrich ab. Sie trat ein und blieb im Flur stehen. Ihr Blick schweifte zur geschwungenen Treppe. »Jonah redet ständig von dieser Treppe. Mose, sein Vater, hat sie gebaut.« Sie berührte das Holzgeländer. »Es ist warm, genau wie Jonah sagt.«

»Dein Großvater war ein hervorragender Schreiner. Er hat das Holz zum Leben erweckt.« Frank legte seine Hand auf ihre. In Jades Unterleib kribbelte es.

»Er ist nicht mein wirklicher Großvater.« Jade zog ihre Hand weg. Hätte sie es nicht getan, hätte sie sich ihm auf der Stelle in die Arme geworfen und ihn geküsst. Sie trat zurück. »Ich hab Jonah von der Sellers-Familie reden hören, aber über meinen Vater will er nicht viel erzählen. Nur dass er ein at-

205

traktiver, sehr musikalischer Mann gewesen war. Von ihm hätte ich meine Stimme. Andererseits … der Gedanke ist bitter, dass Lucille meine Mutter ist.« Sie starrte vor sich hin. »Ich wünschte mir, Ruth und Jonah wären meine richtigen Eltern.«

»Keiner von uns kann sich seine Angehörigen aussuchen. Wir müssen das Beste aus dem machen, was uns gegeben ist.« Frank trat hinter sie und berührte sie leicht am Arm. »Hast du Hunger?«

»Nein.« Sie war nicht zum Essen gekommen.

»Möchtest du was trinken?«

»Ja.«

»Was hättest du gern?«

Sie zögerte. »Ich trinke kaum Alkohol. Ich weiß nicht. Whiskey oder Bier mag ich nicht.«

Er berührte sie leicht an der Schulter und drehte sie zu sich herum. »Ich hab genau das Richtige.« Er küsste sie auf die Wange und führte sie ins Wohnzimmer. »Nimm Platz«, sagte er und deutete in Richtung des Sofas und der Ohrensessel. »Ich bin gleich wieder da.«

Er verließ den Raum, dann hörte sie ihn im hinteren Teil des Hauses rumoren. Statt sich zu setzen, ging sie zum Kaminsims und betrachtete dort das Porträt einer hübschen blonden Frau, die fröhliche Offenheit ausstrahlte. Hinter ihr, fast verdeckt, war eine dunklere Frau zu erkennen. Jade hörte ein dumpfes Ploppen, kurz darauf erschien Frank mit zwei hohen, schlanken Gläsern, die mit einer blassgoldenen Flüssigkeit gefüllt waren. Sie nahm eines entgegen; Bläschen stiegen darin auf.

»Champagner«, sagte er.

»Hab ich noch nie getrunken.« Sie kostete und spürte das Moussieren der Bläschen an den Lippen. Es kitzelte im Mund. »Das ist gut.«

206

»Nicht gut genug für dich«, erwiderte er.

»Wer ist die Frau?«, fragte sie und deutete mit dem Glas auf das Gemälde.

»Greta Kimble, meine Großmutter«, sagte er.

»Und die andere Frau, die dunklere?«

»Sie war ursprünglich nicht auf dem Porträt«, sagte er. »Ich habe sie selbst dazugemalt. Meine Großtante Anna.«

»Du hast sie dazugemalt?« Sie betrachtete das Bild genauer. Es war unmöglich zu erkennen, dass zwei verschiedene Künstler am Werk beteiligt gewesen waren. »Es ist sehr gut.« Anna Kimbles dunkle Augen zogen sie in ihren Bann. »Aber auch ein wenig beunruhigend. Warum ist sie so im Hintergrund? Sie hat was Unheimliches an sich.«

»Anna hat den Zwillingsbruder meines Vaters umgebracht. Ein Unfall, davon bin ich überzeugt. Dann hat mein Großvater sie umgebracht, und das war sicherlich kein Unfall. Ich habe sie so gemalt, wie ich sie sehe.«

Jade hatte das Gefühl, als wäre aus einer dunklen Ecke des Raums eine Hand aufgetaucht und hätte sie mit Grabeskälte am Arm berührt. Gänsehaut zog sich über ihren Rücken. »Wie du sie siehst?«

»Ja«, sagte er. »Ich sehe die Toten. Sie beobachten mich.«

»Ich habe keine Angst vor den Toten«, sagte sie. Wesentlich mehr fürchtete sie sich vor den Lebenden und den Grausamkeiten, zu denen sie fähig waren. »Warum beobachten dich die Toten?«

»Das weiß ich nicht«, sagte er. »Als ich jünger war, dachte ich, sie wollen mir schaden. Weil, wie ich dachte, ich nicht in diesem Haus sein sollte.«

Jade hatte Stunden mit den sterblichen Überresten der Toten verbracht. Sie kannte deren Gedanken und Wünsche, hörte ihre Stimmen, mit denen sie zu ihr sprachen, wenn ihnen der Mund zugenäht wurde. »Aber das wollen sie nicht, oder?«

»Du hast wirklich keine Angst?«

»Nicht vor den Toten«, sagte sie. Sie trank ihren Champagner aus und hielt ihm das Glas hin. Wortlos nahm er es entgegen und ging nachschenken.

Jade besah sich einen Glasschrank, der winzige Parfüm-flaschen enthielt. Sie wollte mehr vom Champagner. Der Alkohol dämpfte die Stimme in ihrem Kopf, die ihr zur Vorsicht riet, die ihr sagte, dass sie hier etwas begann, was nur in einer Tragödie enden konnte. Ihr ganzes Leben lang hatte sie auf diese Stimme gehört und alle Gefahren gemieden. Heute Abend wollte sie es nicht.

Frank kehrte zurück, sie nahm das Glas, leerte es in einem Zug und ließ die schäumenden Bläschen die Kehle hinunter-tanzen. Frank hatte die Flasche mitgebracht und füllte ihr nach, während sie sich mit einer Hand an seiner Schulter ab-stützte.

»Jade, du bist dir sicher…«

»Schhh«, sagte sie mit träger Stimme. »Ich will nicht sicher sein. Ich will nicht vorsichtig sein. Ich will nicht darauf ver-zichten, weil es vielleicht nicht richtig ist.« Sie hob das zer-brechliche Glas, trank und lehnte sich gegen ihn. Und dann küsste sie ihn, auf eine Art, die keinen Zweifel daran ließ, was sie wollte. Als sie von ihm wegtrat, sah sie sein Verlangen. Ihre Hand glitt zu seinem Schritt, ihre Finger fanden seine Erek-tion.

»Sag nichts«, sagte sie. Sie führte ihn zur Treppe. »Gib keine Versprechungen und rede nicht von morgen. Heute Nacht, das ist alles, was wir haben, und alles, was wir brauchen.« Der Champagner hatte seine Wirkung entfaltet. Ihre innere Stimme schwieg. Wieder fand ihre Hand seinen Penis, Frank stöhnte auf. Sie strich darüber und vertrieb die letzten Zweifel, die er vielleicht noch gehabt hatte.

Im Mondlicht, das auf das Bett fiel, sah Jade wie eine schlafende Göttin aus. Sie war die schönste Frau, die er jemals gekannt hatte. In der Kimble-Bibliothek gab es ein Buch mit Illustrationen der griechischen und römischen Gottheiten. Als Kind hatte Frank das Buch geliebt. Stundenlang hatte er die Bilder betrachtet und sich vorgestellt, Aphrodite, Zeus oder Hermes würden im Garten zum Leben erweckt werden. Jetzt lag, schlafend, Artemis neben ihm, die Göttin der Jagd. Man musste sich nicht sonderlich anstrengen, um Jade mit einem Blätterkranz im Haar vor sich zu sehen, mit einem Bogen in der Hand, den Köcher mit Pfeilen auf den Rücken geschnallt, während sich eine weiße Tunika um ihre Beine schmiegte.

Er hatte sich Jade nicht als so stark vorgestellt, aber sie hatte ihn überrascht, sowohl mit ihrer Leidenschaft als auch mit ihrer körperlichen Kraft. Es hatte Augenblicke in ihrem Liebesspiel gegeben, in denen er sich gefühlt hatte, als wäre er der Verfolgte und sie die Angreiferin. Sie war eine Frau mit Feuer. Bei der Erinnerung daran regte sich sein Penis wieder und stieß gegen die Bettdecke. Er lächelte in die Dunkelheit. Es war lange her, dass er solche Leidenschaft, solche Lust empfunden hatte.

Es hatte eine junge Frau in Frankreich gegeben. Sie hatte ihm das Kochen beigebracht, ihn auf den Geschmack guten Weins gebracht und ihn gelehrt, dass es nicht die französischen Männer waren, die für ihr Liebesspiel berühmt waren, sondern die Frauen, die jene auf die Gipfel der Leidenschaft führten. Sie hatte Giselle geheißen, und er hatte sie uneingeschränkt geliebt, weil er bis dahin nicht erfahren hatte, welchen Schmerz die Liebe verursachen konnte. Er war jung gewesen, unberührt vom Verlust ihm nahestehender Personen. Er hatte auf dem Schlachtfeld den Tod kennengelernt. Er hatte, wenn es sein musste, selbst getötet, aber er hatte nie jemanden verloren, den er geliebt hatte. Bis Giselle kam. Sie hatten einen glückseligen Herbst miteinander verbracht, bevor er auf einen Einsatz geschickt wurde. Als er zurückkehrte, hatte er nur noch ihren Leichnam gefunden. Er konnte nur erahnen, was die deutschen Soldaten ihr angetan haben mussten, und mehrere Wochen lang war er fast wahnsinnig vor Schmerz und Trauer. Daraufhin hatte er gedacht, er könne nie wieder jemanden lieben, er könne nie wieder jemanden begehren. Aber die Frau, die nun neben ihm lag, hatte ihn an der Stelle berührt, in der all sein Schmerz saß.

Jade drehte sich im Schlaf, rückte näher an ihn heran, obwohl es in der mondhellen Nacht warm und schwül war. Ihr Haar strich über seine Wange, Haare, die so fein und so weich waren, dass er mit den Fingern durch sie streichen wollte. Jade trug ihre Haare kurz. Er wollte, dass sie lang wären, dass sie ihr in Locken bis über den Rücken reichten und ihn zur Berührung einluden. Er musste schlucken, als er sich plötzlich nach einer Zukunft sehnte. Es gab Augenblicke, die sie miteinander teilen sollten. Falls Jade es zulassen würde.

Ein Windhauch brachte das Laub der großen Eiche zum Rascheln, die vor dem Schlafzimmerfenster stand. Frank ließ seine Gedanken schweifen. Etwas hatte ihn geweckt. Das kam nicht selten vor. Er musste etwas gehört oder gespürt und, orientierungslos, die Augen aufgeschlagen haben. Gewöhnlich benutzte er die Schlafzimmer im ersten Stock nicht. Dieses hier hatte er speziell für sie vorbereitet, hatte es mit frischen Laken bezogen und schnell die Möbel abgestaubt, falls sie tatsächlich die Nacht hier verbringen sollten. Als er die Augen aufgeschlagen hatte, wusste er kurz nicht, wo er war. Als sich sein Herzschlag wieder beruhigt hatte, konnte er nicht mehr sagen, ob ihn etwas von außen oder etwas in seinen Träumen aus dem Schlaf gerissen hatte. Er ließ sich aufs Kopfkissen fallen, legte den Arm um Jade und zog sie zu sich heran. Sie seufzte; er küsste ihre Stirn. Der Wind fuhr durch die Eiche vor dem Fenster, und im hereinfallenden Mondlicht legte sich das Marmormuster des raschelnden Laubs auf das Bett.

Dann sah er sie. Sie stand in der entfernten Ecke des Zimmers und trat nach vorn in den Schein des Mondes. Sie trug Shorts und eine Bluse, ihre Füße waren nackt. Ihr braunes Haar hing ihr in zwei Zöpfen über die Schultern. Blut hatte sich an ihrer rechten Kopfseite verklumpt, und sie berührte die Wunde, als verstehe sie nicht, was ihr widerfahren war.

»Hilf mir«, sagte sie. »Bitte, hilf mir.«

Frank wusste, dass Marlena recht hatte. Suzanna Bramlett war tot.

21

Jonah bremste den Buick ab und brachte ihn schließlich zum Halten. Er hatte den Blick auf das Chaos vor sich gerichtet und achtete nicht auf die Proteste von Lucille. Egal, wie sehr sie zeterte, er hätte sowieso nicht mehr weiterfahren können. Ein Wagen stand mitten auf der Straße, daneben, am Straßenrand, war der Streifenwagen des Jebediah County geparkt. Die Morgensonne brannte auf den Asphalt, durch die flirrenden Hitzeschwaden war der breite Hintern von Huey zu erkennen, der sich über etwas im Straßengraben beugte.

»Was ist hier los?«, fragte Lucille wütend, reckte den Kopf und spähte angestrengt nach vorn. Seit ihrem dreizehnten Lebensjahr hätte sie eine Brille gebraucht, aber sie war immer zu eitel gewesen, um eine zu tragen. Das einzig Gute daran war, dass sie selbst nie den Wagen steuerte, ihre Kurzsichtigkeit hatte also bislang keine tödlichen Folgen nach sich gezogen. »Was machen die an einem Sonntagmorgen mitten auf der Straße?«, fragte sie aufgebracht. »Ich will ins Krankenhaus und in die Kirche. Ich will für meine Tochter beten, und irgendein Trottel hat den Wagen mitten auf der Straße abgestellt.«

»Sieht aus, als gäbe es Probleme«, sagte Jonah und fuhr langsam näher. Der Wagen, der die beiden Fahrspuren blockierte, war groß und dunkelblau, fast schwarz, ein fremder Wagen, den er nicht kannte. Er zog die Handbremse und schaltete den Motor aus. »Miss Lucille, bleiben Sie hier. Sieht so aus, als könnte Sheriff Huey Hilfe gebrauchen.«

Huey zerrte etwas aus dem Graben, eine Gestalt – einen Mann, dessen Kleidung verschmutzt und zerrissen war. Jonah stieg aus.

»Jonah, lass mich nicht allein«, sagte Lucille. Er ignorierte sie und eilte zum Wagen. Das Gesicht des Sheriffs war rot angelaufen, Erleichterung machte sich in seiner Miene breit, als er Jonah erkannte.

»Hilf mir mal«, sagte Huey. »Hab einen Anruf bekommen, der Highway sei blockiert, und dann hab ich diesen Typen gefunden. Ist übel verprügelt worden, aber er ist noch am Leben.«

Jonah packte einen Arm und half Huey, ihn an den Straßenrand zu ziehen. Der Körper des Mannes war über und über mit Blut bedeckt, er war schwer verletzt. Wie ein Toter lag er im hohen Gras. Ein Teil der Kopfhaut hatte sich durch die Schläge abgelöst, Hose und Hemd waren blutgetränkt. Neben ihm nickten einige Schwarzäugige Susannen im leichten Wind.

»Ich ruf einen Krankenwagen«, sagte Huey, ging zum Streifenwagen und machte sich am Funkgerät zu schaffen.

Jonah sah Miss Lucille aussteigen, worauf er ihr entgegenlief und sie aufhielt. »Was ist los?«, fragte sie. »Ist der Mann tot?«

»Er ist nicht tot«, antwortete Jonah; er fragte sich nur, wie lange es noch dauern würde, bis er es war. »Aber schwer verletzt. Jemand hat ihn fast zu Tode geprügelt.«

»Was um alles in der Welt geht im Jebediah County vor sich?« Lucille presste sich ihr Kirchen-Taschentuch gegen die Lippen. »Etwas Böses treibt hier sein Unwesen.«

Jonah sah in die Richtung des Verletzten. Nur seine Füße waren sichtbar, der übrige Körper wurde von seinem Wagen verdeckt. Er trug braune Socken, keine Schuhe. »Bleiben Sie im Wagen«, sagte er. »Ich werde den Sheriff fragen, ob er noch Hilfe braucht.«

Statt zum Streifenwagen ging Jonah zurück zu dem Verletzten. Der Mann hatte die Augen weit aufgerissen; blaue Augen, in denen sich der Sommerhimmel spiegelte. Jonah beugte sich über ihn. »Wie heißen Sie?«, fragte er.

»Sam Levert«, kam es von ihm röchelnd. »Ist mein Rückgrat gebrochen?«

»Ich weiß es nicht«, sagte Jonah. Er legte dem Mann die Hand auf die Schulter und versuchte ihn zu beruhigen. »Der Krankenwagen ist schon unterwegs. Man wird Sie ins Krankenhaus bringen, dort kümmert man sich um Sie.« Der Atem des Mannes ging schnell und abgehackt. Jonah räumte ihm keine großen Überlebenschancen ein. Er hatte keine Ahnung, warum Sam Levert das zugestoßen war, einem Fremden, der auf dem kleinen, unbedeutenden Highway nach Drexel seinem Schicksal begegnet war. Er drückte ihm die Hand. »Wer hat Ihnen das angetan?«

»Zwei Männer. Mit Kapuzen. Haben mich aufgehalten. Den Wagen durchsucht. Mich verprügelt. Haben sich zwei … hundert Dollar genommen.« Sein Brustkorb hob und senkte sich, aber es fehlte ihm die Kraft, mehr zu sagen.

»Ruhen Sie sich aus«, sagte Jonah und drückte ihm die Hand. »Bleiben Sie hier liegen, und ruhen Sie sich aus, bis Hilfe kommt. Könnte sein, dass Ihnen eine Rippe die Lunge durchbohrt hat. Aber das kriegen sie wieder hin.« Er wollte etwas Positives sagen, aber ihm war klar, dass Sam Levert nicht überleben würde. Er wusste nur nicht, ob es gütiger wäre zu lügen oder ihm die Wahrheit zu sagen, damit er sich darauf vorbereiten konnte, seinem Schöpfer gegenüberzutreten. Nur über eines war er sich sicher: dass er Sam weiterhin die Hand halten musste. Jeder musste für sich allein sterben, aber es war besser, wenn man im Moment davor jemanden bei sich hatte.

»Danke«, röchelte der Mann und erwiderte Jonahs Händedruck.

Als er schließlich die Sirene des Krankenwagens hörte, hielt er immer noch Sam die Hand, obwohl von ihr keinerlei Druck mehr ausgeübt wurde. Sie war noch warm, noch unberührt von der ersten Kälte des Todes. Als die beiden Sanitäter eintrafen, sagte Jonah nur: »Er ist tot.« Endlich ließ er die Hand los und stand langsam auf.

»Bringen Sie ihn ins Krankenhaus«, sagte Huey. Schweiß lief ihm in die Augen, er blinzelte.

»Er ist tot«, erwiderte einer der Sanitäter.

»Bringen Sie ihn ins Krankenhaus!«, blaffte ihn Huey an. »Wir werden eine Autopsie durchführen lassen.«

Jonah half ihnen, den Leichnam in den Wagen zu schaffen, und wies sie ein, als sie auf der schmalen Straße wenden mussten. Mit ausgeschalteter Sirene fuhr der Krankenwagen in die Stadt zurück.

»Was ist mit seinem Wagen?«, fragte Jonah den Sheriff.

»Scheiße«, kam es von Huey. »Ich hoffe, der Schlüssel steckt.« Er warf einen Blick in den Innenraum. »Wir haben Glück. Kannst du ihn von der Straße schaffen?«

Jonah sah zu Miss Lucille, die auf dem Beifahrersitz vor sich hin welkte. Mit einem Stück Pappe fächelte sie sich Luft zu. Um den Mund hatte sie einen verbitterten Zug.

»Dann fahr ich ihn mal aus dem Weg. Miss Lucille ist ungehalten. Sie will zur Kirche.«

»Ich wünschte, mein größtes Problem wäre eine ungehaltene weiße Frau«, sagte Huey. »Fahren wir den Wagen weg.«

Frank Kimble hatte Jonah einmal gesagt, jeder Tatort erzähle eine Geschichte. Die Position des Wagens zu verändern war wohl keine gute Idee, trotzdem stieg er ein. Huey war der Sheriff. Der Innenraum war übersät mit Cracker-Tüten und leeren Softdrink-Flaschen. Dazwischen lagen eine Rechnung von Cook Hardware in Drexel und ein Korkuntersetzer vom Friendly Lounge. Der Wagen sprang sofort an, als Jonah den Zündschlüssel umdrehte; er setzte zurück und manövrierte so lange, bis der Wagen auf dem Seitenstreifen in Fahrtrichtung zur Stadt geparkt war. Er kurbelte die Fahrerscheibe hoch, zog den Schlüssel ab und stieg aus. Huey nahm den Schlüssel entgegen und hielt ihn zwischen Daumen und Zeigefinger.

»Ich werde einen Abschleppwagen schicken«, sagte er.

»Soll ich Mr. Frank Bescheid geben?«

Huey überlegte. »Das ist eine gute Idee. Frank hat gestern den ganzen Tag lang nach Suzanna Bramlett gesucht. Ich reiß ihn heute Morgen nur ungern raus, aber er sollte sich das mal ansehen.«

»Ich hole ihn«, sagte Jonah, froh, Miss Lucilles Wagen wieder in Bewegung setzen zu können, damit der Fahrtwind sie ein wenig kühlen konnte. Sie wurde zänkisch, wenn ihr zu heiß war.

Jonah kehrte zum Wagen zurück. »Sheriff Huey meint, ich soll Frank Kimble holen«, sagte er.

»Mir war nicht bewusst, dass du im Sheriffbüro des Jebediah County angestellt bist«, erwiderte sie mit ätzendem Spott.

»Der Mann ist ebenso verprügelt worden wie Miss Marlena.« Mehr sagte er nicht. Den Rest sollte sie sich selbst denken können. Dann konnte sie glauben, sie wäre von allein darauf gekommen.

»Die beiden Fälle könnten zusammenhängen?«, fragte sie. Angst lag in ihrer Stimme.

»Möglich«, sagte Jonah. »Mr. Frank muss kommen, damit

er sich den Tatort ansehen kann. Und vielleicht herausfindet, was hier geschehen ist.«

»Dann los, fahren wir zu ihm«, sagte Lucille gereizt. »Ich komme vor Hitze fast um, und du hast nichts anderes zu tun, als dich darüber zu verbreiten, was alles geschehen sein könnte.«

Jonah fuhr zum Kimble-Haus.

Der Duft des frischen Kaffees kroch die Treppe hinauf und ins Schlafzimmer, wo Frank auf der Bettkante saß. Jade lag auf dem Bett ausgestreckt, das Laken auf der Hüfte, ihr wunderbarer Rücken unbedeckt. Sie war ein Kunstwerk, vom dunklen Lockenhaar bis zu den rot bemalten Zehennägeln. In einem anderen Leben, vor dem Krieg, hatte er mit dem Gedanken gespielt, Künstler zu werden. Er hatte Talent. Gerard Marchette, ein Porträtmaler aus New Orleans, hatte angeboten, ihn unter seine Fittiche zu nehmen. Es wäre eine seltene Gelegenheit gewesen, unter einem richtigen Meister zu arbeiten. Aber Frank hatte abgelehnt. Das Malen hatte für ihn nichts mit der Wirklichkeit zu tun, es war höchstens etwas, was er sich als einen Traum bewahren konnte. Das wirkliche Leben handelte von Schmerz und Leid, Dingen, für die Gesetzeshüter zuständig waren. Jetzt allerdings bedauerte er, dass er sich nicht wenigstens seine zeichnerischen Fertigkeiten bewahrt hatte. Nichts hätte er jetzt lieber getan, als Jade abzubilden – wie sie hier lag, mit ihren langen Beinen, die unter dem weißen Laken herausragten, ihrem muskulösen Rücken, dem perfekten Schulterblatt, das den Rippenbogen abschloss, und den deutlich sichtbaren, sanften Höckern ihres Rückgrats. Ihr schlanker Nacken mündete in den schönen Kopf, den sie leicht abgewandt hielt, was ihr Profil noch betonte. Im Schlaf kamen ihre dunklen Wimpern fast auf den Wangen zu liegen, und ihre Haut war makellos, von glatter, mokkafarbener Reinheit.

Sie rührte sich. Er ließ die Finger über ihre glatte Wade und den Oberschenkel tanzen. Sie hatte ihn ziemlich bearbeitet. Nahezu die gesamte Nacht lang hatten sie sich geliebt, und jetzt, wenn er sie nur berührte, wollte er sie schon wieder.

»Ich rieche Kaffee«, sagte sie und rollte sich auf den Rücken, sodass ihre vollen Brüste sichtbar wurden. Die dunklen Warzen waren leicht aufgerichtet. Sie setzte sich auf.

»Möchtest du welchen?« Er hätte sie ewig so ansehen können, genauso wie sie war, noch etwas verknittert vom Schlaf, in der Rundung der Lippen einen Hauch sexueller Befriedigung.

»Ich würde alles dafür geben«, sagte sie lächelnd. Sie sah ihn an, und ihr Lächeln schwand. »Stimmt etwas nicht?«

Es würde sie nicht schockieren, wenn er ihr erzählte, dass Suzannas Geist ihn aufgesucht hatte. Aber der Tod des Mädchens würde sie traurig stimmen, und das wollte er nicht. Er hätte es nicht ertragen, ihr es jetzt bereits zu sagen. »Nein«, sagte er. »Ich hole den Kaffee.«

»Frank?«

Sie beobachtete ihn, und wieder spürte er, wie sehr er sie wollte. Er wollte sie mit all seinen Sinnen, und er wollte mehr. Sie war warm und voller Leben. Wenn er sie ansah, konnte er sich eine Zukunft vorstellen.

»Willst du wirklich alles für einen Kaffee geben?«, fragte er, sich darüber im Klaren, dass sie sich seiner Erregung bewusst war.

Ihre Augen funkelten, das verwirrende Grün war wie die aufgewühlte Oberfläche eines Teichs. »Alles, was mit warmem Wasser, Seife und einer Zahnbürste zu tun hat.« Mit ihrer schlanken Hand rieb sie über seine Bartstoppeln. »Wir könnten zusammen duschen.«

Die Vorstellung erregte ihn. Sein Penis stieß gegen das Laken über seiner Hüfte. Sie lachte. »Der schlafende Riese erwacht.«

»Ich hol uns eine Tasse Kaffee.« Er stand auf und spürte ihren auf seinen nackten Hintern gerichteten Blick, während er durch das Zimmer ging und nach unten in die Küche. Auf dem Rückweg, in der Hand die beiden Tassen mit schwarzem Kaffee, hörte er einen Wagen die Auffahrt entlangkommen. Er hielt inne, verwundert, wer ihn an einem Sonntagmorgen oder überhaupt so früh besuchen wollte. Es kamen nicht viele Besucher, er lud kaum jemanden ein. Die Einsamkeit war sein Trost, er hütete sie sorgfältig.

»Verdammt!«, rief Jade von oben. »Es ist Miss Lucilles Wagen. Daddy muss ihn fahren.«

Er hörte ihre Schritte, als sie ins Badezimmer eilte. Wasser lief durch die Leitungen. Er hielt die Kaffeetassen in den Händen und war wie versteinert. Gedanken schwirrten ihm durch den Kopf. Er sah sich bereits auf die Veranda treten und Jonah und Lucille Longier mitteilen, dass er und Jade heiraten würden. Dann stellte er die Tassen ab und rannte nach oben, um sich Hose und Hemd anzuziehen. Als ein angespannter Jonah an den Eingang klopfte, war er angezogen.

»Sheriff Huey braucht Sie unten am Highway«, sagte Jonah, und sein Blick ging an Frank vorbei ins Hausinnere. Er suchte nach seiner Tochter.

»Was ist passiert?« Frank versuchte entspannt und beiläufig zu klingen.

»Jemand ist zu Tode geprügelt worden. Er lag im Graben und ist gestorben, bevor der Krankenwagen kam.« Endlich sah er Frank in die Augen. »Ich hab ihm die Hand gehalten, als er starb. Er sagt, die Männer, die ihn überfallen haben, hätten Kapuzen getragen.«

Frank konnte nicht sehen, ob Lucille Longier im Wagen saß. »Danke, Jonah«, sagte er. »Ich mach mich auf den Weg.«

»Mr. Frank …« Seine Augen glühten finster. »Unheil liegt über der Stadt. Großes Unheil. Miss Marlena hat nie einer

Seele etwas zuleide getan, und sie ist schwer verletzt worden. Ich will nicht, dass meine Tochter mit reingezogen wird.«

»Ich will auch nicht, dass Jade etwas zustößt.«

»Dann lassen Sie sie in Ruhe. Sie hat ein gutes Leben. Wenn es sich rumspricht, dass sie hier bei Ihnen ist, wird sich alles für sie ändern. Und nicht zum Besseren.«

Frank nickte. »Ich bin dabei, mich in Jade zu verlieben.«

Jonahs Lippen wurden zu einem dünnen Strich. »Sie meinen, das hätte irgendwas zu bedeuten? Nein, es bedeutet nichts. Liebe ist eine Waffe, die auf die falschen Personen gerichtet ist, und Jade ist für Sie die falsche Person. Nicht Sie werden den Preis dafür zahlen, sondern sie.«

»Jonah, ich …«

Jonah deutete auf das Haus. »Auf Ihrer Familie lastet ein Fluch. Bringen Sie ihn nicht in mein Haus, und übertragen Sie ihn nicht auf diejenigen, die ich liebe. Lassen Sie Jade in Ruhe.«

Er ging über die Veranda und stieg in den Wagen. Frank sah ihm hinterher, als er davonfuhr, direkt an Jades Wagen vorbei, ohne ihn auch nur anzusehen.

Mit vorsichtigen Schritten kam sie hinter ihm die Treppe herunter. »Was hat Daddy gesagt?«

Er drehte sich um. Sie hatte sich angezogen; ihr elegantes grünes Brokatkleid war ein spöttischer Gruß an den Morgen. »Er will nicht, dass ich mich mit dir treffe.«

Sie nickte. »Das hätte ich dir gleich sagen können. Warum war er hier?«

»Ein Mann ist auf dem Highway erschlagen worden. Dein Vater hat versucht, ihm zu helfen. Er hat mir Bescheid gesagt, damit ich mir den Tatort ansehe.«

»Ein Mann? Umgebracht?«

»Erschlagen. Die Täter haben Kapuzen getragen – wie die Männer, die über Marlena hergefallen sind.«

»Wie schrecklich.« Jade ließ sich auf der Treppe nieder, fast so, als könnten ihre Beine sie nicht mehr tragen.

Er brachte ihr eine Tasse Kaffee, setzte sich mit seiner Tasse neben sie und stützte sie mit dem Arm. »Nein«, sagte er, »es ist nicht nur schrecklich. Es könnte der Durchbruch in diesem Fall sein.«

22

$\mathcal{D}$otty klopfte mit den Fingern auf das Lenkrad und wartete, dass die Besuchszeit im Jebediah County Hospital begann. Ihr ganzes Leben lang hatte sie irgendwie immer auf etwas gewartet, wie sie verärgert feststellte. Diesmal aber würde sich ihre Geduld auszahlen. Würde Marlena erst zu hören bekommen, was sie zu sagen hatte, würde sie aus dem Koma aufwachen und dafür sorgen, dass Lucas dafür büßte. Sie hatte vor, Marlena alles, wirklich alles zu erzählen, was zwischen ihr und Lucas vorgefallen war, und ihr dann mitzuteilen, was sie herausgefunden hatte. Schließlich war Marlena ihre Freundin, sie würde mit ihr durch dick und dünn gehen. Lucas war nur jemand, der andere Menschen benutzte. Und Schlimmeres, wahrscheinlich. Junior Clements war gemein und imstande, Frauen Gewalt anzutun, aber er war nicht intelligent genug, um sich so etwas allein auszudenken. Alles passte zusammen: Lucilles Fragen über Marlenas Aktivitäten, die Brutalität des Überfalls, Junior, der bei Lucas auftauchte. Lucas hatte Junior dazu angestiftet.

Nachdem sie die Mehlsäcke in Junior Clements Pick-up entdeckt hatte, war nicht mehr daran zu denken gewesen, Lucas zur Rede zu stellen. Sie hatte solche Angst gehabt, dass sie geradewegs durch den Wald gelaufen war und sich an Dornensträuchern und Ästen Knöchel und Gesicht aufgeschürft hatte. Schließlich hatte sie ihren Wagen erreicht, worauf sie ins Friendly gefahren war, um mit einigen Drinks ihre Nerven zu beruhigen. Mehr als nur einigen. Ja, sie hatte Angst gehabt vergangene Nacht, aber jetzt konnte sie wieder klare Gedanken fassen. Lucas hatte sich diese Suppe selbst eingebrockt, und jetzt würde sie dafür sorgen, dass er sie auch auslöffelte. Er hatte sie benutzt, und dann hatte er sie weggeworfen. Er hatte noch nicht einmal Zeit gefunden, sie anzurufen und ihr ein einfaches Dankeschön zukommen zu lassen. Er hatte verdient, was ihm jetzt blühte.

Sie stieg aus und strich sich über das Bein und die Abschürfungen. Blut war auf ihre weißen Socken getropft, Knöchel und Waden waren übel zugerichtet, aufgerissen von Brombeersträuchern und weiß Gott was noch allem. Über eine Gesichtshälfte zogen sich vier tiefe Striemen, die von einem Zweig stammten. Es war ihr egal. Sollten die dummen Frauen, die so hässlich waren, dass sie als Krankenschwestern arbeiten mussten, doch denken, was sie wollten. Ihr Urteil zählte nicht. Sie ging auf das Krankenhaus zu, durchquerte den gelben Eingangsbereich und betrat ohne anzuklopfen Marlenas Zimmer. Als sie Lucille am Bett sitzen sah, die die schlaffe Hand ihrer Tochter hielt, fuhr sie zusammen.

»Ich hab Ihren Wagen gar nicht gesehen«, sagte Dotty.

»Jonah macht für mich einige Besorgungen«, sagte Lucille. Ihr Haar war ein einziges Durcheinander, das Make-up verschmiert.

Dotty überlegte. Lucille wirkte mitgenommen. »Stimmt etwas nicht?«, fragte sie und warf einen schnellen Blick zu Marlena, die wie eine Tote aussah.

»Ein Mann ist letzte Nacht umgebracht worden. Erschlagen. Und das auf der Straße zu meinem Haus. Fürchterlich.«

Dotty sprang sofort darauf an. »Wer?«

»Ein Fremder«, antwortete Lucille.

Als quietschend ein Wagen durch den Gang geschoben

wurde, schloss Dotty die Tür. »Schrecklich. Wissen Sie mehr darüber? Warum sollte jemand einen Fremden umbringen?«

»Man sollte die Täter aufspüren und wie Hunde abknallen. Sie sollten noch nicht mal Gelegenheit bekommen, um Gnade zu winseln.« Lucille betupfte sich mit einem Taschentuch die Augen.

Dotty trat ans Bett und legte Marlena die Hand an die Wange. »Man nimmt an, es waren die gleichen Männer, die auch Marlena überfallen haben?« Ihr Herz pochte. Wenn sich ihre Annahme als richtig erwies, war Junior Clements auf dem besten Weg in die Gaskammer.

»Das lässt sich unmöglich sagen.« Lucille erhob sich und betrachtete sie mit herrischer Miene. »Sie sehen ja aus, als wäre jemand hinter Ihnen her gewesen.«

»Mücken.« Dotty rieb sich mit der Spitze ihres linken Schuhs den rechten Knöchel. Lucille kniff die Augen zusammen. Dotty musste über den inquisitorischen Blick der älteren Frau schmunzeln.

»Sie waren im Wald?«, fragte Lucille.

»Vielleicht. Vielleicht war ich auch nicht allein.« Es gefiel Dotty, von Dingen zu wissen, die anderen unbekannt waren. »Wo ist Ihr Schwiegersohn?«

»Was wollen Sie von Lucas?«

Jetzt hatte Dotty die Oberhand. Zum ersten Mal in ihrem Leben fühlte sie sich Lucille Longier überlegen. »Nun, das geht Sie doch wirklich nichts an, oder? Ich möchte meinen, Sie fragen sich vielleicht, warum Marlenas Mann seine Frau nie besuchen kommt.«

»Lucas ist dort, wo er hingehört. Zu Hause, um seine Tochter zu finden.« Lucilles Stimme war kalt. »Was wollen Sie damit andeuten?«

»War Lucas jemals hier, um nach Marlena zu sehen?«

»Warum fragen Sie das?«

Dotty musterte Marlenas lebloses Profil. »Es könnte viel für Marlena bedeuten. Sehr viel.« Sie drehte sich zu Lucille und sah ihr unverwandt in die Augen. »Rufen Sie mich an, wenn Marlena aufwacht. Ich weiß von ein paar Dingen, die sie hören sollte.« Mit einem Lächeln über Lucille Longiers Miene verließ sie das Zimmer. Die Herrschaft der Longier-Frauen in Drexel näherte sich ihrem Ende. Durch den Überfall auf Marlena hatte Lucille ihre Stellung eingebüßt. Und wenn erst Lucas zu Fall gebracht war, würde sich die gesamte gesellschaftliche Rangordnung in der Stadt ändern.

Dotty betrat das Krankenhausfoyer. Draußen hatte es sich bewölkt. Wenigstens hatte die Hitze nachgelassen. Sie blieb am Coke-Automaten stehen und suchte in der Tasche nach einem Fünf-Cent-Stück. Die ganze Nacht hatte sie kein Auge zugetan, jetzt war sie hundemüde. Aber sie hatte zwei Trümpfe in der Hand. Sie würde wiederkommen, wenn Lucille nicht mehr da war.

»Miss Dotty.«

Noch bevor sie sich umdrehte, erkannte sie Jonahs Stimme. Er wirkte ausgelaugt, wie altes Leder. »Was ist?«

»Sie sind doch manchmal im Friendly Lounge, oder?«

Sie lief vor Wut rot an über die Unverfrorenheit des Schwarzen, sie nach privaten Angelegenheiten zu fragen. »Das geht dich nichts an.« Sie drehte sich um und ging mit ihrer Coca-Cola davon. Wenn sie die verdammten drei Cent Pfand auf die Flasche haben wollten, mussten sie sie ihr schon entreißen.

»Haben Sie letzte Nacht einen Mann namens Sam Levert getroffen?«

Sie blieb stehen. Sie erinnerte sich an den großen Mann mit dem dunklen Haar und dem gewinnenden Lächeln. Er war verheiratet, wie sie sehr schnell herausgefunden hatte. Er hatte zwar keinen Ring getragen, aber er war verheiratet. So etwas sah sie immer sofort. Trotzdem hatte sie mit ihm getanzt und sich von ihm auf einen Drink einladen lassen. Ihm hatten ihre engen Jeans und ihre Schuhe gefallen, und er hatte ihr gesagt, sie sei schön. Sie war mit ihm hinaus auf den Parkplatz, hatte sich gegen seinen mitternachtsblauen Ford gelehnt und sich von ihm küssen und die Brüste befummeln lassen. Er hatte gut geküsst. Aber dann war Pet aufgetaucht und hatte sie gestört.

»Was ist mit ihm?«, fragte sie.

»Er ist vergangene Nacht erschlagen worden.«

Dotty fühlte sich, als wäre ihr der Boden unter den Füßen weggezogen worden. Ihre Knie zitterten, und sie musste es zulassen, dass Jonah sie stützte. »Du lügst.«

Jonah erwiderte nichts.

»Er wollte nach Pascagoula. Er sagte …« Sie hielt inne.

»Wer war letzte Nacht noch im Friendly?«, fragte Jonah.

Dotty musste an die Männer von der neuen Sägemühle an der County-Grenze denken. Sie hatten herumkrakeelt, aber keiner von ihnen hatte sich für Sam Levert interessiert. Nur Pet war noch da gewesen, und wo Pet auftauchte, war Junior nicht weit. Sie hatten Sam Levert umgebracht. So wie sie Marlena überfallen hatten. Und jetzt versuchte Jonah, ihr die Schau zu stehlen. »Warum willst du das wissen? Wenn du eine Gästeliste haben willst, dann frag Boo Bishop und hör dir an, was er zu erzählen hat.«

»Ich hab einen Untersetzer im Wagen des Toten gefunden. Aus dem Friendly. Deswegen die Frage.«

»Mir fällt keiner im Friendly ein, der einem Fremden was antun könnte.«

Jonah starrte sie an. »Vielleicht sollten Sie zum Sheriff und ihm erzählen, was Sie wissen.«

»Ich brauche keinen Rat, weder von dir noch von anderen, und schon gar nicht deine Hilfe. Ich komme wunderbar allein zurecht.«

Jonah schüttelte den Kopf. »Miss Dotty, man sagt immer, wer sich mit Hunden hinlegt, fängt sich Flöhe ein.«

»Was willst du damit andeuten?«, fragte sie. »Das ist doch unerhört. Nur weil du für diese alte Schachtel Lucille Longier arbeitest, hast du nicht das Recht, so mit mir zu reden.«

Jonah seufzte. »Ich will nur ein kleines Mädchen retten, das alle anderen anscheinend schon vergessen haben. Die Männer, die Sam Levert erschlagen haben, haben Kapuzen getragen. Genau wie die Männer, die Miss Marlena überfallen haben. Deshalb meine ich, es könnten die gleichen gewesen sein.«

Ihre Miene, wurde Dotty bewusst, musste sie verraten haben. »Kümmere dich um deinen eigenen Kram.« Sie wollte gehen, aber er trat ihr in den Weg.

»Miss Dotty, passen Sie auf sich auf. Im Jebediah County geht Unheil um. Wenn Sie etwas wissen und es nicht sagen, kommt es am Ende noch über Sie.«

»Wenn du schon so verdammt schlau bist, dann frag doch Junior Clements und Pet Wilkinson, was sie letzte Nacht getrieben haben!« Sie schob sich an ihm vorbei. »Das kannst du auch Frank sagen.«

»Danke, Miss Dotty.«

Jade hängte das Kleid in den Schrank und warf ihre Unterwäsche in den Wäschekorb. Sie musste baden, wollte aber nicht. Sie konnte Frank noch auf ihrer Haut riechen, diesen besonderen Geruch, den nur ein Liebhaber hinterließ. Sie drehte sich im Schlafzimmer, fühlte sich so leicht wie die Luft und so stark wie eine Naturgewalt. Sie hatte Frank überrascht. Sie hatte es in seinem Blick gesehen, mehrmals. Einmal, als sie auf ihm gesessen und ihn mit ihren Knien fest umschlungen hatte, und dann, als sie ihn in den Mund genommen hatte. Er war nicht naiv oder unerfahren, dennoch hatte sie ihn überrascht. Das gefiel ihr. Überhaupt gefiel ihr das meiste an diesem Morgen. Der einzige Schatten, der über diesen Morgen fiel, stammte von ihrem Vater: Er wusste jetzt, was sie getan hatte. Jonah würde sich ihretwegen Sorgen machen. Das beunruhigte Jade. Sie war fünfunddreißig, alt genug, um ihre eigenen Entscheidungen zu treffen. Aber ihren Daddy hielt das natürlich nicht davon ab, sich Sorgen zu machen. Sie würde Jonah erklären, dass es sich noch nie so richtig angefühlt hatte wie jetzt mit Frank. Alles war so vollkommen zwischen ihnen, sie konnte es nicht einfach ignorieren. Das würde ihm nicht gefallen, aber vielleicht verstand er es. Und sie machte sich keine Gedanken, dass er es Ruth erzählen würde. Nein, das würde er nicht tun.

Nackt ging sie in die Küche und setzte Wasser für den Tee auf, begab sich daraufhin ins Bad und ließ die Wanne volllaufen. Sosehr sie es sich auch wünschte, sie konnte nicht den ganzen Tag nackt herumlaufen und nach Frank riechen. Sie machte sich keine Illusionen. Was sie hatten, war keine Romanze, bei der alle bis an ihr Lebensende glücklich sein würden. Sie und Frank würden nicht heiraten. Das stand außer Frage. Aber sie war auch nicht seine schwarze Geliebte. Das nicht. Sie waren gleichwertig, zwei Erwachsene, zwischen denen eine unglaubliche Verbindung bestand. War es Liebe? Sie wusste es nicht. Sie hatte noch nie einen Mann geliebt, nur Jonah und Ruth.

Wieder in der Küche, machte sie sich Tee und nahm die dampfende Tasse mit ins Badezimmer. Das Fenster über der Wanne war von Wasserdampf beschlagen. Das Wasser war heiß, sie wollte sich einweichen lassen, wollte ihrem Körper, der sich auf angenehme Weise wund anfühlte, etwas Gutes tun. Sie drehte den Wasserhahn zu, stieg, noch immer mit der Teetasse in der Hand, in die Wanne und ließ sich in das heiße Wasser gleiten. Eigentlich hätte sie einen Kater haben müssen,

doch das war nicht der Fall. Nie hatte sie sich gesünder gefühlt. Als sie wieder auftauchte und das Wasser von den Augen
blinzelte, bemerkte sie, dass irgendetwas nicht stimmte. Sie
lauschte und versuchte herauszufinden, was anders war.

Ein seltsames Klicken fiel ihr auf. Der Wasserkessel war
vom Herd genommen. Es gab nichts im Haus, das klicken
könnte. Sie brauchte eine Weile, bis sie bemerkte, dass es vom
Fenster kam. Sie sah hinüber und schreckte hoch. Eine Hand
war gegen das Glas gepresst, ein Ring klopfte gegen die Scheibe.
Neben der Hand war der verschwommene Umriss eines Män-
nergesichts zu erkennen. Zwei dunkle Augen starrten sie durch
den Kondensschleier an.

Mit einem Aufschrei schleuderte sie die Teetasse gegen
das Fenster. Sie hörte Glas splittern und ein kehliges, wü-
tendes Geräusch, das nicht von einem Menschen zu stammen schien. Sie stürzte aus der Wanne, packte sich ein Handtuch und lief los. Die Hintertür war am nächsten. Sie verriegelte sie. Dann ließ sie das Handtuch fallen und raste
durch das Haus zum Vordereingang, den sie zuknallte und
ebenfalls verriegelte. Kurz fühlte sie sich erleichtert. Ängstlich sah sie zu den Fenstern, vor denen sie niemals hatte
Vorhänge anbringen wollen. Marlena war fast umgebracht
worden. Ein Fremder war tot. Die Männer, die das getan hatten, waren zu allem fähig.

Jonah hatte ihr beigebracht, mit einer Waffe umzugehen,
aber sie hatte nie eine besessen, hatte sich nie vorstellen können, dass es für sie einmal nötig sein könnte, einen Menschen
zu töten. Jetzt allerdings hätte sie alles für eine Pistole oder
ein Gewehr gegeben; denn jetzt hätte sie jeden umgebracht,
der durch diese Tür kam. Hätte Marlena eine Waffe gehabt,
wäre ihr vielleicht nichts zugestoßen und Suzanna wäre nicht
entführt worden. Sie spürte einen Anflug des Entsetzens und
der Hilflosigkeit, die Marlena empfunden haben musste.

»Verdammt!«, schrie sie. »Ich blas dir deine Eingeweide weg, wenn du reinkommst.«

Nur Schweigen.

Das Haus war alt, es knarrte und ächzte, wenn sie über die Dielen schritt. Geräusche, die ihr immer willkommen gewesen waren, jetzt aber tödlich sein konnten. Sie tastete sich an den Wänden entlang und vermied die Mitte der Zimmer, in denen die Dielen sie verraten würden. Im Badezimmer gab es einen Hammer. Einen schweren, den sie, wenn sich ihr die Gelegenheit bot, der Person, die sich draußen vor ihrem Haus herumtrieb, auf den Schädel schlagen würde.

Sie schaffte es ins Badezimmer und griff sich den Hammer. Ihr Nachthemd hing an der Rückseite der Tür, zitternd zog sie es an. Sie hatte jetzt zwei Möglichkeiten: Sie konnte versuchen, zu ihrem Wagen zu gelangen und zu flüchten, oder sie konnte hier im Haus bleiben und darauf hoffen, dass ihr jemand zu Hilfe kam. Aber wenn jemand kam, dann Jonah. Damit würde er sich unvermittelt in Gefahr begeben.

Den Hammer in der Hand, ging sie in ihr Schlafzimmer und griff sich Unterwäsche, Shorts und eine Bluse, zog sich schnell an und schlüpfte in ihre Gartenschuhe, die sie nicht behindern würden, falls sie laufen musste. Sie wollte zum Wagen. Vom Eingang über die Veranda und dann sechs Meter zum Wagen. Den Zündschlüssel ließ sie immer stecken. Sie musste nur dorthin, die Wagentüren verschließen und losfahren. Das war nicht schwer. Sie konnte es schaffen.

Der Riegel ließ sich geräuschlos aufschieben, langsam drehte sie den Türknauf nach rechts. Sie öffnete einen Spaltbreit die Tür, dann etwas weiter und schlüpfte hinaus. Auf der Veranda allerdings blieb sie stehen. Ihr Herz pochte, ihre Angst vermischte sich mit Übelkeit, als sie sah, was der Eindringling hinterlassen hatte.

Die Blumen waren in einem Geschäft gekauft, ein leuch-

230

tend orangefarbenes Band war um die Stiele gewickelt. Rosen und Sonnenblumen und Gänseblümchen, ein bunter Strauß, der auf dem abgenutzten Holz der Veranda lag. Jade trat über ihn hinweg und rannte zu ihrem Wagen. Der Mann, der sie verstohlen beobachtet hatte, glaubte, er würde ihr den Hof machen.

23

Es war eine von Jonahs frühesten Erinnerungen, wie er als Kind über die lange Auffahrt zu dem einsam gelegenen Haus lief. Knapp fünfzig Jahre war das nun her. Jetzt war es Jades Zuhause. Es erfüllte ihn mit Stolz, dass er und Ruth es ihr hatten schenken können.

Bäume, die einst Schößlinge gewesen waren, hatten mittlerweile einen gewaltigen Umfang erreicht. Einige der älteren Bäume waren abgestorben und wieder zu Erde verfault, aus der sie stammten. Als kleiner Junge war Jonah zwei- bis dreimal am Tag die Einfahrt entlanggelaufen und hatte an der Straße auf die Heimkehr von Mose gewartet. Stets überkam ihn eine besondere Ruhe, wenn er sich auf seinem alten heimatlichen Grundstück aufhielt, und auch jetzt spürte er diese Ruhe und betete um Gelassenheit bei den Dingen, die er seiner Tochter zu sagen hatte. Er fuhr langsam; Lucille würde einen Anfall bekommen, wenn sie wüsste, dass er ihren Wagen für persönliche Angelegenheiten benutzte. Aber Jade war wichtiger als Lucilles Wutausbrüche. Er musste mit ihr reden.

In Gedanken bei seiner Tochter, steuerte er die Biegung an der alten Akazie an. So kam es für ihn völlig überraschend, als in der Kurve der große schwarze Hudson auf ihn zuschoss. Jonah riss das Lenkrad herum, der Buick kam von der Straße ab und überrollte einen kleinen Setzling und einige Heidelbeersträucher – nur mit Mühe konnte er einen Frontalzusammenstoß mit Jade vermeiden. Im Rückspiegel sah er, dass sie hart auf die Bremse stieg, über den sandigen Untergrund schlitterte und schließlich quer auf der Auffahrt zum Halten kam. Ihr Oberkörper lag zusammengesackt auf dem Lenkrad. Er stieg aus, rannte zu ihr und fürchtete, sie könnte sich den Kopf angeschlagen haben. Erleichtert hörte er sie schluchzen, als er die Fahrertür öffnete.

»Jade«, sagte er und zog sie in seine Arme. »Jade?«

»Mir fehlt nichts«, sagte sie.

Sie klammerte sich an ihn, wie sie es seit ihrer Kindheit nicht mehr getan hatte. Wut stieg in ihm hoch, und der Gedanke schoss ihm durch den Kopf, dass er Frank am liebsten umbringen wollte. »Was hat er gemacht?«, fragte er.

»Er hat mich durchs Fenster beobachtet.«

Jonah verstand nicht. Er hatte Frank gesehen, als er zum Highway und dem Tatort gefahren war. »Wer hat dich beobachtet?«

»Ein Mann.« Jade vergrub den Kopf an seiner Schulter.

Jonah streichelte ihr über den Kopf und wiegte sie in den Armen. Seine Wut war verschwunden und von Angst abgelöst worden, die kälter war als alles, was er je erlebt hatte. »Welcher Mann?«, fragte er, während er ihr die Tränen wegwischte.

»Ich hab nicht gesehen, wer es war. Er hat mich durch das Badezimmerfenster beobachtet. Er hat Blumen auf der Veranda zurückgelassen.«

Er spürte, wie sie sich entspannte, und half ihr, sich wieder aufrecht hinzusetzen. Vieles stand an, im Moment aber wollte er sie nur festhalten und sie beschützen. Schließlich war sie seine Tochter, der Mensch, den er am meisten auf der Welt liebte. Niemand konnte ihn so verletzen wie sie. Jade allein verfügte über die Macht, ihm das Herz herauszureißen.

Als sie sich wieder beruhigt hatte, fragte er: »Weiß jemand, dass du bei Frank warst?«

Er spürte die leichte Veränderung ihres Körpers, spürte, wie sie sich versteifte. »Keiner hat mich gesehen«, sagte sie. »Niemand sonst war auf der Straße. Es geht hier nicht um Frank.«

»Bist du dir sicher?«

»Wenn du meinst, es handele sich um Vergeltung... Könnte Lucille etwas erzählt haben?«, fragte sie wütend.

»Nein, Jade. Sie war nicht im Wagen, als ich zu Frank gefahren bin. Ich hab sie im Krankenhaus bei Marlena abgesetzt, sie weiß von nichts.«

Sie senkte den Kopf. »Tut mir leid, Daddy.«

»Schon gut. Mir wäre das Gleiche durch den Kopf gegangen.« Er zögerte. »Jade, sie ist deine richtige Mutter.«

»Was für sie aber nicht die geringste Rolle spielt«, entgegnete Jade und strich Jonah sanft über die Wange. »Das glaubst du nicht, oder? Du hast sie immer geliebt. Aber in der Sache hat Mama recht. Wenn es darauf ankommt, würde Lucille mich oder dich oder Marlena oder jeden anderen opfern.«

Die Worte waren für Jonah wie kleine Kiesel, die ihm tief ins Herz drangen. »Du schätzt sie falsch ein, Jade.«

»Tu ich das?« Sie war nicht wütend. »Ich glaube nicht, Daddy. Ich hoffe, du hast recht, Marlenas und Suzannas wegen. Aber ich fürchte, ich irre mich nicht.« Sie seufzte. Jonah fühlte sich wie damals, als Lucille ihm gestanden hatte, sie sei von Slidin' Jim Preston schwanger geworden, einem Saxophonspieler aus New Orleans, der bei einem der Longier-Feste in Drexel aufgetreten war. Damals hatte er sich völlig hilflos gefühlt, unfähig, die Zukunft zu beeinflussen. Die Ereignisse hatten sich ihm entzogen, und was ihm geblieben war, das waren Gefühle, aber nichts, was er hätte tun können. Er musste an Tiere denken, die in der Falle saßen, Füchse oder Wildkatzen, die sich das Bein abnagten, um entkommen zu können. So fühlte er sich, und er hasste es. Das war der Preis der Liebe. Wenn die Liebe mit ins Spiel kam, war alles andere hinfällig.

»Fahren wir zum Sheriff«, sagte er.

»Ich weiß nicht.« Jade sah durch die Windschutzscheibe. »Sehen wir uns erst mal an, wie sehr du Miss Lucilles Wagen verbeult hast. Sie wird sehr verärgert sein.«

»Miss Lucille ist verärgert, wenn der Hahn links vom Haus statt rechts davon kräht. Aber sie wird darüber hinwegkommen. Sie hat ja sonst niemanden, der sie fährt.«

Er sah die Überraschung in ihrem Blick, und für einen Moment hatte er das törichte Gefühl, alles würde sich von allein lösen.

Hitzeschwaden flimmerten auf der Motorhaube des großen blauen Ford, als Frank um den Wagen ging. Es gab keine Bremsspuren auf der Straße, keinerlei Hinweise, dass der Fahrer, Sam Levert, plötzlich hatte stoppen müssen oder die Kontrolle über das Fahrzeug verloren hatte. Er hatte anscheinend ganz normal abgebremst und angehalten. Und dann war jemand über ihn hergefallen und hatte ihn so heftig zusammengeschlagen, dass er gestorben war.

Frank musterte den Asphalt und versuchte sich die Szene vor Augen zu führen, wie sie von Huey und Jonah beschrieben worden war. Huey hätte den Wagen nicht bewegen sollen, aber er verstand, dass der gewählte Gesetzeshüter den Highway nicht blockieren konnte. Jetzt allerdings musste er sich auf Einzelheiten stützen, die andere beobachtet hatten.

Zu seiner großen Verärgerung war der Wagen nicht abgeschlossen. Er stieg ein und durchwühlte die Cracker-Tüten, die Schokoriegel-Verpackungen und Softdrink-Dosen am Boden. Jonah hatte ihm von einem Flaschenuntersetzer aus dem Friendly Lounge erzählt. Nochmals ging er den Abfall durch. Der Untersetzer war weg. »Verdammte Scheiße«, sagte er leise.

Huey hatte den Wagen nicht abgesperrt, sodass sich jeder, der vorbeikam, darin zu schaffen machen konnte. Manchmal benutzte der Sheriff seinen Verstand nicht.

Frank ging an den Straßenrand und sah sich um. Er entdeckte, wo Levert sich über das Bankett in den Graben geschleppt hatte, wahrscheinlich bei dem Versuch, seinen Angreifern zu entkommen. Oder er hatte durch die Schläge die Orientierung verloren und wusste nicht mehr – oder es war ihm egal –, in welche Richtung er kroch. Frank folgte dem Summen und stieß auf einen von Fliegen umschwärmten fleischigen Hautfetzen mit dunklem Haar. Nicht weit davon lag ein blutverschmiertes Montiereisen. Vorsichtig hob er es auf und legte es als Beweismittel in den Streifenwagen. Er war überzeugt, die Mordwaffe gefunden zu haben.

Allmählich sah er in Gedanken den Ablauf vor sich: Levert fuhr in Richtung Pascagoula, als vor ihm ein Wagen die Straße versperrte. Er hielt an, um nachzusehen. Dann wurde er überfallen, erschlagen und ausgeraubt.

Jonah hatte ihm ein weiteres Mal erzählt, was Levert über die beiden Männer in Kapuzen und die zweihundert Dollar gesagt hatte. Jonahs Bericht sollte stimmen. Seine beiden Versionen wichen nicht voneinander ab.

Nach seiner Entlassung aus dem Armee-Krankenhaus war Frank weit herumgereist. Er hatte sich einen Wagen gekauft und war von Norfolk, Virginia, nach St. Luis Obispo an der kalifornischen Küste gefahren. Er war in den Bergen von West Virginia gewesen und hatte sich mit Gelegenheitsjobs über Wasser gehalten, hatte die Schönheit des Frühlings an den Großen Seen miterlebt und auf den Feldern des Mittleren Westens geschuftet. Im Winter hatte er in den Rocky Mountains einen Schneepflug gefahren. Die Einsamkeit und Erhabenheit der Berge hätte ihn beinahe für immer gefangen gehalten. Manchmal, wenn abends die ersten Sterne erschienen, hörte er das Klirren der vereisten Fichten, wenn der Wind über die Rockies pfiff, und er verspürte dabei eine Sehnsucht, die schwer zu erklären war. Aber er war nicht mehr dorthin zurückgekehrt. Und er wusste, er würde es nie mehr tun.

Nach den Rockies fuhr er durch die Wüste, wo er zwei Monate lang Benzin zapfte. Wann immer ihn die Lust überkam, packte er seine Sachen und verließ den Ort. Unterwegs traf er viele Leute, die meisten waren in Ordnung, aber es waren auch genügend dabei, denen nicht zu trauen war. Es gab nur zwei Gründe, um auf einem dunklen Highway anzuhalten. Einmal, um jemandem zu helfen, der in Schwierigkeiten geraten war, und zum anderen, wenn man von einem Polizisten herausgewunken wurde. Sam Levert hatte nicht grundlos abgebremst und angehalten.

Er ging durchs hohe Gras und suchte nach weiteren Indizien, in Gedanken aber war er bei dem Untersetzer aus dem Friendly Lounge, der sich in Leverts Wagen hätte befinden sollen. Ihm fiel nur ein Grund ein, warum jemand diesen Gegenstand herausgenommen hatte: um die Tatsache zu verschleiern, dass Sam Levert im Friendly gewesen war. Die logische Schlussfolgerung daraus lautete: Jemand, der ihm im Friendly begegnet war, hatte ihn überfallen.

Der Angriff auf Marlena und Suzannas Verschwinden hatten mit der Ermordung von Sam Levert zu tun. Davon war Frank überzeugt, er konnte es aber nicht beweisen. Bei Levert waren die Schläge noch brutaler gewesen, auch fehlte das sexuelle Element wie beim Angriff auf Marlena. Doch beide Überfälle waren von Männern in Kapuzen begangen worden. Frank schien kurz davor, die einzelnen Teile zusammenzusetzen.

Und plötzlich glaubte er auf dem Gelände der Papierfabrik, zwischen den neu angepflanzten Kiefern und Straucheichen, jemanden zu hören. Er ließ den Blick über die Bäume schweifen, bis er sie entdeckte, dort am Rand der Kiefernschonung, zwischen den Bäumen, die ihr kaum bis zu den Schultern reichten. Seine Mutter beobachtete ihn, die Arme vor der Brust verschränkt, eine einzelne Rose in den Händen. Sie sagte nichts, aber er wusste, was sie wollte. Dass er aufgab. Dass er es sein ließ. Dass er in Sicherheit und am Leben blieb.

Zu seinen Füßen glitzerte etwas. Er kniete sich hin. Ein Stück Pastikfolie flatterte im Gras. Er hob es auf und erkannte das Firmenzeichen von Big Sun. Man konnte unmöglich sagen, wie lange es bereits im Graben gelegen hatte. Es konnte von jedem weggeworfen worden sein, schon vor Tagen. Aber er wusste es besser. John Hubbard stand im Zentrum des Labyrinths. Er musste ihn finden.

24

ie Eingangstür zum Kimble-Haus stand offen. Dotty trat ein. Wann würde man es als Frank Kimbles Haus oder gar als Franks Haus bezeichnen?, ging ihr durch den Kopf. Niemals. In Drexel lag über allem die Vergangenheit wie eine Wolke. Einwohner, die nicht einmal »Maus« buchstabieren konnten, wussten alles aufzuzählen, was ihren Familien widerfahren war, seitdem sie aus Irland oder Schottland oder England oder, wenn es denn sein musste, aus Afrika eingewandert waren. Es war abstoßend. Keiner sah in die Zukunft, weil jeder so verdammt damit beschäftigt war, das Vergangene zu bewahren. Ihr selbst gehörte einer der vielleicht ein Dutzend Fernseher, die es im gesamten Jebediah County gab. Viele hatten noch nicht einmal ein Telefon. Sie lebten im Mittelalter und gefielen sich darin. Sie benahmen sich, als bestünde die Gesellschaft einzig und allein aus Lucille Longier und Lucas Bramlett. Nun, sie hatte Informationen, die das gesamte gesellschaftliche Gefüge der Stadt in die Luft sprengen konnten. Lucas, der ihr befohlen hatte, sich nach vorn zu beugen, der ihr Haar gepackt und sie mit dem Kopf auf den Tisch gezwungen hatte – das alles würde er selbst zu spüren bekommen, wenn er erst mal im Parchman Prison einsaß. Vielleicht würde sie dann sogar mal hochfahren und ihn besuchen und ein wenig von all den Dingen schwärmen, die er nie mehr haben würde. Sie hatte die Schnauze voll von ihm, und sie würde das alles Frank Kimble erzählen, sobald er nach Hause kam. Die langsamen Mühlen der Justiz würden in Schwung kommen. Das gefiel ihr. Sie hatte den Ausdruck in einer Fernsehsendung gehört, und er gefiel ihr ausnehmend gut. Lucas würde ein im Staub zertretener Wurm sein, wenn sie mit ihm fertig war.

Ihre Gedanken schweiften ab, als sie sich im Flur des Kimble-Hauses umsah. Die Treppe war eine einzige elegante, in der Zeit eingefrorene Bewegung. Sie konnte nicht widerstehen, das Geländer zu berühren. Lucas meinte, er hätte ein wunderbares Haus, aber dort fand sich nichts mit dem Kimble-Haus Vergleichbares. Frank müsste Feste geben und sein Zuhause der Öffentlichkeit präsentieren. Langsam ging sie weiter; sie wusste, sie drang in ein fremdes Haus ein, ungebeten, aber sie konnte nicht widerstehen.

Soweit sie es sagen konnte, war in den vergangenen hundert Jahren nichts verändert worden. An der Schwelle zum Wohnzimmer entdeckte sie ein altes, mit ausgebleichtem burgunderroten Samt überzogenes viktorianisches Sofa. Sie betrat den Raum und beäugte die Karaffen aus geschliffenem Glas. Ein Schuss Bourbon stünde ihr zu, fand sie. Frank hätte zu Hause sein sollen, um ihr einen anzubieten. Sie schenkte sich zwei Fingerbreit in ein Kristallglas und nippte daran.

Schließlich fiel ihr das Porträt von Greta auf. Sie betrachtete es näher. Die blonde Frau im Vordergrund war von unwiderstehlicher Schönheit, beim Anblick der dunkelhaarigen Frau dahinter allerdings, kaum mehr als ein Schatten, lief ihr ein Schauer über den Rücken. Sie trat zurück und mied es, in die dunklen Ecken des Raums zu blicken. Plötzlich war ihr, als wäre sie nicht allein. Das Haus war sauber und ordentlich, dennoch haftete allem der Geruch eines Ortes an, der von allen verlassen war, von allen bis auf die Geister.

In der Küche gab es nichts Interessantes zu entdecken. Im

Kühlschrank fanden sich Milch, Käse, ein Eierkarton, Butter, die Lebensmittel eines Junggesellen. Zwei Sektgläser standen im Ausguss, was ihr Interesse weckte. Die Schränke waren bis auf das Geschirr leer. Sie kehrte zur Treppe zurück und ging nach oben. Eine Tür stand offen. Dort trat sie ein und stieß auf ein ungemachtes Bett, das aussah, als hätte sich ein ganzes Football-Team darin gewälzt. Ein prickelndes Gefühl raste durch ihren Körper, worauf sie auf allen vieren aufs Bett kroch und schnüffelte. Der Geruch war unverkennbar. Sex. Frank Kimble oder irgendjemand anderes hatte vor nicht allzu langer Zeit in diesem Bett Sex gehabt. Sie richtete sich auf und begann den Raum nach Hinweisen auf die Beteiligten abzusuchen. Es musste Frank gewesen sein. Sie geriet darüber in helle Aufregung. Jeder hielt Frank für eine Art Eremit oder Heiligen. Dabei war er einfach nur diskret. Die Vorstellung erregte sie. Aber mit wem hatte er es hier getrieben? Das war die viel interessantere Frage.

Im Schrank oder in der Kommode befanden sich keine Kleider. Niemand übernachtete im Kimble-Haus. Mit wem also hatte sich Frank getroffen? Sie ging eine Liste jüngerer Damen aus der Stadt durch, aber es wollte ihr keine einfallen, die zu Frank zu passen schien. Unzufrieden trank sie ihren Bourbon aus und dachte daran, sich aus der Karaffe nachzuschenken. So langsam sollte Frank doch eigentlich nach Hause kommen. Es war Sonntag, und er ging nie in die Kirche.

Als sie einen Wagen hörte, ging sie ans Fenster, von dem aus die Auffahrt zu überblicken war, stellte das Glas ab, zog mit beiden Händen die Stores zurück und achtete darauf, nicht gesehen zu werden. Der Pick-up, der sich näherte, war ihr unbekannt. Sie eilte die Treppe hinunter und hinaus auf die vordere Veranda, ohne die Eingangstür hinter sich zu schließen. Sie hatte gerade auf den Stufen Platz genommen, als der Pick-up stotternd zum Stehen kam. Ein attraktiver

Mann mit Zweitagebart, dunklen Augen und eindringlichem Blick sah sie kühl und überheblich an.

»Frank ist nicht da«, sagte sie. Noch im selben Moment wurde ihr bewusst, dass sie wie jemand klang, der Frank sehr nahestand. Das gefiel ihr. Sie lächelte. »Er wird so schnell auch nicht zurückkommen. Kann ich was für Sie tun?«

Er grinste. »Ich denke doch.«

Als er darauf nichts mehr sagte, gewann ihre Neugier die Oberhand. »Wer sind Sie?«, fragte sie.

»Ich bin ein Bekannter Ihres Mannes. Dantzler Archey der Name.« Langsam stieg er aus, wobei er sie keinen Moment lang aus den Augen ließ. Als er auf sie zukam, wurde Dotty bewusst, dass sie einen Fehler begangen hatte. Vielleicht den größten Fehler ihres Lebens.

Die Telefonistin im Forrest General Hospital klang arrogant und mehr als ungehalten über Franks Hartnäckigkeit.

»Dr. Herron wird erst heute Abend seine Visite machen. Es ist Sonntag, verstehen Sie.«

»Rufen Sie ihn zu Hause an«, sagte Frank. »Es ist dringend.«

»Wenn ich den Doktor zu Hause störe, verliere ich meine Stelle«, sagte die Frau eher verärgert als verängstigt.

»Wenn Sie Dr. Herron nicht in den nächsten zehn Minuten am Telefon haben, werde ich persönlich nach Hattiesburg kommen und Sie verhaften. Es handelt sich um polizeiliche Ermittlungen, und falls ich unter der Nummer, die ich Ihnen gegeben habe, keinen Rückruf erhalte, bekommen Sie von mir eine Anklage wegen Behinderung der Justiz.« Frank zerrte nervös an seinem Hemdkragen. Es war eine leere Drohung, aber er musste unbedingt mit dem Arzt sprechen.

»Das können Sie nicht tun.«

»O doch, das kann ich und das werde ich.« Er legte auf. Er hatte am Samstagabend bereits seine Nummer hinterlassen, als er den schwer fassbaren Arzt zu erreichen versucht hatte, und er hatte sie ihr soeben erneut gegeben. Er hatte zwei Fragen, die nur der Arzt beantworten konnte.

Falls die Krankenhaustelefonistin den Arzt ans Telefon bekam, würde er bald zurückgerufen werden. Er zweifelte nicht daran. Er legte die Füße auf den Schreibtisch im Sheriffbüro und wartete. Gewöhnlich war er sonntags zu Hause oder fuhr in der Gegend herum, wie er es gern an seinen freien Tagen tat. Aber er war froh, dass er etwas zu tun hatte. Jade hatte darauf bestanden, den Nachmittag bei ihren Eltern zu verbringen. Er hoffte, sie würde ihnen von ihren Gefühlen ihm gegenüber erzählen. Jonah wusste bereits von ihrem Verhältnis, hielt die Sache aber wahrscheinlich für nicht mehr als ein sexuelles Abenteuer. Jonah und Ruth sollten erfahren, dass es wesentlich mehr war. Sexuelle Befriedigung konnte man sich leicht beschaffen, sogar in einer Stadt wie Drexel. Eine wirkliche Verbundenheit, das war das Schwierige, aber mit Jade hatte er sie gefunden. Sie gab ihm das Gefühl, in einer Wirklichkeit verankert zu sein, die Hoffnung bereithielt. Das wollte er sich nicht nehmen lassen, auch nicht, wenn sie die Tochter eines Negers war.

Das Bild der in seinem Bett schlafenden Jade war ein Geschenk. Keiner von ihnen hatte es darauf angelegt, dieses Verhältnis einzugehen. Beide wussten sie um die Schwierigkeiten, die auf sie zukommen würden. Aber was sie dem jeweils anderen an Gefühlen entgegenbrachten, ging weit über bloße Anziehung hinaus. Sollte ein Feuerkreis Jade umschließen, würde er hindurchgehen, um bei ihr zu sein. Sie würden sich sehen, und dann wieder und immer wieder. Nach einer gewissen Weile aber würde dieses Band sich abnutzen, wenn nicht Stärkeres daraus erwuchs. Wenn Jade sich weigerte, ihr Verhältnis anzuerkennen, würde es eine Weile lang weitergehen, leidenschaftlich und voller Feuer, und dann schließlich absterben. Eine Vorstellung, die er nicht akzeptieren wollte. Bei diesen verstörenden Gedanken stand er auf und ging im Büro auf und ab.

Huey war wie jeden dritten Sonntag in der First Methodist Church. Der Sheriff glaubte nicht sonderlich an Gott oder Jesus Christus, aber Kirchenbesuche waren politisch von Vorteil und schadeten nicht, wie Huey sich immer beeilte zu betonen. Frank fehlte es an Geduld, sich unter die Leute zu begeben, selbst wenn sie sich in ihren Sonntagsstaat zwängten und Kirchenlieder sangen. Er verließ das Büro und ging durch den Flur zum Gebäudeeingang. Es hatte sich im Lauf des Nachmittags stark bewölkt, er spürte regelrecht, wie sich ein Unwetter zusammenbraute. Wenn es losbrach, würden die normalen Juligewitter dagegen wie Aprilschauer erscheinen. Wahrscheinlich würden die Telefonleitungen zusammenbrechen. Beunruhigt kehrte er ins Büro zurück und setzte sich, den Blick auf den Apparat gerichtet.

Als es klingelte, zuckte er zusammen und war sofort peinlich berührt wegen seiner Nervosität.

»Hier ist Willard Herron. Sie haben einen Notfall?«

Arroganz und Ungeduld waren aus der Stimme herauszuhören. Nun, es war Sonntagnachmittag, und Ärzte hatten ähnlich wie Polizisten einen hektischen Alltag.

Er stellte sich vor und fragte schließlich: »Haben Sie einen John Hubbard als Patienten?«

»Ja, aber das geht Sie nichts an.«

»Mr. Hubbard wird seit Donnerstagnachmittag vermisst. Er ist ein äußerst wichtiger Zeuge in einem Fall schwerer Körperverletzung und Kindesentführung. Es gibt Grund zu der Annahme, dass er in Schwierigkeiten steckt. Wenn Sie von ihm also gehört haben, würde mich das ungemein beruhigen.«

Es folgte Schweigen, in dem Frank das Rauschen von Wasser vernahm. In Hattiesburg regnete es bereits; er hörte es am Telefon.

»Ich habe Mr. Hubbard vor etwa zwei Wochen zu einer Routineuntersuchung gesehen. Er war bei guter Gesundheit.«

»Sie haben ihm ein Rezept für Phenobarbiton ausgestellt«, sagte Frank. »Worunter leidet er?«

»Das kann ich Ihnen nicht sagen. Ärztliche Schweigepflicht.«

»Doktor, wenn Mr. Hubbard an einer ernsten Krankheit leidet, würde ich Ihnen raten, es mir zu sagen. Er hat seine Medikamente nicht bei sich. Ich habe sie nämlich hier, in meiner Hand.« Er schüttelte das Tablettendöschen, laut genug, damit der Arzt es hörte.

»Er ist Epileptiker.«

Frank ließ sich diese Neuigkeit durch den Kopf gehen. Er wusste, dass Epileptiker Anfälle bekamen, bei denen sie unter gewissen Umständen sterben konnten. »Wie ernst ist sein Zustand?«

»Kontrollierbar. Mit Medikamenten.« Der Arzt klang besorgt. »Mr. Hubbard leidet schon sein ganzes Leben unter dieser Krankheit. Sie können sich nicht vorstellen, was das für die Betroffenen bedeutet – wie die Leute reagieren, das gesellschaftliche Stigma. Er hat sich im Forrest County eine Existenz aufgebaut. Bitte behandeln Sie diese Informationen vertraulich. Wenn sein Arbeitgeber davon erfährt, wird er gefeuert.«

»Ich werde es beherzigen«, sagte Frank. Er hatte Männer gesehen, die durch Schläge auf den Kopf, durch Verwundungen oder einfach nur aus Angst Anfälle erlitten hatten. Andere Soldaten waren vor ihnen zurückgewichen, hatten sie gemieden und gemunkelt, sie seien vom Teufel oder bösen Geistern besessen. Frank glaubte nicht an böse Geister oder den Teufel, aber er glaubte an die Grausamkeit der Menschen. Er wusste, was der Arzt ihm zu sagen versuchte. »Ich mach mir Sorgen um Hubbards Leben. Was alles kann einen Anfall auslösen?«

»Stress, Hyperventilieren, Schlafmangel. Die Ursachen können emotionaler oder körperlicher Natur sein.«

»Falls ich Hubbard finde und er noch am Leben ist, was sollte ich dann tun?« Er musste ihn lebend finden.

»Nehmen Sie die Medikamente mit. Sorgen Sie dafür, dass er eine Tablette nimmt. Und dann schaffen Sie ihn ins Krankenhaus, vorzugsweise hier ins Forrest General, wo ich mich um ihn kümmern kann.«

»Danke, Doc.« Frank legte auf. Während des Gesprächs hatte sich das Sheriffbüro verdunkelt. Er sah aus dem Fenster. Der Himmel war von einem wütenden Grau überzogen, das sich am Rand der Gewitterfront zu tiefem Schwarz färbte. Über Jebediah County würde die Hölle hereinbrechen.

25

Ich kann nicht den ganzen Nachmittag hier rumsitzen«, sagte Jonah. Am Tisch ihm gegenüber musterte Lucille ihn mit schmalen Augen und zusammengepressten Lippen.

»Du bleibst, wenn ich es dir sage.«

Jonah musste an die lang zurückliegenden Jahre denken, die Augenblicke, die sie miteinander geteilt hatten. Lucilles Verhalten war zum Teil auch seine Schuld, schließlich hatte er ihr das Schmollen und tyrannische Gebaren immer durchgehen lassen. Eines der wenigen Dinge, die er ihr hatte geben können und das andere ihr verweigert hatten – Herrschaft. Bis zu diesem Augenblick hatte er gedacht, seine Liebe zu ihr hätte ihn kaum etwas gekostet. So lange liebte er sie schon, und immer hatte er ihre Bedürfnisse über alles andere gestellt. Jetzt allerdings war Jade in Gefahr.

»Ich hab es Ihnen schon gesagt, jemand hat Jade aufgelauert. Ich muss zu ihr und mich darum kümmern, dass sie in Sicherheit ist.« Er sagte es in geduldigem Tonfall. Manchmal war Lucille wie ein kleines Kind und so mit ihren eigenen Wünschen beschäftigt, dass man sie zwingen musste, zuzuhören, was andere sagten.

»Jade ist bei Ruth. Das hast du selbst gesagt. Wenn du fährst, bin ich allein. Was, wenn er hierherkommt und mir auflauert?«

Es lag ihm auf der Zunge zu sagen, sie sei eine mittelältliche Frau, deren Schönheit im Verblühen begriffen war, aber er sparte es sich. Aus Fürsorge. »Sie sind hier in Sicherheit. Bitten Sie Lucas, dass er kommt und Ihnen Gesellschaft leistet.«

»Du klingst, als wäre ich eine gebrechliche Frau.«

»Weil Sie sich wie eine solche benehmen.«

»Ich wusste nicht, dass du so grausam sein kannst«, sagte sie und hatte Mühe, die Tränen zurückzuhalten.

»Weil ich heute keine Zeit habe, auf Ihre Gefühle Rücksicht zu nehmen«, sagte Jonah. »Meine Tochter…« Er hielt inne und sah ihr tief in die Augen. »*Ihre* Tochter ist in Gefahr. Ich werde sie beschützen. Und wenn Sie endlich aufhören würden, sich an mich zu klammern, um mich daran zu hindern, müsste ich Sie auf diesen traurigen Umstand nicht hinweisen.«

Sie richtete sich auf ihrem Stuhl kerzengerade auf. »Ich klammere mich nicht an Männer. Wie kannst du es wagen, so etwas zu sagen?«

»Weil es so ist«, antwortete Jonah. »Für Sie zählt nur, was Sie sich in den Kopf gesetzt haben, und alle anderen können zum Teufel fahren. Meistens macht es mir nichts aus, mich zu fügen, aber nicht, wenn Jade in Gefahr schwebt. Ihnen passiert hier nichts. Ich komme zurück, sobald ich kann.« Er stand auf, dachte noch daran, sie an der Schulter zu berühren, um seine Wertschätzung zum Ausdruck zu bringen, ließ es dann aber bleiben.

»Du gehst nicht durch diese Tür!«

Er seufzte. »Lucille, zwingen Sie mich nicht dazu, mich zwischen Ihnen und Ihrer Tochter zu entscheiden.« Ihr Blick machte deutlich, dass sie genau darauf abzielte. »Dann werden Sie nämlich verlieren«, sagte er und versuchte seine Aussage mit einem Lächeln abzumildern.

»Raus!« Sie erhob sich, und für einen kurzen Augenblick

sah er wieder das verzogene junge Mädchen vor sich, das sie einmal gewesen war. »Steh nicht rum und grins mich an. Ich lasse mich nicht so behandeln. Schon gar nicht von einem Nigger-Bediensteten.«

Ein Schlag ins Gesicht hätte ihn nicht mehr überraschen können. In der langen Zeit, in der sie sich kannten, hatte er sich nie anders als ein angeheuerter Arbeiter benommen, und sie hatte ihn nie abfällig behandelt. Er hatte einen schalen Geschmack im Mund. »Miss Lucille, ich denke, wir haben heute beide die Wahrheit gesprochen. Wir haben beide Dinge gesagt, die den anderen verletzen. Und ich denke, sie entsprechen der Wahrheit. Sie tun weh, aber wir haben sie wohl beide hören müssen.« Er ging durch die Küche zur Gittertür und knallte sie zu. Hinter sich hörte er ihre Schritte.

»Jonah, warte.« Sie hielt ihn am Arm fest. »Es tut mir leid. Ich habe es nicht so gemeint.«

Er spürte nur noch Wut und eine Kälte, die ihm die Worte im Mund gefrieren ließ. Er versuchte Lucille abzuschütteln, aber sie klammerte sich an ihn.

»Jonah, bitte. Es tut mir leid. Ich habe Angst, und ich mache mir Sorgen.« Sie riss ihn zu sich herum. »Schau mich nicht so an, als würdest du mich hassen. Es tut mir leid.« Tränen liefen ihr über die Wangen und verschmierten ihr Make-up, das sie nach der Rückkehr vom Krankenhaus so sorgfältig wieder aufgetragen hatte. »Meine Tochter ist fast umgebracht worden, und Suzanna wird vermisst. Ich bin durcheinander. Ich habe es nicht so gemeint.«

»Doch, Sie haben es so gemeint«, sagte er.

»Nein.« Sie berührte sein Gesicht. »Es war nicht so gemeint.«

»Ruth hat recht«, sagte Jonah. »Mit allem.«

»Nein, sie hat nicht recht. Ruth glaubt, ich wäre ein seelenloser Mensch. Sie hält mich für einen Ausbund an Schlechtigkeit. Das stimmt nicht. Ich bin selbstsüchtig und egoistisch, aber ich bin nicht schlecht.« Sie sackte gegen ihn. »Das bin ich nicht. Wirklich nicht.«

Er umarmte sie und hielt sie fest und erinnerte sich an die vielen Male, als er sie in den Armen gehalten hatte. Im Schmerz und in der Freude, in Leidenschaft und Angst.

»Ich muss gehen, Miss Lucille.«

Sie fasste sich. »Ja, geh und kümmere dich um Jade.« Sie lächelte schwach. »Ich komme schon zurecht.«

Jonah nickte. »Das werden Sie. Und ich kümmere mich um jene, die ich liebe, um meine Familie. Ich habe Ruth gegenüber vieles wiedergutzumachen.«

»Ich gehöre ebenfalls zu deiner Familie, Jonah.« Ihr Lächeln zitterte, nur mit Mühe hielt sie es aufrecht.

»Nein, Miss Lucille, Sie gehören nicht zu meiner Familie.«

»Doch, ich gehöre dazu.«

Es gefiel ihm, dass ihre Gereiztheit wieder zu hören war. Sie war eine starke Frau, was er ihr nie als Verdienst angerechnet hatte. Er drehte sich um und wollte gehen.

»Jade ist deine Tochter.«

Etwas lag in ihrer Stimme, was ihn dazu bewegte, sich zu ihr umzudrehen. Sie war eine Lügnerin und schmiedete Komplotte, eine Frau, die Himmel und Hölle in Bewegung setzte, damit sie ihren Willen bekam. »Ja, sie ist für mich so sehr meine Tochter, als hätte ich sie selbst gezeugt.«

Lucille schluckte. »Das hast du. Sie ist deine Tochter. Deine und meine. Ich habe nie mit dem Musiker aus New Orleans geschlafen.«

Jonah wollte fort, wollte nur von ihr weg, so schnell wie möglich. »Meine?« Er glaubte es. Denn damit war seine größte Angst Wirklichkeit geworden. Er hatte ihr so widerstandslos die Lüge über den hellhäutigen Neger-Musiker aus New Orleans abgenommen, weil die Lüge das Beste für ihn gewesen war. Unzählige Male hatte er sich wie ein Feigling verhalten, und das war dabei nun herausgekommen.

»Unsere«, sagte sie triumphierend, ohne seine Reaktion zu bemerken. »Ich habe gelogen. Das mit Slidin' Jim, das ist alles nur erfunden, und dann habe ich dich davon überzeugt. Ich habe so gut gelogen, dass Mama es geglaubt hat und du auch. Hätte Mama gewusst, dass das Baby von dir ist, hätten sie dich gelyncht. Ich habe gelogen, um dir das Leben zu retten.«

Das Bedürfnis, sie zu würgen, war so groß, dass Jonah fluchtartig die Veranda verließ. Er hörte sie rufen, aber er sah nicht mehr zurück. Im Hof flatterten gackernd die Hühner auf, als er vorüberstürmte. Er lief so schnell er konnte, fort von den Gedanken, die wie Pfeile auf ihn einprasselten, den Erinnerungen an Lucille auf der Rückbank des Wagens, als er sie nach Mobile zur Abtreibung chauffiert hatte, ihr Weinen, ihre Aussage, sie würde lieber sterben als das Baby, das sie in sich trug, zur Welt zu bringen. Jade, seine Tochter. Lucille hatte ihn in ihrem Netz aus Täuschung und Verzweiflung gefangen, ihn fast zum Komplizen einer Abtreibung gemacht, bei der seine eigene Tochter den Tod gefunden hätte. Und er hatte alles zugelassen. Sie hatte gelogen und die Wahrheit zurückgehalten und jetzt, endlich, alles ans Tageslicht gebracht, als sie meinte, es könnte ihren eigenen Zwecken zugute kommen. Ruth hatte recht gehabt. Wie immer.

Er rannte in Richtung Highway und den schwarzen aufziehenden Gewitterwolken. Schweiß brannte ihm in den Augen, Verbitterung füllte seinen Mund. Er lief den Weg entlang, damit er nicht zu Lucille Longier zurückkehrte und sie mit bloßen Händen erwürgte.

»Fahr nicht in die Stadt«, sagte Ruth und hielt Jade am Arm fest. Sie saßen an Ruths Küchentisch, auf dem die Salz- und Pfefferstreuer, die Zuckerdose, der Gewürzdosenständer ordentlich in der Mitte aufgebaut waren. Alles war an seinem Platz. »Spielt keine Rolle, ob sie ein Abzeichen tragen. Den Weißen ist es egal, was mit uns geschieht.« Eine große elektrische Uhr zählte hinter Ruth die Minuten ab. Es war erst kurz nach zwei, aber es wurde zunehmend dunkler. Gewitterwolken hatten sich im Westen gebildet und breiteten sich nun über den gesamten Himmel aus. Ein Unwetter zog auf.

Als die Sonne hinter einer Wolke hervorkam, erhellte ein breiter Lichtfächer Ruths Küche. Jade erkannte die tiefen Falten im Gesicht ihrer Mutter und spürte, ganz unerwartet, wie sie selbst den Tränen nahe war. Sie würde ihre Mutter verletzen, auf eine Art und Weise, die nie wiedergutzumachen war. Ruth hatte immer gewusst, dass in Jade ein Kampf ausgefochten wurde, ein Kampf der Hautfarben. Ihre liebende Fürsorge hatte immer zum Ziel gehabt, dass Jade die richtige Entscheidung traf, die Entscheidung für die Schwarzen. Und jetzt hatte sie sich auf einen Weißen eingelassen. Ruth würde darunter leiden, weil sie sich um Jade sorgte und sich vorwarf, versagt zu haben.

»Frank ist so nicht«, sagte sie. Sie wollte Ruth ganz behutsam überzeugen. »Er ist anders.«

»Er ist ein Weißer«, sagte Ruth. »Er kann nichts dafür, aber er ist es.« Ruths Griff war von überraschender Stärke. »Bleib hier und lass es deinen Daddy regeln.«

Die Vorstellung, Jonah könnte einem verrückten Weißen gegenübertreten, möglicherweise einem der Männer, die erst Marlena angegriffen und dann diesen Fremden umgebracht hatten, genügte, damit sie aufsprang und sich aus dem Griff ihrer Mutter befreite. Auf ihrem Arm waren deutlich vier Fingerabdrücke zu sehen, die sich zu blauen Flecken auswachsen würden. »Ich will nicht, dass Daddy sich in Gefahr begibt. Das ist Franks Aufgabe. Er weiß, was in so einem Fall zu tun ist.«

»Lass es sein.«

Jade hatte ihre Mutter unterschätzt, das wurde ihr jetzt bewusst. Irgendwie wusste es auch Ruth, und Jade hatte beschlossen, nun die Grenze zu ziehen. »Ich liebe dich, Mama, aber ich muss tun, was ich für richtig halte.«

»Das wird nur Leid über uns bringen, über uns alle.«

Sie wusste nicht, wie viel ihre Mutter ahnte, aber ihr war klar, dass sie wegmusste. Sie sah sich in der Küche um. Die Porzellantassen fielen ihr ins Auge, die ihre Mutter Stück für Stück im Houston Mercantile gekauft hatte. Sie pflegte sie und benutzte sie jeden Tag mit großer Sorgfalt. Die Küche war makellos aufgeräumt und noch immer erfüllt vom Geruch eines frisch gebackenen Früchtekuchens. Manchmal arbeitete Ruth den ganzen Tag bei Lucille Longier, und trotzdem bereitete sie Abends noch das beste Essen zu, das man jemals vorgesetzt bekommen hatte. Sie war ein Phänomen. Jade liebte sie über alles. Aber sie wusste auch, dass sie selbst nicht immer die Frau sein konnte, die Ruth oder Jonah stets zu Gefallen war.

»Es tut mir leid, Mama.« Sie nahm ihre Schlüssel und ging zur Tür hinaus. Ihr Daddy war bei Miss Lucille, um ihr von dem Unfall zu berichten. Der Kotflügel des Buick war leicht eingedellt, kaum zu bemerken. Jonah hatte den Wagen zurückgebracht und würde hoffentlich bald kommen, um sich um Ruth zu kümmern.

Als sie auf den Highway nach Drexel einbog, stand das Unwetter direkt vor ihr. Es würde gewaltig werden. Blitze zuckten im Westen. Der vordere Rand der Gewitterfront war schwarz, wahrscheinlich musste man mit Tornados rechnen. Sie schaltete die Scheinwerfer an und beschleunigte. Das entgegenkommende Fahrzeug sah sie erst, als es nur noch wenige Meter vor ihr war. Der graue Pick-up fuhr ohne Licht und war vom Himmel und dem Asphalt kaum zu unterscheiden.

Sie schreckte auf, erhaschte einen kurzen Blick auf den Fahrer, bevor sie das Steuer herumriss. Dantzler Archey fuhr wie der Teufel; neben ihm auf dem Beifahrersitz saß eine Blondine. Jade konnte nur mutmaßen, welche Frau sich auf Dantzler Archey einlassen würde. Sie gab mehr Gas und raste zum Rathaus, wo sie hoffentlich Frank antreffen würde.

26

ie Luft schien geladen vom aufziehenden Gewitter. Beim ersten Donner sah Frank vom Flussufer auf. Er stand im Wasser, schritt flussaufwärts und suchte nach der Stelle, an der Hubbard ans Ufer gegangen war. Bislang hatte er sich um den Verbleib des Handelsvertreters kaum Sorgen gemacht und gedacht, er würde irgendwann auftauchen. Marlena zuliebe hatte er um ihn nicht viel Aufhebens machen wollen. Jetzt sah er die Sache anders. Suzanna war tot. Er hatte sich damit abgefunden. Er würde das kleine Mädchen nicht mehr aufspüren und es zur Freude ihrer Mutter nach Hause bringen. Das Kind war jetzt an einem friedlicheren Ort. Und in Hubbard sah er mittlerweile mehr als einen Feigling. Er sah ihn als Beteiligten. Hubbard hatte mit angesehen, wie seine Geliebte brutal misshandelt worden war, und hatte noch nicht einmal den Versuch unternommen, einzugreifen.

Frank befand sich hier, tief in den Wäldern, weiter nördlich am Chickasawhay als ein paar Tage zuvor, als er Marlena gefunden hatte. Er war allein unterwegs und hatte noch die Worte des Arztes aus Hattiesburg im Ohr, der von den möglichen Folgen einer Krankheit gesprochen hatte, die einen starken, gesunden Menschen hilflos durch die Wildnis irren lassen konnte.

Ein Sumach, der aussah, als wäre jemand darauf getreten,

weckte sein Interesse. Er blieb stehen. Daneben entdeckte er den Abdruck eines Rehhufs. Hubbard war hier nicht vorbeigekommen, aber irgendwo hier musste er sein. Er hatte seinen Wagen nicht abgeholt und war bis Samstag in keinem Einzigen der kleinen Lebensmittelgeschäfte aufgetaucht, die auf seiner Route lagen. Er hatte seinen Job verloren, der ihm so viel bedeutet hatte.

Bis zum Sonntagmorgen hatte Frank angenommen, Hubbard sei am Leben. Nach dem Tod von Sam Levert war klar, dass die Täter zu allem fähig waren. Hubbard hatte nicht versucht, Marlena zu helfen – aber hatte ihm das das Leben gerettet oder nur seinen Tod hinausgezögert? Warum sollten die Männer, die Marlena misshandelt und Suzanna entführt hatten, Hubbard ungeschoren davonkommen lassen? Immer wieder ging ihm diese Frage durch den Kopf, und immer wieder kam er zur gleichen Schlussfolgerung: Hubbard war in die Sache eingeweiht. Aber würde er einfach zusehen, wie die Frau, die er liebte, misshandelt wurde, ohne einen Finger zu rühren? Hatte er Marlena wirklich geliebt? Frank zweifelte nicht daran, dass sie ihn liebte, aber sie wäre nicht die Erste, die auf einen attraktiven Mann hereinfiel.

Er ging nochmals den Ablauf der Ereignisse durch. Suzanna war irgendwann am Donnerstagnachmittag entführt worden. Marlena hatte er kurz vor Sonnenuntergang gefunden. Am darauffolgenden Tag hatten sie dann mit der Suche begonnen. Am Freitagmorgen war er einer Spur in den Sumpf gefolgt, der sich durch den Wald schlängelte und sich irgendwann mit dem Fluss vereinte. Er hatte sie für Hubbards Spur gehalten, der ohne das Kind unterwegs gewesen war. Das glaubte er immer noch. Im Sumpf hatte er die Suche dann abgebrochen. Jetzt allerdings war er entschlossen, sie weiterzuverfolgen, und zwar, bevor das Gewitter hereinbrach und die Regengüsse alle Spuren wegwuschen. Hubbard musste durch den

Fluss gewatet sein, und irgendwo musste er ihn wieder verlassen haben.

Er kam an eine Stelle am Ufer mit eingefallener Böschung. Er studierte den Sand und den Lehm und entdeckte Fußspuren. Hubbard war hier herausgeklettert. Darauf achtend, wohin er seine Schritte setzte, stieg Frank ans Ufer.

Die Spur war nur schwach zu erkennen, hin und wieder stieß er auf einen abgebrochenen Zweig oder den Abdruck einer Ferse, die sich im weichen Lehm abzeichnete. Die Spuren führten nach Norden. Irgendwann traf er auf zwei deutliche Abdrücke. Der Abstand zwischen dem linken und rechten Fuß wies darauf hin, dass Hubbard sich beeilt hatte. Möglich, dass ihm jemand gefolgt war, doch dafür fehlte jeglicher Hinweis.

Hubbard war weggerannt, ohne auch nur den Versuch unternommen zu haben, seiner Geliebten zu helfen. Frank hätte sich schon viel früher darauf konzentrieren müssen. Vor Jade jedoch hatte ihn das alles völlig kalt gelassen. Er hatte glatt vergessen, was es hieß, jemanden zu lieben und diese Person über alle anderen zu stellen.

Jade hatte etwas Urtümliches in ihm geweckt. Er würde jeden in Stücke reißen, der ihr Schaden zufügen wollte. Ihre gemeinsam verbrachte Nacht hatte für ihn einen Pakt besiegelt. Er würde sie schützen, selbst wenn er dabei sterben müsste. Und sicherlich hatte auch Hubbard etwas für seine Geliebte empfunden, zumindest den Hauch eines Wunsches, sie vor Misshandlungen zu schützen. Warum also hatte er es nicht getan? Das war die Frage, die zur Wahrheit führen sollte. Und wenn er diese Antwort gefunden hatte, würde er auch die Person finden, die für Marlenas Leiden und Suzannas Tod verantwortlich war. Hubbard würde ihm die Antwort liefern. Falls er noch am Leben war.

Jade stand vor der versperrten Tür zum Sheriffbüro und spürte eine Enttäuschung, von der sie wusste, dass sie zu ihrem Untergang führen konnte. Ihr ganzes Leben lang hatte sie Enttäuschungen vermieden. Das hatte sie von klein auf von Ruth gelernt.

»Erwarte von anderen nicht mehr, als sie geben können«, hatte Ruth ihr immer geraten. Bis zu dem Punkt, an dem Jade von anderen überhaupt nichts mehr erwartet hatte – mit Ausnahme von sich selbst; an sich selbst hatte sie immer hohe Ansprüche gestellt. Ruths Ratschläge beherzigend, konnte sie auch die Seichtheit oder Unverfrorenheit ihrer Kundinnen nicht überraschen. Es störte sie nicht, wenn diese Frauen sie duzten oder ihr Geschichten über ihre Kinder und Enkelkinder erzählten, sich dann aber dagegen verwahrten, dass sie sich in einem Restaurant neben sie setzte. Sie erwartete nichts von ihnen, außer dass sie sie für ihre Dienstleistung bezahlten.

Mr. Lavallette war gut zu ihr, aber auch das war etwas, was sie nicht von ihm erwartete. Sie hätte für ihn ebenso gewissenhaft ihre Arbeit verrichtet, wenn er sich ihr gegenüber als weniger freundlich erwiesen hätte. Und weil sie nicht erwartete, dass er sie gut behandelte, betrachtete sie es lediglich als Dreingabe des Lebens.

Ruth hatte sie gut auf ein einsames, selbstgenügsames Leben vorbereitet, aber nicht auf jemanden wie Frank. Jade hatte nie damit gerechnet, dass ein Mann ihr solche Freude bereitete, sie mit solcher Zärtlichkeit und Großzügigkeit liebte. Eine solche Überfülle war in Ruths Lektionen nicht vorgesehen. Männer standen auf Ruths Liste der Enttäuschungen ganz oben, und ihre Devise war immer gewesen, dass man von einem Mann nie etwas Gutes zu erwarten habe. Für weiße Männer galt dies sogar doppelt.

Um Enttäuschungen zu vermeiden, war Jade beigebracht

worden, auf Träume zu verzichten. Frank hatte gegen dieses Verbot verstoßen, und jetzt musste Jade sich eingestehen, dass sie ihren Phantasien nachhing. Die meisten davon betrafen das große Bett in dem oben gelegenen Schlafzimmer oder das gemütliche Bett in ihrem Haus. Aber es gab auch andere Phantasien, die ihr ein Lächeln auf die Lippen zauberten. Nur allzu gern ließ sie diesen vergnüglichen Träumereien freien Lauf.

Während der Fahrt in die Stadt hatte sie sich vorgestellt, wie sie Frank hinter seinem Schreibtisch vorfinden würde. Wie sie ihm von dem Mann berichten wollte, der sie verstohlen durchs Badezimmerfenster beobachtet hatte, von seinem Atemhauch an der Glasscheibe, durch die er sie angestarrt hatte. Zornig würde Frank sofort zu ihrem Haus fahren, Fußspuren in der Erde unter dem Badezimmerfenster finden und Fingerabdrücke von den auf der Veranda abgelegten Blumen nehmen und mit einiger Mühe den Übeltäter ausfindig machen. Sie hatte Frank gesehen, wie er einen Mann in Handschellen in die Polizeistation gezerrt hatte. In ihrem Tagtraum war alles so einfach. Frank war ein Mann der Tat, ein Held.

In Wirklichkeit war er nicht dort, wo er laut eigener Aussage hätte sein sollen. Sie war allein, genau wie früher. Und sie war bitter enttäuscht, denn sie hatte sich nie darauf eingelassen, einem anderen Menschen zu vertrauen, von ihrem Vater einmal abgesehen.

Sie verließ das Rathaus und ging die Treppe hinunter. Am Randstein stand ihr Wagen; langsam, ohne zu wissen, was sie als Nächstes tun sollte, ging sie darauf zu. Huey würde vermutlich in der Kirche sein. Sie wollte ihn dort nicht stören. Sie lehnte sich an den Wagen. Was nun?

Im Westen ballten sich Gewitterwolken zusammen, ein schwerer Sturm zog auf. Sie wusste nicht, wohin sie sich wenden sollte. Zum ersten Mal in ihrem Leben wollte sie nicht nach Hause. Das abgelegene Haus stellte eine Gefahr dar; ihr Zuhause war nicht mehr sicher. Es versetzte ihr einen Stich.

Aber es war nicht Franks Schuld. Insgeheim wollte sie ihn dafür verantwortlich machen, wollte einen Vorwand finden, um ihre Gefühle für ihn zu ersticken und sich vor den Enttäuschungen zu schützen, die unweigerlich folgten, sobald man einem anderen vertraute. Frank hatte sie nicht im Stich gelassen. Wahrscheinlich war er auf der Suche nach Suzanna und tat genau das, was er tun sollte. Sie könnte im Rathaus auf ihn warten. Wahrscheinlich würde er sich freuen, wenn er sie bei seiner Rückkehr dort vorfand. Aber das würde sie nicht tun. Es gab Dinge, denen sie sich beide zu stellen hatten. Franks Berührungen hatten ihr eine Menge erzählt. Es ging ihm nicht nur um Sex oder das Überschreiten von Rassenschranken. Er sah sie nicht als Schwarze oder Weiße. Darin war er ein sehr gefährlicher Mann, denn er hatte ihr damit, nur für einen Augenblick, das Geschenk bereitet, sich selbst nicht als Farbige zu sehen. Und solches Denken war gefährlich, für sie wie für ihn.

Die Motorhaube unter ihrem dünnen Kleid fühlte sich heiß an, und plötzlich musste sie an Franks Hände denken. An einem Punkt in ihrem Liebesspiel hatte er ihren Hintern gepackt und sie hochgehoben. Auch seine Hände hatten sich heiß angefühlt. Sie löste sich von dem Wagen und glitt hinters Steuer. Aus dem auf den Sender in Memphis eingestellten Radio erklang Nat King Coles Stimme. »Unforgettable« war eines ihrer Lieblingslieder: Es war romantisch, voller Zärtlichkeit und handelte von den Freuden der Liebe. Unvergesslich, das war auch Frank. Ob nun zum Guten oder Schlechten, ihr Leben hatte sich durch ihn unwiderruflich verändert. Vielleicht würde er sie enttäuschen, aber er hatte ihr auch das Geschenk des Träumens gemacht. Er hatte etwas in ihr geweckt, was bislang nur verborgen vor sich hin geschlummert hatte. Sie war stark genug, um Enttäuschungen zu ertragen, wenn sie im Gegenzug das Gefühl hatte, am Leben teilzuhaben. Plötzlich wurde ihr bewusst, dass genau dies ihrer Mutter fehlte. Ruth, die sich so unbeugsam gab, obwohl sie seit vierzig Jahren im Haus einer anderen Frau schuftete, war nicht wirklich stark. Die normalen Enttäuschungen des Lebens warfen sie aus der Bahn. Und in ihrem Versuch, Jade zu beschützen, hatte sie auch diese betrogen.

Jade dachte an ihre Halbschwester, die allen etwas vortäuschte, aus Angst vor jenen, die sie angeblich liebten. Sie beschloss, zu Marlena zu fahren. Für sich selbst konnte sie nichts tun, auch nicht für Ruth, die vor so langer Zeit ihre Entscheidungen getroffen hatte. Vielleicht konnte sie aber Marlena beistehen und sie von ihren Ängsten befreien. Sie machte sich auf den Weg und fuhr durch die Stadt; sanft strich der Wind durch die offene Fensterscheibe und kühlte ihre Haut.

Im Krankenhaus war nicht viel los, der Parkplatz war sonntagnachmittags nahezu leer. Die Besuchszeit begann erst um vier, und das drohende Gewitter würde viele Besucher abschrecken. Die Besuchszeiten waren für Jade kein Problem. Lucas hatte dafür gesorgt, dass sie jederzeit zu Marlena konnte. Es war keine besondere Freundlichkeit ihr gegenüber, sondern einfach nur die bequemste Lösung für ihn, der nicht die geringste Absicht hatte, Marlena zu besuchen, geschweige denn länger an ihrem Bett zu verweilen. Jade zog es die Brust zusammen, als sie darüber nachdachte, wie viel Lucas wirklich über Marlenas Affäre zu dem Kartoffelchips-Vertreter wusste. Nach der Nacht mit Frank verstand sie, warum Marlena für die Berührung eines Mannes so viel aufs Spiel setzen konnte.

Vor Frank hatte sie sich das nicht eingestehen können. Sie hatte daran glauben wollen, dass Marlena dumm und eigensinnig und skrupellos wäre. Jetzt erst verstand sie ihre Halbschwester: Marlena war weder eigensinnig noch skrupellos, sondern lediglich eine Frau, die sich verzweifelt nach der zärtlichen Berührung eines Mannes sehnte.

Lucas war niemand, der seine Gefühle zeigte oder die Gefühle anderer zu schätzen wusste. Kein einziges Mal war er seine Frau im Krankenhaus besuchen gekommen. Kein einziges Mal. Seine Abwesenheit ließe sich durch viele Gründe erklären, Jade allerdings hoffte, dass letztlich nichts anderes als reine Selbstsucht dahinterstand.

Gedankenversunken ging sie durch den gekachelten Krankenhausflur, blieb abrupt stehen und konnte gerade noch einen leisen Aufschrei unterdrücken, als sie Junior Clements aus Marlenas Zimmer kommen sah. Sein Blick war gierig, in seinen Augen loderte das, was in den grauen Tiefen seiner Seele umherschwirrte.

»Hat sie dir irgendwas erzählt?«, fragte er.

Jade spürte, wie sich ihr Herzschlag beschleunigte. »Sie liegt im Koma«, log sie. Nur mit Mühe konnte sie den Eisengeschmack im Mund hinunterschlucken. Junior jagte ihr Angst ein.

»Ich hab gehört, sie kann die Männer identifizieren, die sie überfallen haben.«

»Wo haben Sie das gehört?«, fragte Jade und zwang sich, entrüstet zu klingen.

»Was spielt das für eine Rolle?« Er musterte sie.

»Ich weiß nicht. Spielt es eine Rolle?«, erwiderte sie.

»Ich hab es aus verlässlicher Quelle. Von jemandem, der am Krankenbett war und weiß, wovon sie redet.«

Die einzige andere Person, die länger bei Marlena ausgeharrt hatte, war Dotty Strickland. »Manche Menschen lügen, wenn es einfacher wäre, die Wahrheit zu sagen«, sagte Jade. »Vergessen Sie das nicht, Mr. Clements.«

Er trat näher. Sie zog eine Augenbraue hoch und wartete. Sie hörte ihren pochenden Herzschlag.

»Komm mir ja nicht hochnäsig«, sagte er wütend.

»Das ist nicht meine Absicht«, antwortete sie, senkte aber nicht den Blick. »Marlena hat nur einmal geredet, am Freitag. Der Doktor meint, sie könnte vielleicht nicht mehr aufwachen.« Sie handelte intuitiv und versuchte Marlena vor Junior zu schützen.

»Die Schwester hat gesagt, Frank ist hier gewesen.«

Jade zuckte mit den Schultern. »Ja. Ich hab ihm gesagt, Marlena wird nicht mehr aufwachen. Nachdem schon der Deputy des Sheriffs da war, verstehe ich nicht, was Sie noch in Marlenas Zimmer zu suchen haben.«

»Könnte sein, dass derjenige von Lucas eine Belohnung bekommt, der ihm seine Tochter zurückbringt. Da bin ich mir sogar ziemlich sicher. Ich hätte das Geld wirklich gern, und wenn jemand weiß, wer sich die Kleine geschnappt hat, dann doch Mrs. Bramlett.«

»Außer dass sie im Koma liegt«, sagte Jade.

»Wirklich?«

»Es wäre ein Wunder, wenn sie wieder zu Bewusstsein kommen sollte. Fragen Sie doch den Arzt, wenn Sie mir nicht glauben.«

Junior nickte und rieb sich den blutig aufgeschürften Handrücken. Als er ihren Blick bemerkte, steckte er beide Hände in die Hosentaschen.

Die Knöchel der rechten Hand waren geschwollen, die aufgerissene Haut schimmerte hellrot. »Sie haben sich an der Hand verletzt?«, fragte sie.

»Die Rollbahre im Beerdigungsinstitut ist gegen die Tür geknallt.« Er lächelte. »Willst du sie küssen, damit es schneller heilt?«

Jade wurde schlecht. »Es wird sicherlich von allein heilen. Vielleicht sollte die Schwester mal einen Blick darauf werfen.«

Er kniff die Augen zusammen. »Hältst dich wohl für zu gut, um mir die Hand zu verarzten?«

»Ich bin Kosmetikerin, keine Krankenschwester«, sagte Jade.

»Du bist ganz schön frech. Aber ich mag Frauen, die sich nicht so leicht unterkriegen lassen.« Er beugte sich zu ihr hin, bis sie auf der Wange seinen Atem spürte. »Dort, wo du wohnst, da ist es bestimmt schön.«

Jade fühlte sich, als wäre ihr der Boden unter den Füßen weggezogen worden. Damit gab er ihr zu verstehen, dass er bei ihr zu Hause gewesen war. Er spielte mit ihr, er wollte ihr Angst einjagen. Ruhig sah sie ihn an. »Ja, es ist schön dort. Mein Großvater hat vor langer Zeit das Grundstück gekauft. Es gibt einen Friedhof hinter dem Haus. Manchmal, nachts, bevor ich schlafen gehe, höre ich die Toten aufwachen.« Sie sah die Zweifel in seinen Augen. »Sie erzählen mir Geschichten«, sagte sie leise. »Ich will sie nicht immer hören, aber wenn sie erzählen wollen, kann ich sie nicht davon abhalten, dann muss ich ihnen zuhören.«

»Du lügst.« Er trat nicht zurück, rückte mit dem Gesicht aber ein wenig von ihr weg. »Du meinst, du kannst mich einschüchtern? Ich hab keine Angst vor Geistern.« Er lachte. »Ich mag sie sogar irgendwie. Die Toten sind einfach nur tot. Mehr nicht.«

Er verlor deswegen nicht die Nerven. Gespenstergeschichten reichten nicht mehr aus, um ihn von ihrem Anwesen fernzuhalten. »Die Toten verraten mir ihre Geheimnisse.«

»Du bist ein munteres Mädel«, sagte er grinsend und enthüllte dabei seine gelblichen Zähne. »Vielleicht bring ich dir noch ein Geschenk. Ich hab etwas Bares. Vielleicht kannst du für mich eine Show hinlegen.«

Ihr Mund war wie ausgedörrt. Ihr fiel nichts mehr ein, womit sie ihn hätte abschrecken können. Er hatte ihr aufgelauert, er gab es ganz offen zu, weil er sie für hilflos hielt. Es war für ihn ein Spiel, das er sichtlich genoss. Sie wurde wütend. Als sie darauf etwas erwidern wollte, eilte eine Schwester auf sie zu.

»Mr. Clements, Mr. Lavallette ist am Telefon. Er sagt, er braucht Sie, um den Leichenwagen nach Pascagoula zu fahren. Der Mann, der erschlagen worden ist. Die Familie will ihn überführen lassen.«

»Wir werden uns wiedersehen«, flüsterte Junior Jade zu. »Zusammen mit deiner hübschen kleinen Schwester. Sehr bald.«

Er schob sich an ihr vorbei. Ihre Beine zitterten, als sie ihm nachsah, wie er durch den Gang davonschlenderte. Am liebsten wäre sie auf ihn losgegangen. Aber sie rührte sich nicht vom Fleck, spürte den Blick der Schwester auf sich, sagte aber nichts. Irgendwelches Gerede würde alles nur schlimmer machen. Das hatte sie soeben erlebt. Es gab nur eine Person, die über Marlena Gerüchte verbreiten konnte. Dotty Strickland. Dafür, ging ihr durch den Kopf, sollte sie büßen.

Sie klopfte leicht an Marlenas Tür und trat ein. Der blonde Kopf war abgewandt, das einst schimmernde Haar, das gewaschen gehörte, war fettig und strähnig. Jade hörte sie leise schluchzen.

»Alles in Ordnung?«, fragte Jade. Sie schloss die Tür. »Sei vorsichtig. Die Schwestern sind im Gang. Sie könnten dich hören.«

Marlena kämpfte damit, die Tränen zurückzuhalten.

»Was ist passiert?«, fragte Jade. Sie besorgte sich einen sauberen Waschlappen, tränkte ihn unter dem Wasserhahn im Badezimmer und wischte Marlena über das glühende Gesicht. »Was hat er gesagt?«

Sie holte tief Luft, ein Schauer lief ihr durch den Körper.

»Er hat die Decke zurückgezogen und mich angestarrt«, sagte Marlena. »Ich musste so tun, als würde ich schlafen.«

Jade knirschte mit den Zähnen. Junior war ein perverser Mensch. Er hatte ihr hinterherspioniert und sich jetzt am Anblick von Marlenas geschundenem Körper geweidet. Außerdem wurde er mutiger, fast, als glaubte er, dass niemand etwas gegen ihn ausrichten könnte. Als sie an Frank dachte, bekam sie es wirklich mit der Angst zu tun. Wenn Junior herausfinden würde, dass sie mit einem weißen Mann geschlafen hatte – sie wollte darüber nicht nachdenken.

»Hat Junior irgendwas gesagt?«, fragte sie.

Marlena schluchzte. »Nein. Er hat nur die Decke zurückgeschlagen und mein Nachthemd hochgezogen.« Tränen traten ihr in die Augen. »Und grunzende Geräusche von sich gegeben, wie ein Schwein am Futtertrog.« Ihre Stimme wurde schrill. »Ich kann hier nicht mehr bleiben. Bring mich weg!«

»Beruhige dich«, sagte Jade. »Er kann dir hier nichts anhaben.« Sie glaubte ihren Worten selbst nicht, wusste aber nicht, wo Marlena wirklich in Sicherheit wäre. Jetzt verstand sie den Wunsch ihrer Schwester, weiterhin im Koma zu bleiben. Der Wachzustand war nur mit Schmerz und Gefahr verbunden. Junior Clements jagte ihr Angst ein. Junior war zu Grausamkeiten fähig. Und in letzter Zeit benahm er sich, als stünde er über dem Gesetz. Sie sah zu Marlena. »War es Junior, der dich misshandelt hat?« Marlenas Gesichtsausdruck war Antwort genug.

»Jade, du musst mir helfen.« Marlena sah sich im Zimmer um, als würde sich hinter den Vorhängen ein Ausgang verbergen. »Ich kann hier nicht mehr bleiben! Ich kann nicht mehr so tun, als wäre ich bewusstlos. Sie werden herausfinden, dass ich wach bin!« Sie hatte die Augen aufgerissen, ihre Finger gruben sich in Jades Arm.

»Ich weiß nicht, was ich machen soll«, sagte Jade. Sie konnte

Marlena nicht im Krankenhaus lassen. Es gab keinen Ort mehr, an dem sie sicher waren. Zumindest nicht, sobald Junior aus Pascagoula zurückgekehrt sein würde.

»Bring mich irgendwohin, wo ich sicher bin, wo mich niemand findet. Weder Lucas noch Junior, noch irgendein anderer.« Marlenas Stimme löste sich in Tränen auf. »Ich habe Angst.«

»Gut«, sagte Jade und legte Marlena den Arm um die dünnen Schultern. »Ich lass mir was einfallen.«

Dotty versuchte sich auf dem Pick-up-Sitz so leicht wie möglich zu machen und die Stöße, die sie am ganzen Leib durchrüttelten, mit den Armen abzufedern. Um sie herum waren nichts als Bäume, eine dichte Wand aus grauschwarzen Stämmen und grünen Nadeln. Sie befanden sich tief in den Wäldern, an einem Ort, den sich Dotty niemals hatte vorstellen können. Dantzler raste wie ein Wahnsinniger über die schmale unbefestigte Straße, die kaum mehr war als ein Pfad voller Schlaglöcher. Der Himmel draußen hatte sich dunkelgrau verfärbt, einige grünlich gelbe Streifen markierten das Zentrum der Unwetterfront. Es würde nicht mehr lange dauern, bis das Wetter schlecht, richtig schlecht werden würde.

Der Pick-up krachte in ein tiefes Loch. Dotty prallte mit dem Kopf gegen das Dach. Sie stieß einen Schrei aus. Dantzlers Arm schoss herüber und verpasste ihr mit dem Handrücken einen Schlag auf den Mund. Sie schmeckte Blut, sagte aber nichts. Bereits in den ersten Minuten hatte sie gelernt, dass jeder Versuch, mit ihm zu reden, mit Schlägen quittiert wurde. Der Mann neben ihr interessierte sich nicht dafür, was sie zu sagen hatte.

»Frank wird überrascht sein, wenn er nach Hause kommt und du spurlos verschwunden bist«, sagte Dantzler glucksend. »Dann wird er das kleine Mädchen *und* dich suchen müssen.«

Tränen liefen Dotty über die Wangen. Frank würde gar nicht wissen, dass sie verschwunden war. Der einzige Hinweis auf ihre Anwesenheit war ihr Wagen, und den hatte sie in der alten Garage hinter dem Kimble-Haus abgestellt. Es konnten Tage vergehen, bis Frank ihn fand. Keiner würde wissen, dass sie vermisst wurde. Sie wohnte allein und hatte sich für die kommenden Tage auch mit niemandem verabredet. Sie hatte keinen Job, keinen Arbeitgeber, dem ihr Fehlen auffallen würde. Marlena lag im Koma und konnte niemandem erzählen, dass sie vermisst würde, selbst wenn sie es wissen sollte. Sie hatte einen schrecklichen Fehler begangen. Sie war zu Frank gefahren, um ihm zu erzählen, dass Junior Clements Suzanna Bramlett entführt habe, und hatte sich darin vollkommen geirrt. Jetzt war sie mit dem Kidnapper in einem Pick-up eingesperrt, der mit vierzig Meilen die Stunde über einen Feldweg rumpelte.

Die Tränen liefen ihr in die aufgeplatzte Lippe, am liebsten hätte sie vor Schmerzen laut aufgeschrien, blieb aber still. Sie kauerte sich gegen die Beifahrertür und betete um eine Möglichkeit zu entkommen.

»Ich bin nicht Franks Freundin«, sagte sie und verschliff wegen der mittlerweile geschwollenen Lippen leicht die Worte.

»Hab ich dich was gefragt?«

Sie wusste, sie musste ihm alles erklären, bevor es zu spät war. »Frank mag mich noch nicht mal. Es wird ihn nicht kümmern, dass Sie mich haben.«

Dantzler hielt den Pick-up an. Langsam zog er den Gürtel aus der Hose. »Du willst ein Spielchen spielen?«, fragte er. »Ich kenn ein paar, die mir wirklich Spaß machen.« Lachend packte er sie am Haar, zog sie über den Sitz und hinaus, weg vom Wagen, während ihre Schreie von den Stämmen der riesigen Kiefern widerhallten.

27

Jonah saß auf der Treppe an der Rückseite seines Hauses. Der Schweiß lief ihm aus allen Poren, kranker Schweiß, dem den Geruch der Schande anhaftete. Er stank, hatte für sich selbst nichts als Verachtung übrig und konnte seiner Frau nicht unter die Augen treten. Nach siebenunddreißig Jahren Vernachlässigung war von seiner Ehe nichts mehr übrig geblieben als ein Sumpf voller Leid. Er hatte nie Ehebruch begangen, das war seine Sünde nicht. Es war schlimmer, denn Ruth hatte für ihn immer an letzter Stelle in der Dreifaltigkeit seiner Loyalität gestanden. Bevor es Jade in ihrem Leben gegeben hatte, hatte Lucille den ersten Platz eingenommen. Jetzt sah er es ein. Gestern hätte er es noch abgestritten. Allein der Vorwurf hätte ihn verärgert. Lucille hatte ihm den Schleier von den Augen gezogen, und jetzt sah er alles deutlich, viel zu deutlich, vor sich. Das Zusammenleben mit seiner Frau war geprägt von Unmut und Groll. Sie hatte alles Recht dazu, aber nicht er. Dann war Jade an die erste Stelle gerückt, Lucille auf den Platz dahinter abgerutscht, und dann kam Ruth. Immer die Letzte. Er schämte sich, legte den Kopf in die Hände und weinte.

»Was sitzt du da auf der Treppe und heulst?«, fragte Ruth hinter der Gittertür. Er hatte nicht bemerkt, dass sie im Haus war. Sie war so leise wie ein Gespenst, und auch das war seine Schuld. Er hatte ihr alles Weiche genommen, er hatte sie aufgezehrt.

»So viel Zeit ist vergangen«, sagte er, ohne sich die Mühe zu machen, seine Tränen zu verbergen. »Jetzt bin ich ein alter Mann.«

»Du weinst wegen deiner verlorenen Jugend?« Ihr Ton zeugte von ihrer Ungeduld mit ihm.

»Nein, Ruth. Ich weine um die Jahre, in denen ich ein solcher Idiot gewesen bin; um die Zeit, in der ich dich so schlecht behandelt habe und so dumm war, es nicht zugeben zu können.«

Er hörte hinter sich das Knarzen der Gittertür. Ruth kam auf die Treppe und ließ sich neben ihm nieder. Sie berührte ihn nicht. Seit Jahren hatte sie ihn nicht berührt. Auch etwas, was er ihr, was er ihnen beiden gestohlen hatte. Seine Tränen waren getrocknet, aber sein schlechtes Gewissen quälte ihn.

»Dann bist du endlich aufgewacht?«, fragte sie. Ihr Blick war sanft, ihr Zorn endlich verschwunden. »Der Aufprall ist hart, Jonah. Ich weiß, wie weh das tut.«

»Vielleicht ist es nötig, dass es wehtut. Ich habe dich all die Jahre so oft verletzt.«

»Ja, das hast du.« Sie sagte es ganz ruhig.

»Ruth, ich wollte das nicht.«

»Die meisten wollen nicht, dass andere leiden. Trotzdem passiert es. Wenn man liebt, riskiert man Schmerzen.«

Er dachte nach. »Liebst du mich noch?«

»Ich weiß es nicht«, antwortete sie. »So viele Jahre habe ich dich gehasst, jetzt weiß ich nicht mehr, was unter meinem Hass noch vorhanden ist. Dich zu hassen war die einzige Möglichkeit für mich, zu überleben. Dich und Miss Lucille zu hassen.« Aus ihren letzten Worten sprach Verbitterung. »Du hast sie nie gesehen, wie sie wirklich ist.«

»Heute habe ich sie gesehen.« Er würde ihr nicht erzählen, dass Jade seine Tochter war. Es ging ihm dabei nicht darum, seine Feigheit, sein Nicht-wissen-Wollen zu verbergen. Er hatte Lucille jede einzelne Silbe geglaubt, weil er hatte glauben wollen, dass das Kind, das sie in sich trug, von einem anderen Mann stammte. Als junge Frau war Lucille sehr freizügig mit ihrem Körper umgegangen, weshalb er ihre Geschichte über den schwarzen Liebhaber aus New Orleans nie infrage gestellt hatte. Er hatte Slidin' Jim beim Longier-Fest getroffen, er hatte seinen Charme miterlebt. Und da er Lucille kannte, hatte er ihre Lüge nie hinterfragt. Lucille hatte ihn betrogen und ihn ganz nach Belieben manipuliert. Jade war seine Tochter. Sechsunddreißig Jahre lang hatte Lucille es vor ihm geheim gehalten. Ruth sollte es nicht erfahren. Denn er wollte das eine, was sie aus ganzem Herzen liebte, nicht besudeln. »Ich habe gesehen, was im Lauf der Jahre aus Miss Lucille geworden ist. Und was aus mir geworden ist.« Er senkte den Kopf. »Ich schäme mich.«

»Die Wahrheit kann hart sein«, sagte Ruth. »Aber wenn du dich so siehst, dann muss ich auch die Frau sehen, die aus mir geworden ist. Und das ist nicht schön, weder für mich noch für die anderen.« Sie seufzte. »Ich habe seit gut zehn Jahren nicht mehr in den Spiegel geschaut. Ich kann meinen Anblick nicht mehr ertragen. Ich bin eine alte, verknöcherte Frau, die vor Hass verbrennt.«

»Doch, Ruth, du kannst dir noch in die Augen schauen.« Er berührte ihre Wange und spürte die Haut, die ihm so unvertraut geworden war. Sie hatte ein weiches Gesicht, es fehlte ihm alle Härte, die er unweigerlich mit ihr verband. Er drehte ihren Kopf zu sich, sodass sich ihre Blicke trafen. »In deinem Gesicht ist mehr als nur Härte. Es gibt dort auch Güte und wahre Liebe für unsere Tochter.«

»Ich wollte dich lieben, Jonah, aber in deinem Herzen war kein Platz für mich.«

Er schloss die Augen. Der Schaden, den er angerichtet

271

hatte, war schlimmer als alles, was Lucille getan hatte. Für ihn gab es keine Entschuldigung. Er hatte eine Frau gehabt, die ihn geliebt und gewollt hatte. Lucille hatte niemanden gehabt.

Er stand auf. »Wo ist Jade?«

»In der Stadt, sie will mit Frank Kimble über den Spanner reden. Ich hab ihr davon abgeraten. Weiße Polizisten, die interessiert es doch nicht, was einer schwarzen Frau zustößt.«

Jonah wurde es schwer ums Herz. Jade und Frank machten ihm Sorgen. Jade würde leiden, so wie er gelitten hatte. Und am Ende würde jeder, der es wagte, sie zu lieben, ebenfalls darunter zu leiden haben.

»Ist da etwas zwischen Jade und diesem Polizisten?«, fragte Ruth.

Er ließ sich Zeit mit der Antwort, dachte nach. Viele Jahre lang hatte er seine Frau vernachlässigt. Jetzt wollte er sie beschützen, doch dazu würde er sie wieder anlügen müssen. Ein Weg, den er nicht nochmal beschreiten wollte. Er wollte niemanden mehr anlügen, vor allem nicht sich selbst.

»Frank sagt, ihm liege viel an Jade«, sagte er. »Sie war bei ihm. Letzte Nacht.«

Ruth stöhnte auf und schwankte leicht. »Herr, hilf uns.« Sie zerrte an ihrem Kleid. »Allmächtiger dort oben, steh uns bei!«, rief sie und beugte sich nach vorn.

Jonah legte ihr die Hand auf die Schulter und stützte sie. »Es wird gut werden, Ruth. Du hattest recht, als du sie fortschicken wolltest. Genau das werden wir tun. Wir schicken sie nach New Orleans und helfen ihr, dort einen Laden aufzumachen. Alles wird gut werden. Es ist noch nicht zu spät für sie, und für uns auch nicht. Ich gehe sie jetzt suchen, um es ihr zu sagen.« Er küsste Ruth auf die Wange und machte sich auf den Weg in die Stadt.

Frank wischte sich den Schweiß aus den Augen. Es war schwül, als wären die Gewitterwolken eine Decke, die die Wärme am Boden hielt. Seine Augen brannten, er blinzelte. Dann erhaschte er zwischen dem verschwommenen Grau der Baumstämme eine Bewegung. Er griff nach seiner Pistole. Als er wieder klar sehen konnte, erkannte er Joseph Longfeather. Statt des Tarnanzugs trug er das blau-weiß gestreifte Hemd, auf das er so stolz gewesen war. Um den Hals hatte er ein rotes Bandana gebunden, die Mütze war tief in die Augen gezogen. Mit einem Lächeln verschwand er wieder. Franks Hemd war schweißgetränkt, aber er marschierte weiter, hatte die Spur deutlich vor sich und spürte, dass er seine Beute bald finden sollte.

Die Spur hatte ihn zu einem alten, von Sträuchern überwucherten Forstweg geführt, auf dem noch die Überreste der Kiefern lagen, die für die Sägemühle zu verwachsen waren. Er war ihm gut fünf Meilen gefolgt und hatte sich dabei in Richtung Osten immer weiter vom Fluss entfernt. Die dicht stehenden Bäume waren von ödem, zerfurchtem Gelände abgelöst worden. Mit den Kiefern hatten die Holzfäller alles gekappt, was ihnen im Weg stand. Nur einige einsame Schwarzeichen waren ihnen zwischen den Ligustern und Dornensträuchern entgangen.

Er fühlte sich freudig erregt, als der Holzpfad auf einen etwas größeren Weg einbog. Er blieb stehen, wischte sich den Schweiß von der Stirn und strich sich durchs nasse Haar. Reifenabdrücke waren im Sand zu erkennen. Ein Wagen war vor nicht allzu langer Zeit hier vorbeigekommen.

Er entschied sich für die nördliche Richtung. Die dichten Wolken hingen tief, Donner grollte wie ein zorniger Gott. Die wenigen Bäume um ihn herum zitterten und bebten, als aufkommende Windböen durch ihre Wipfel bliesen. Frank spürte leichte Regentropfen, nur Sekunden später begann es zu prasseln. In der Ferne war das schwermütige Heulen von Hunden zu hören. Er legte an Tempo zu.

Am Horizont erkannte er einen dünnen schwarzen Rauchfaden. Ein Herdfeuer, so wie es aussah. Für alles andere war es zu warm. Er hielt darauf zu.

Dotty glaubte sich übergeben zu müssen, als Dantzler sie in die Männerrunde stieß, die johlend ihre Ankunft begrüßte. Sie hatte es aufgegeben, zu reden. Dantzler Archey war ein Tier. Er hatte ihre Waden mit seinem Gürtel feurig rot geprügelt, die Haut war aufgerissen und brannte. Sie hielt ihr Kleid hoch, damit es nicht gegen das offene Fleisch scheuerte. Er würde dafür büßen. Er würde büßen, sobald sie herausfinden konnte, wo sie war, und nach Hause zurückkehren würde. Sie waren mindestens zehn Meilen weit in die Wälder gefahren. Auf dem Weg dorthin hatte sie kein Haus, keinen Laden oder irgendetwas anderes gesehen. Der Absatz ihres rechten Lieblingsschuhs war abgebrochen, worauf Archey ihn lachend in den Wald geworfen hatte. Jetzt musste sie wie ein Krüppel humpeln.

Die Männer, die sie mit offenem Mund anstierten, waren offensichtlich Schwachköpfe. Sie räusperte sich und holte einen Schleimbrocken hoch, den sie dem Nächststehenden vor die Füße spuckte. Archey hinter ihr lachte. »Jungs, das ist die Frau von Frank Kimble. Die muss noch gefügig gemacht werden.«

Dotty gab sich tapfer, spürte aber, wie es in ihren Eingeweiden rumorte. Der schreckliche Gedanke überkam sie, dass sie sich beschmutzen würde.

»Wo hast du sie aufgegabelt?«, fragte ein großer, zahnloser Kerl.

»Ach, hab sie so gefunden. Ihr wisst schon, Finderlohn.« Archey stieß sie vorwärts. Dotty würgte beim Gestank der Männer.

»Behalten wir sie?« Die Augen des Mannes funkelten, ein Speichelfaden troff ihm von den Lippen.

»Eine Weile lang schon«, sagte Archey und packte sie am Arm.

»Für uns alle?«, fragte der Mann.

Archey zögerte. Er sah zu Dotty und dann zu den Männern, die einen Schritt auf sie zu gemacht hatten. »Vielleicht«, sagte er. Erneut stieß er Dotty von den Männern weg. Sie kam auf ihren ungleichen Absätzen ins Stolpern und fiel auf die Knie. Hätte Archey sie nicht am Arm gepackt und wieder auf die Beine gezerrt, wäre sie einfach dort liegen geblieben.

»Komm schon«, sagte er und zerrte sie grob neben sich her. Dann blieb er stehen und drehte sich zu den Männern um. »Werft den Pick-up an. Wir müssen noch zur Destille, eine Lieferung abladen. Und dann werden wir ein wenig unseren Spaß haben.«

Er umklammerte ihren Arm und schob sie vor sich her. Sie verlor nun vollständig den rechten Schuh, worauf sie auch den linken abschüttelte. Vor sich erkannte sie eine Hütte. Sie fand ihr Gleichgewicht wieder und ging neben Archey her; scharfe Wurzeln und abgebrochene Zweige schnitten ihr in die weichen Fußsohlen.

»Was hast du mit mir vor?« Sie hatte jetzt keine Angst mehr. Falls er sie anfassen sollte – falls einer dieser verdreckten, stinkenden Männer sie anfassen sollte –, würde sie sterben.

»Halt den Mund«, sagte er. Er öffnete die Tür und stieß sie hinein. Sie schlug der Länge nach hin. Hinter ihr wurde die Tür zugeworfen, dann hörte sie, wie Metall gegen Holz kratzte. Sie drehte sich um, in einem Loch in der Tür sah sie die wuchtigen Glieder einer schweren Kette. Im Raum selbst war es nahezu vollständig dunkel, nur durch einige Ritzen im Holz fiel fahles Licht. Sie konnte Betten erkennen und nahm aufgrund des Gestanks an, dass die Männer hier schliefen.

In der entfernten Ecke des Raums befand sich ein Vorhang. Sie kroch darauf zu und betete, dass er zu einer Tür nach draußen führte. Vor Wäldern hatte sie schon immer Angst gehabt, sie hatte gefürchtet, sie könnte sich verlaufen und von wilden Tieren angegriffen werden. Dies alles erschien ihr nun wie ein angenehmer Traum. Der böse Spuk, das waren Archey und seine Männer. Sie musste von hier weg, und selbst wenn sie im Wald verhungern sollte, wäre es immer noch besser als das Schicksal, das sie hier erwartete.

Hinter dem Vorhang hörte sie ein schleifendes Geräusch. Eine Kette. Sie erstarrte. Was, wenn ein Tier dort festgekettet war? Ein Wolf oder ein Panther oder ein Bär? Das Blut rauschte ihr in den Ohren, dann hörte sie erneut die Kette. Sie schleifte langsam über den Boden. Langsam. Sie kroch darauf zu, tastete sich mit den Fingern über die abgeschliffenen Holzbohlen und den festgetretenen Dreck. Wenn sie hier jemals wieder rauskommen sollte, würde Dantzler Archey dafür büßen. Sie würde sich eine Waffe besorgen und ihn erschießen. Erst in die Eier. Und wenn er am Verbluten war und eine Weile lang gewinselt hatte, würde sie ihm vielleicht in die Knie schießen, würde ihn verstümmeln, damit ihm bewusst wurde, dass er für immer ein Krüppel bleiben würde, falls sie ihn doch am Leben lassen sollte. Und dann, kurz bevor er verblutet war, würde sie ihn mit einem Schuss genau zwischen die Augen erledigen.

Sie klammerte sich an ihre Rachephantasien, während sie vorwärtskroch, hin zu dem Ginghamvorhang und dem Ding dahinter. Dann stand sie auf, ging darauf zu und riss ihn mit einer schnellen Bewegung zurück. Die Frau am Herd war nackt, der Körper überzogen von Abschürfungen und Grind. An ihre Seite klammerte sich ein Junge, dessen Gesicht durch schreckliche Narben verunstaltet war.

Dotty schnürte es die Luft ab. Sie griff sich an den Hals

276

und spürte den Kloß, der ihr den Atem raubte. Sie konnte nicht anders, als die Frau und den Jungen anzustarren, die wiederum zu ihr starrten. Dann torkelte sie nach hinten, war unfähig zu atmen und fiel über eines der Betten. Und ihr Fall löste den Schrei, der ihr die Kehle zugeschnürt hatte.

Nachdem sie zu schreien begonnen hatte, konnte sie nicht mehr aufhören.

28

Im Krankenhaus war es still, die Neonlichter schafften es kaum, den dämmrigen Tag zu erhellen. Jade eilte zum Ausgang und blieb stehen. Das Unwetter musste jeden Augenblick einsetzen. Sie öffnete die Tür. In der Luft hing ein metallischer Geruch, Blitze zogen netzartige Adern in den schweren grauen Himmel. Jade rannte zu ihrem unter den Wassereichen geparkten Wagen. Sie hatte nur wenige Schritte zurückgelegt, als sich der Himmel über ihr öffnete und strömender Regen auf sie niederging. Der Boden erbebte unter dem dröhnenden Donner. Ein weiterer Blitz zerschnitt den Himmel. Jade zog den Kopf ein, als ein Ast der Wassereiche brach und Holzsplitter um sie herum zu Boden fielen. Es roch nach Schwefel. Neben ihr knisterte der Baum, ein klaffender Spalt zog sich sechs Meter den Stamm hoch, dessen Rinde sich gelöst hatte.

Das war das schlimmste Unwetter, an das sie sich erinnern konnte. Nervös fummelte sie mit den Schlüsseln im Schloss herum, bevor sie endlich in den Wagen steigen konnte. Ihre Hände waren so nass, dass sie vom Lenkrad rutschten. Langsam fuhr sie um das Krankenhaus herum zum Hintereingang, an die Stelle, wo sich die Hausmeister und Krankenpfleger zum Rauchen und Plaudern trafen.

Sie stellte den Hudson dicht am Eingang ab. Noch bevor sie aussteigen konnte, ging die Tür auf, und ein großer Schwarzer trat in den Regen, auf den Armen ein Bündel Laken.

Jade öffnete ihm die Beifahrertür. Der Mann hob Marlena auf den Sitz.

»Danke, Tom«, sagte Jade.

»Viel Glück«, erwiderte er, drehte sich um und ging, völlig durchnässt, ins Krankenhaus zurück.

»Wohin fahren wir?«, fragte Marlena, den Kopf zwischen die Laken gehüllt.

»Wo es sicher ist«, antwortete Jade, obwohl sie nicht wusste, was sie tun sollte. Bislang hatte sie nur daran gedacht, Marlena aus dem Krankenhaus zu schaffen, fort von Junior Clements. Aber sie konnte Marlena nicht zu Ruth und Jonah bringen, ohne damit die beiden zu gefährden. Und ihr eigenes Haus, ein Ort, den sie bislang für sicher gehalten hatte, war nicht mehr sicher. Der Laden war kaum besser.

»Wo ist es sicher?« Verzweiflung schwang in Marlenas gepresster Stimme mit, die von den Drahtklammern am Kiefer noch mehr verzerrt wurde.

Jade fiel nur ein Haus ein, in dem Marlena nichts geschehen würde. Sie legte den Gang ein und fuhr durch die Wasserlachen auf die Straße. »Keine Sorge«, sagte sie. »Ich kenne einen Ort.«

Als Jade nach rechts abbog, sah Marlena sie an. »Nicht zu meiner Mutter. Bitte nicht. Da kann ich nicht hin.«

»Nein«, versicherte Jade. »Wir fahren zu Frank Kimble. Dort wird dich keiner suchen.«

»Zu Frank?« Sie sprach das Wort aus, als verstünde sie dessen Bedeutung nicht.

»Es ist wie geschaffen dafür«, sagte Jade. »Keiner lässt sich dort blicken. Und Frank nutzt das obere Stockwerk nicht. Er...«

Sie sah zu Marlena, die sie nur anstarrte. »Es ist wunderbar.«

Sie fuhren an der Bank und dem Drugstore an der Ecke vorbei, vor dem ein Mann allein im Regen auf dem Bürgersteig stand. Jade gab Gas. Sie ließen die Stadt hinter sich, die im Regenschleier verschwand. Die Wolken schienen auf dem Horizont aufzusetzen, eine dunkle, zornige Wand, die kein Entkommen zuließ.

Wieder zuckte ein Blitz, Jade hörte einen lauten Knall. Marlena versank in ihrem Sitz.

»Alles in Ordnung.« Jade berührte den kalten Arm ihrer Schwester. Marlena fühlte sich an, als wäre sie bereits tot. »Es war Junior, der dich überfallen hat, nicht wahr?«, fragte sie.

Marlena sah mit leerem Blick aus dem Fenster.

Jade drückte das Gaspedal durch, bis sie zu Franks Haus abbogen. Der Lichtschein eines Blitzes erhellte kurz den über die Bäume ragenden zweiten Stock.

»Im Kimble-Haus spukt es«, sagte Marlena leise.

»Die Toten können dir nichts anhaben.«

»Nicht so wie die Lebenden, nein.«

In einer Kurve bremste Jade ab und hielt an. »Du willst wirklich nicht zu deiner Mutter?«

Marlena schüttelte den Kopf. »Nein.«

»Warum nicht?« Langsam fuhr sie wieder an.

»Sie wird Lucas anrufen. Er betrachtet mich als sein Eigentum. Das ist mir jetzt klar. Mehr war ich meiner Mutter nie wert. Sie wollte mich immer nur an einen reichen Mann verkaufen.«

Jade hielt vor den Stufen zum Eingang, stieg aus und rannte zur Beifahrerseite, um Marlena beim Aussteigen zu helfen. »Kannst du gehen?«, fragte sie. Wie Nadelspitzen trafen die Regentropfen ihre nackte Haut. Es war ein Sommergewitter, das die Kälte des Winters in sich barg.

»Das werde ich jetzt herausfinden«, sagte Marlena. Sie ließ sich von Jade die Beine aus dem Wagen heben.

Als Jade sie hochzog, sackte sie fast in sich zusammen. Jade musste sie an den Hüften stützen. »Marlena, ich kann dich nicht tragen, höchstens auf einer Plane ziehen.«

280

Marlena schüttelte den Kopf. Regen lief ihr in die Augen und den Mund. »Ich schaff das schon. Du musst mich nur stützen.« Sie legte den Arm um Jades Schultern. Zusammen bewegten sie sich langsam die Treppe hinauf.

Die Eingangstür stand offen. Halb schleifte Jade Marlena in den Flur und über den Holzboden zu einem Sessel im Wohnzimmer, wo sie sie vorsichtig niederließ. Dann kauerte sie sich vor Marlena, strich ihr über das totenbleiche Gesicht und musste schlucken; auf dem um Marlena geschlungenen Laken zeichnete sich ein roter Fleck ab.

»Lass mich sehen«, sagte Jade und brachte Marlena in eine halb liegende Position. Sie löste die Laken. Drei Stiche hatten sich gelöst, Blut sickerte aus den Wunden. Jade schloss die Augen.

»Was ist?«, fragte Marlena. Sie war zu schwach, um sich selbst aufzurichten.

»Du hast dir einige Fäden rausgezogen, aber es sieht nicht schlimm aus.« Jade erhob sich. Jetzt nicht die Fassung verlieren, nicht in Tränen ausbrechen, redete sie sich ein. Panik überkam sie. Sie hatte Marlena aus dem Krankenhaus geholt und an einen abgelegenen Ort gebracht, wo sie möglicherweise verbluten konnte.

»Bin gleich wieder da.« Sie eilte in die Küche und musste sich lange am kalten Porzellanbecken festhalten. Sie hatte intuitiv gehandelt, und jetzt hatte sie Angst. Bevor sie weitermachen konnte, musste sie erst ihre Angst unter Kontrolle bekommen.

Sie dachte daran, wie sich Ruth vor langer Zeit mit einem Schlachtermesser in die Handfläche geschnitten hatte. Eine klaffende Wunde, so offen wie ein tranchierter Braten. Blut war über den Küchentisch geronnen und zu Boden getropft. Ruth hatte die Wunde gereinigt und einen Druckverband angelegt, den Blutfluss damit aber nicht stoppen können. Jade war damals zehn gewesen und hatte mit ansehen müssen, wie Ruth ohnmächtig zu Boden sank. Aufgelöst hatte sie daraufhin Jonah geholt, und nachher hatten alle gesagt, sie habe Ruth das Leben gerettet.

Sie atmete tief ein. Sie würde sich um Marlena kümmern. Frank würde bald nach Hause kommen und wissen, was zu tun war. Bis dahin musste sie die Blutung stillen und dafür sorgen, dass sich ihre Schwester ausruhte, ihr vielleicht etwas Suppe zu trinken geben, etwas Heißes gegen die Kälte.

Jade hatte keine Ahnung, wo Frank seine Scheren aufbewahrte oder ob er überhaupt welche besaß. Sie zog Schubladen auf, bis sie auf ein großes Fleischermesser stieß. Dann kehrte sie zu Marlena zurück, zerschnitt die Laken zu langen Streifen und machte daraus eine Bandage, die sie ihrer Schwester um die Hüfte band, um Druck auf die Wunde auszuüben. Sie musste dafür sorgen, dass die Wunde nicht noch weiter aufbrach.

Nachdem Marlena verbunden war und auf dem Sofa schlief, ging sie in die Küche zurück und machte sich auf die Suche nach Lebensmitteln. Sie fand Kaffee und eine einzige Dose Tomatensuppe. Beides bereitete sie zu, froh, etwas zu tun zu haben, froh, Marlena etwas Heißes bringen zu können. Während der Kaffee kochte, rief sie vom Telefon in der Küche aus im Sheriffbüro an. Niemand ging ran. Sie legte auf. Ihr Blick fiel auf das Fleischermesser, mit dem sie das Laken zerteilt hatte. Es war ein scharfes Messer, das gut in der Hand lag.

Sie legte es in Griffweite auf die Küchentheke.

Das Dach der Hütte klang, als würde es unter dem Ansturm des Regens in sich zusammenfallen. Dotty saß auf dem Küchenboden, das einzige Licht im Raum drang aus dem Loch um den Rauchabzug des Holzofens.

»Es wird alles gut werden«, sagte sie leise. Sie hielt den

Knöchel der nackten Frau im Schoß und hatte sich mit einer ihrer Haarnadeln und einem Nagel, den sie gefunden und geschärft hatte, am Schloss der Fußfessel zu schaffen gemacht. Der Junge vergrub sein Gesicht am Oberschenkel der Frau und verbarg die schweren Brandverletzungen, als würde er sich ihrer schämen.

»Ich werde euch befreien, und dann werdet ihr mir helfen, von hier wegzukommen«, sagte Dotty und sah dem Jungen in sein gutes Auge. »Verstanden?« Sie musste sich zusammenreißen, um nicht auf den Boden zu sinken und zu schreien. Sie konnte den Jungen oder die Frau kaum ansehen.

»Wir können nicht weg«, sagte der Junge und klammerte sich fester an die Frau. »Zerty wird uns noch mehr wehtun. Er wird uns richtig wehtun.«

»Wird er nicht«, sagte Dotty. »Der Dreckskerl, dafür wird er mir büßen. So, und jetzt haue ich ab, und ihr kommt mit. Ihr kennt den Weg.« Finster sah sie den Jungen an. »Sie nehme ich auch mit, denn kein Lebewesen hat es verdient, so angekettet zu werden.«

»Sie ist meine Mutter«, sagte der Junge.

Dotty unterbrach ihre fieberhafte Arbeit an der Fessel. »Was?« Sie betrachtete die Frau und bemerkte erst jetzt die wunderschönen, veilchenblauen, so leeren Augen. »Was ist mir ihr?«

Der Junge schüttelte den Kopf. Das Reden fiel ihm schwer, aber irgendwie schaffte er es, die Worte herauszubringen. »Sie hat nicht mehr leben können, wenn sie immer nur Angst hat. Also hat sie sich davongemacht. Im Kopf. Zerty ist wütend darüber. Jetzt weint sie noch nicht mal mehr, wenn er sie schlägt.«

»Dieser beschissene Dreckskerl.« Dotty löste den letzten Riegel an der Fußfessel. Die Haut darunter war aufgescheuert und entzündet, aber dafür war jetzt keine Zeit. Dotty warf die

Fessel auf den Boden und rappelte sich auf die Knie. »Wir müssen zu Fuß von hier weg, aber wir schaffen es.«

»Wohin gehen wir?«, fragte der Junge.

Sie musterte ihn. Sie hatte ihn aufgrund seines Aussehens ursprünglich für ein wenig begriffsstutzig gehalten. »In die Stadt. Nach Drexel. Kennst du den Weg?«

Er schüttelte den Kopf. »Zerty lässt mich nicht in die Stadt. Er sagt, ich bin eine Missgeburt und muss in den Wäldern bleiben.«

Langsam erhob sich Dotty. Sie spürte Panik in sich. »Du bist missgebildet, aber wir müssen von hier weg. Wir müssen los. Wir können hier nicht bleiben.« Ihre Stimme war kurz davor, sich zu überschlagen, bis sie das Entsetzen in der Miene des Jungen sah. Sie verstummte und ging zu der Frau. Wenn sie blieb, würde sie für immer seine Gefangene sein. Daran zweifelte sie nicht. Als sie Luft holte, zitterte sie am ganzen Leib. »Wir müssen hier weg, alle. Wenn wir die Straße erreichen, nimmt uns vielleicht jemand mit.«

»Das sind fast zehn Meilen durch den Wald«, sagte der Junge.

Sie nickte. Sie umfasste das Kinn der Frau und hob ihren Kopf. Eine Sekunde lang starrte sie in die leeren Augen. Die Frau blinzelte nicht und zuckte nicht zusammen. Sie war einfach nicht da. Behutsam strich Dotty der Frau eine Strähne des verfilzten Haars zurück. »Dantzler Archey wird dafür büßen«, sagte sie mit fester Stimme. »Der Dreckskerl wird dafür büßen.«

Sie ging zur Wand, durch die das Abzugsrohr des Holzofens geführt war. »Hier«, sagte sie und klopfte mit den Knöcheln dagegen. »Hier sollten wir am leichtesten durchkommen.« Sie hob ein Holzscheit auf. »Wir müssen die Bretter wegschlagen.«

29

Eine Hundemeute tauchte unter der Veranda auf. Die Tiere hatten die Zähne gefletscht, die Nackenhaare aufgestellt und schossen auf Frank zu, als er sich dem alten Haus näherte. Im kahlen Hof sahen sie wie Pesttiere aus und erinnerten ihn an die verhungerten Köter, die er während des Krieges gesehen hatte. Einer Hündin standen die Rippen und das Rückgrat weit heraus, ihre Zitzen schleiften am Boden. Die Viecher knurrten mehr als sie bellten und waren so klapprig, dass er sich fragte, wie sie sich überhaupt auf den Beinen halten konnten. Er rührte sich nicht; der Regen prasselte auf ihn ein, Schultern und Gesicht waren längst taub von dem furchtbaren Niederschlag.

Die Tür zu der groben Holzhütte ging einen Spaltbreit auf, eine knorrige Hand winkte ihn heran. Er machte drei Schritte und wartete; die Hunde belferten lauter als zuvor. Er hatte ausgehungerte Köter gesehen, die sich von Toten ernährt hatten. Er stand vollkommen still.

»Wer sind Sie?«, rief eine Stimme.

»Deputy Frank Kimble vom Sheriffbüro im Jebediah County.«

Die Tür ging weiter auf, ein alter Mann trat auf die Veranda. »Ja, er sagte, Sie würden kommen.«

Frank nickte, rührte sich aber nicht. Der Alte stellte keine Bedrohung dar, aber wer wusste schon, wer sich noch im

Haus aufhielt. Falls Hubbard, der völlig verzweifelt sein musste, hier war, schien es nicht ratsam, ihn zu bedrohen.

»Ich suche nach einem Mann namens John Hubbard. Er wird als Zeuge bei einer Kindesentführung und Vergewaltigung gesucht.« Er wollte, dass der Alte auf jeden Fall verstand, worauf er sich mit Hubbard eingelassen hatte.

»Das sagen Sie. Hubbard sagt was anderes.«

»Ich würde gern seine Version der Geschichte hören.« Der Regen war so laut, dass er schreien musste.

»Geht nicht«, sagte der Alte. »Er ist nicht mehr da.«

Die Anspannung wich aus Franks Schulter. Er ließ die Hand, die zur Hüfte hochgewandert war, wo seine Waffe im Halfter steckte, wieder sinken. »Wo ist er hin?«, fragte er.

»Hab ihn in die Stadt gebracht. Vor ungefähr einer Stunde.«

»Nach Drexel?«, fragte Frank überrascht.

»Ja. Hab ihn am Drugstore abgesetzt. Er ist krank.«

Die Hunde hatten sich unter die Veranda verzogen. Frank trat einen Schritt näher, um den Alten besser zu verstehen. Warnend knurrten die Hunde.

»Kann ich auf die Veranda kommen, um mit Ihnen zu reden?«

»Hab mit der Polizei nichts am Hut«, entgegnete der Alte.

»Ich suche nur Hubbard. Ein kleines Mädchen ist entführt worden. Es ist eine hohe Belohnung ausgesetzt, wenn sie zurückkommt. Wenn Sie mir helfen, können Sie einen Teil des Geldes beanspruchen.«

Das war das Zauberwort. Geld. Der Alte kam nun ganz auf die Veranda. »Verzieht euch, ihr räudigen Viecher!« Er stampfte laut auf die Verandabohlen, und die Hunde verkrochen sich. »Kommen Sie rauf«, sagte er. »Erzählen Sie mir von der Belohnung. Wie viel ist ausgesetzt?«

Frank lächelte, als er die vier Stufen hochging. Es war, als betrete er eine ganz neue Welt, in der seine Sinne, dem Regen entkommen, nun wieder richtig funktionierten. »Ziemlich viel Geld. Das vermisste Mädchen ist Suzanna Bramlett. Also, was hat Hubbard Ihnen erzählt?«

Der Alte trug eine Arbeitshose, darunter kein Hemd. Er zog an einem der Träger und rieb sich das unrasierte Gesicht. »Männer hätten ihn und seine Freundin im Wald überfallen, hat er gesagt. Hat wohl so was wie einen Anfall gehabt, und als er wieder zu sich gekommen ist, waren alle fort.«

»Zu wem wollte er in Drexel?«

Der Alte zuckte mit den Achseln. »Wie viel bekomm ich?«

Frank zog einen Schein aus der Tasche. »Wie wär's mit fünf Dollar, vorerst?«

Der Alte nahm den Schein und betrachtete ihn. »Das ist keine große Belohnung.«

»Mehr hab ich nicht bei mir«, sagte Frank. »Wenn das Mädchen gefunden wird, gibt's mehr.«

»Johnny hat nicht gesagt, zu wem er wollte. Nur dass er nach Drexel muss, um ein paar Dinge zu regeln.« Er zog die Lippen über den zahnlosen Mund.

»Wie lang war Hubbard hier?«

»Mal sehen. Ist irgendwann am Freitag gekommen. Hat fürchterlich ausgesehen.«

Frank nickte. »Wo haben Sie ihn gefunden?«

»War auf einem von den alten Holzwegen unterwegs. Hatte keine Ahnung, wo er war. Hat was von einem Wagen erzählt, aber wir haben an der Straße gesucht und nichts gefunden. Weiß nicht, ob er da gelogen hat.«

»Er hat einen Wagen«, sagte Frank. »Hat er ein Mädchen erwähnt?«

Der Alte schüttelte den Kopf. »Mit keinem Wort. Aber eine Frau. Am ersten Tag hier, da war er krank. So ein Anfall. Und als es vorbei war, hat er einen Albtraum gehabt. Hat was von einer Frau gebrüllt.«

»Wie heißen Sie?«, fragte Frank.

»Lemuel Dearman«, sagte er Alte. »Wo kann ich meine Belohnung abholen?«

»Wenn das Mädchen gefunden wird, bringe ich sie Ihnen.«

Er nickte. »Werde hier sein.« Er wollte zurück in die Hütte, drehte sich dann aber noch einmal um. »Sie können hier sitzen bleiben, wenn Sie wollen, aber es wird noch eine Zeit lang dauern, bis der Regen vorbei ist.«

»Sie haben einen Wagen?«

Der Alte grunzte. »Kostet aber mehr als fünf Dollar, in so einem Wetter zu fahren.«

»Bringen Sie mich zu meinem Wagen am Fluss, dann fahre ich von dort aus zurück und gebe Ihnen zehn Dollar dafür«, sagte Frank.

Der Alte lächelte. »Abgemacht.«

Wind und Regen tosten um das Kimble-Haus und ließen die Fenster zittern und die Läden gegen die Wände schlagen, so heftig, dass sich Jade unweigerlich an die Geschichten erinnert fühlte, die man sich über das Haus erzählte. Sie saß in einem Ohrensessel, in der Hand das Fleischermesser, während das Haus in völliger Finsternis lag. Zehn Minuten zuvor war der Strom ausgefallen, wahrscheinlich durch einen Baum, der auf die Leitungen gestürzt war. Auch das Telefon war tot. Sie war nochmal hinausgegangen und hatte ihren Wagen hinter das Haus gefahren, um ihn in der alten Scheune unterzustellen. Doch als sie das Tor öffnete, stand dort bereits ein anderer Wagen. Der von Dotty Strickland. Und keine Spur von Dotty. Sie wurde wütend. Was hatte Dotty hier verloren? Aber ihre Wut wurde schnell von Besorgnis abgelöst. Dotty war nicht die Frau, die sich irgendwohin zu Fuß auf den Weg machte.

Im Lichtgewitter der unablässigen Blitze betrachtete Jade

das blasse Gesicht ihrer Schwester und versuchte sich vorzustellen, was mit Dotty geschehen war. Vielleicht war jemand gekommen und hatte sie sich geschnappt. Aber das erklärte nicht den in der Scheune versteckten Wagen. Eine schreckliche Ahnung überfiel sie: Sollte sie die wunderschöne Treppe hinaufsteigen, der Mose Dupree ein Eigenleben eingehaucht hatte, würde sie vielleicht in einem der oberen, unbenutzten Zimmer Dottys Leiche finden. Um diesen makaberen Gedanken Einhalt zu gebieten, biss sie sich auf die Lippen – so fest, dass sie schließlich Blutgeschmack im Mund hatte.

Sie hatte es schon vor dem Stromausfall aufgegeben, im Sheriffbüro anzurufen. Ein Baum musste die Leitung gekappt haben. Die andere Möglichkeit – jemand hatte sie absichtlich durchtrennt –, war einfach zu entsetzlich.

Panik drohte sie zu überwältigen. Immer wieder redete sie sich ein, dass Junior Clements nach Pascagoula gefahren war, um den Toten vom Highway zu überführen. Er würde dafür fast den gesamten Abend unterwegs sein. Sie griff nach Marlenas kalter Hand und hielt sie fest, um auf andere Gedanken zu kommen. Jonah und Ruth würden sich fürchterliche Sorgen um sie machen, aber keiner machte sich Sorgen um Marlena. Ob man im Krankenhaus mittlerweile bemerkt hatte, dass sie verschwunden war? Tom und die anderen Krankenpfleger würden nichts verlauten lassen, um ihren Job nicht aufs Spiel zu setzen.

Sie dachte an Lucas, dessen attraktiven Gesichtszügen alles Zärtliche fehlte. Würde er überhaupt einräumen, dass seine komatöse Frau aus dem Krankenhaus geflohen war? Es stimmte so einiges nicht zwischen Marlena und Lucas. Es stand sogar so schlimm, dass Marlena nicht gewollt hatte, dass ihr Ehemann über ihre gesundheitlichen Fortschritte in Kenntnis gesetzt wurde. Schuldgefühle waren dafür ein möglicher Grund, aber auch Angst. Lucas war niemand, der die

Untreue seiner Frau mit gelassenem Verständnis hinnehmen würde. Marlena hatte auch nicht gewollt, dass ihre Mutter Bescheid wusste. Lucille war immer eine gebieterische Frau gewesen, die ihre Tochter aus reinem Eigennutz mehr oder minder verkauft hatte. Sie würde über Marlenas Verhalten mehr als wütend sein, ein Verhalten, das sie den komfortablen Lebensstil kosten konnte, wahrscheinlich sogar kosten würde. Undankbare Menschen würde Lucas nicht unterstützen.

Eine Windbö schlug die Fensterläden mit solcher Wucht gegen die Hauswand, dass Jade hochfuhr. Sie stand auf und eilte durch das Zimmer. Es ging auf Ende August zu, die Zeit schwüler Hitze. Das Gewitter allerdings hatte eine Kühle mit sich gebracht, die ihr durch und durch ging. Sie beschloss, hinter dem Haus nach trockenem Holz zu suchen, um ein Feuer anzuzünden. Die flackernden Flammen würden sie aufmuntern und Marlena ein bisschen wärmen.

Die Blutung war durch die Kompresse, die sie Marlena angelegt hatte, gestoppt. Trotzdem brauchte sie einen Arzt. Marlenas Haut hatte sich leicht grünlich verfärbt, ihre Stirn war so kalt, als liege sie im Sterben. Nach der Ankunft in Franks Haus war sie in eine Benommenheit gefallen. Sie reagierte, wenn sie angesprochen wurde, brachte aber nur einsilbige, monotone Worte zustande. Wenn Frank zurückkehrte, würde er sie zu Dr. McMillan fahren. Wenn Frank zurückkehrte, würde alles gut werden.

Sie hob eines der Handtücher auf, mit denen sie Marlena abgetrocknet hatte, hielt es sich über den Kopf, öffnete die Hintertür und lief über den Hof zur Scheune. Wenn es trockenes Feuerholz gab, dann in der Scheune. Doch kaum war sie in die Dunkelheit getreten, überkam sie ein ungutes Gefühl. Das Unwetter war so laut, dass sie bis auf das Heulen des Windes und das Rauschen der Bäume nichts hörte. Vorsichtig ging sie in die Scheune und blieb erneut stehen; das Gefühl, jemand beobachte sie, war so stark, dass ihr ein Schauer über den Rücken lief.

Es gab nur eine Person im Jebediah County, die ihr Angst einjagte: Junior Clements. Von Dantzler Archey einmal abgesehen, der sich weiß Gott wo herumtrieb. Aber beide Männer waren fort. Dantzler hatte sie aus der Stadt fahren sehen, und sie hatte die Schwester gehört, die Junior mitgeteilt hatte, er solle für Mr. Lavallette einen Leichnam überführen. Ihre Ängstlichkeit war völlig unnötig. Mit festem Schritt ging sie in der Dunkelheit um Dottys Wagen herum zur Rückwand der Scheune. Dort beugte sie sich nach unten, tastete die Wand ab, hoffte, irgendwo Holzscheite zu finden, und betete, es möge keine Ratten geben.

Sie stieß auf ein Scheit, dick wie ihr Unterarm, und hob es auf. Dann ein weiteres, das sie ebenfalls einsammelte. Gutes, trockenes Feuerholz, das Frank wahrscheinlich im Winter zuvor gehackt hatte. Sie schichtete gut ein Dutzend der Scheite auf die Arme, und in dem Moment, als sie sich wieder aufrichtete, spürte sie im Nacken einen warmen Atemhauch. Sie erstarrte, polternd rutschte ihr das Holz zu Boden. Ihre Finger umschlossen nur noch ein einzelnes dickes, schweres Scheit.

»Hab dir doch gesagt, wir würden uns bald wiedersehen«, erklang Junior Clements Stimme.

Als Antwort schwang Jade das Holzscheit mit aller Kraft herum und verpasste Junior einen kräftigen Schlag. Er schrie vor Schmerzen auf und taumelte nach hinten. Sie warf das Scheit nach ihm und rannte aus der Scheune.

»Du gottverdammte Niggerschlampe! Das wirst du büßen. Du und diese weiße Hure.«

Jade eilte durch die Hintertür, warf sie zu und schob den Riegel vor. Keuchend lehnte sie sich gegen die Tür. Dann fiel ihr ein, dass der Vordereingang nicht verschlossen war. Sie rannte durch das Haus und sperrte auch diese Tür ab.

»Jade?«

Marlenas Stimme war schwach. Jade überprüfte die Fenster und vergewisserte sich, dass sie ebenfalls verriegelt waren. Natürlich konnte Junior einfach die Scheiben einschlagen.

»Jade?«

»Ich komme«, antwortete Jade. Sie eilte zu ihrer Schwester und kniete sich neben sie. Sie musste Marlena verstecken. »Das Unwetter wird schlimmer. Ich hab einen sicheren Platz gefunden.« Sie sagte es ganz ruhig, bemüht, sich ihre Panik nicht anmerken zu lassen.

»Was ist los?«

»Nur das Gewitter«, sagte sie. »Marlena, ich werde dich in die Vorratskammer bringen.« Sie konnte dort einen Stuhl hineinstellen, die Tür schließen, und vielleicht würde Junior sie nicht finden.

Von vorn ertönte splitterndes Glas.

»Jade, was war das?«

Jade packte Marlena und zog sie hoch. »Wahrscheinlich nur ein Ast, der durch eine Scheibe gekracht ist«, sagte sie. Stöhnend vor Anstrengung schleifte sie Marlena durch die Küche in die kleine Vorratskammer, an deren Wänden sich Regale mit Einmachgläsern reihten. Sie trug einen Küchenstuhl hinein und ließ Marlena darauf nieder.

»Bleib hier«, wies sie sie an. »Und gib keinen Ton von dir.«

»Es ist jemand da«, sagte Marlena mit tonloser Stimme. »Junior, nicht wahr?«

Jade spürte das Entsetzen ihrer Schwester. »Er hat dich misshandelt, oder?«

»Er ist zurückgekommen.«

Im Licht eines zuckenden Blitzes erkannte Jade die leblosen Gesichtszüge ihrer Schwester. »Es wird alles gut werden«, sagte sie. »Bleib hier. Und sei leise.«

»Er wird uns beide umbringen.«

»Nein, Marlena. Das wird er nicht.« Jade verließ die Vorratskammer und schloss die Tür.

30

Regenschwaden stürmten über den Highway, Windböen zerrten an dem Streifenwagen, in dem Frank nach Drexel zurückfuhr. Lemuel Dearman hatte ihn in der Nähe des Flusses abgesetzt, wo er seinen Wagen zurückgelassen hatte. Der Alte war in seinem Pick-up nicht schneller als fünf Meilen pro Stunde gefahren, weshalb Frank die verlorene Zeit wieder wettzumachen versuchte. Er hatte das Gefühl, um ihn herum geschähen Dinge, die sein Leben für immer verändern würden. Im dichten Regen sah er Schatten, die sich zwischen den Bäumen bewegten. Die Toten waren unterwegs, aber er hatte keine Zeit für sie. Nur ein Gedanke trieb ihn an: zurück in die Stadt zu kommen.

Eine tiefe Wasserlache brachte den Wagen ins Schlingern und zog ihn an den Straßenrand. Frank riss am Steuer, der Wagen rutschte seitwärts weg. Als er ihn schließlich wieder unter Kontrolle hatte, stand ihm der Schweiß auf der Stirn. Dann, als er die Kuppe des letzten Hügels überquerte, kam vor ihm die graue, verlassene Stadt in Sicht. Seine Angst nahm noch zu.

Er fuhr durch die Stadt zum Drugstore, wo der Alte Hubbard hatte aussteigen lassen. Die Ladenlichter warfen ihren fahlen Schein auf die Straße. Frank hielt davor an und rannte in den Laden.

Von Hubbard war nichts zu sehen. Bis auf den ältlichen

Apotheker, der auf der Holzplattform hinter dem Ladentisch stand, war niemand im Geschäft.

»Mr. Hart, ist Ihnen zufällig ein Fremder begegnet? Ein Mann, etwa eins achtzig groß, dunkles Haar, dunkle Augen, wahrscheinlich unrasiert.«

Percy Hart zog an seinem Ohrläppchen und runzelte die Stirn. »Der Typ war vor einer Weile hier. Sah ziemlich mitgenommen aus. Wenn es der Typ war, den Sie suchen. Er hat nach dem Telefon gefragt, dann ist er wieder gegangen.«

»Wen hat er angerufen?«, fragte Frank.

»Weiß nicht genau. Herman Nyman war zu der Zeit da und hat Medikamente für den Husten seines Kleinen abgeholt. Ich hab nicht gehört, mit wem er gesprochen hat. Jedenfalls ist dann Lucille Longier vorgefahren und hat ihn abgeholt.«

»Lucille?« Frank konnte seine Überraschung nicht verbergen. »Ich dachte, Jonah chauffiert sie überallhin?«

»Dachte ich mir auch, aber es war Lucille. Ist mir aufgefallen, weil sie fast den Pecannussbaum vor dem Laden mitgenommen hätte. Sie sollten mit Huey mal ein Wörtchen reden. Entweder besorgt sie sich eine Brille, oder sie hält sich vom Lenkrad fern.«

»Klar, werd ich machen. Sie sagen, sie hat den Fremden mitgenommen?«, fragte Frank und hoffte, weitere Einzelheiten zu hören.

»Ja. Er war völlig durchnässt, und er ist bei ihr auf dem Beifahrersitz eingestiegen.«

Die sich daraus ergebenden Fragen waren höchst beunruhigend. Woher kannte Lucille den Liebhaber ihrer Tochter? Und warum fuhr sie allein nach Drexel, um Hubbard abzuholen?

»Stimmt was nicht?«, fragte Percy. »Sie sind losgefahren, bevor das Unwetter richtig schlimm geworden ist. Ich bin mir sicher, Lucille hat es noch nach Hause geschafft, sonst hätten wir schon längst was gehört.«

»Danke, Mr. Hart«, sagte Frank, bevor er wieder in den Regen hinauslief.

Dotty hatte noch nie ein solches Unwetter erlebt, ihre Gedanken allerdings kreisten nicht um die Blitze und den Regen, der auf die kleine Hütte eintrommelte. Wertvolle Zeit verrann. Wenn Archey und die Männer zurückkehrten, bevor sie fliehen konnten, würde es keine weitere Chance mehr geben. Das Schicksal, das ihr drohte, war die Hölle, und dem wollte sie sich auf keinen Fall kampflos ergeben.

Mit der Unterstützung des Jungen hatte sie eine Lücke in die Wand gerissen, die fast groß genug war, um hindurchzuschlüpfen. Fast. Aber die Zeit lief ihnen davon. Dotty griff sich ein Holzstück und rammte es gegen das Abzugsrohr. Es lockerte sich, gab aber nicht nach. »Hilf mir«, sagte sie zu dem Jungen.

Zusammen schlugen sie gegen das Rohr, bis es vom Herd abfiel. Dotty stöhnte vor Erschöpfung, während sie dem Jungen half, das Rohr nach draußen zu schieben. Jetzt hatten sie einen Fluchtweg.

»Mach schon«, sagte sie dem Jungen.

Er zögerte kurz. Sie verpasste ihm einen groben Schlag. Ihre Hände waren voller Blasen, die Fingernägel eingerissen. »Raus hier«, sagte sie. »Wir müssen weg.«

»Es regnet stark«, sagte der Junge.

»Dann werden sie wenigstens unseren Spuren nicht folgen können«, entgegnete Dotty kühl. »Und jetzt raus, oder ich lasse euch beide hier. Ich will mir nicht ausmalen, was er mit euch macht, wenn er sieht, dass ihr mich habt entkommen lassen.«

Der Junge zwängte sich durch die Öffnung, Dotty packte

die Frau am Arm. Sie hatte den Vorhang losgerissen und ihr um den nackten Leib gewickelt. »Los.« Die Frau weigerte sich, bis Dotty sie finster anstarrte. »Schaff deinen Arsch durch die Lücke«, sagte sie. »Wenn es nach mir ginge, würde ich dich hierlassen. Aber dann würde mir dein Junge nicht helfen.«

Die Frau, so dünn, dass sie die Lücke nicht mal zur Hälfte ausfüllte, verschwand nach draußen. Dotty sah sich noch mal in der Küche um, entdeckte einen Laib Maisbrot und stopfte ihn sich unters Kleid. Sie würden was zu essen brauchen. Die Frau sah aus, als könnte der Wind sie einfach davonblasen. Sie hätten weiteren Proviant gut gebrauchen können, aber mehr war nicht da. Sie kroch durch das Loch. Der Junge und die Frau standen wie Tiere im Regen, warteten geduldig.

»Und jetzt?«, fragte der Junge.

»Zur Straße«, sagte Dotty, überlegte es sich dann aber anders. »Nein, dort werden sie nach uns suchen. Gibt es noch einen anderen Weg?«

Der Junge nickte. »Der Fluss liegt etwa vier Meilen weiter westlich. Wir könnten dann flussabwärts fahren. Mit dem Regen haben wir eine schnelle Strömung.«

Dotty wischte sich die Regentropfen aus den Augen. Der Junge war abscheulich, und die Frau nur eine unnötige Belastung. Sie musste mit einer Schwachsinnigen und einer Missgeburt als Gefährten auskommen. »Gibt es dort denn ein Boot?«

»Ein kleines. Mit Paddel.«

»Dann los.« Sie fragte ihn nicht, wohin der Fluss sie führen oder wie lange es dauern würde, bis sie die Zivilisation erreichten. Eines nach dem anderen, wenn sie hier überleben wollte. Als Erstes mussten sie zum Boot. Sie ließ den Jungen die Führung übernehmen, gefolgt von der Frau, während sie den Schluss bildete. Steine und Äste bohrten sich in ihre Fußsohlen, aber sie achtete nicht darauf.

Sie kamen an einem Schuppen vorbei, in dem sie Sägen hängen sah, große Sägeblätter mit Doppelgriff, mit denen zwei Männer einen großen Baum zu Fall bringen konnten. Eine davon nahm sie von der Wand und schleppte sie mit sich, obwohl ihr Vorwärtskommen dadurch behindert wurde. Boote waren oft an Bäume gekettet, und sie hatte nicht die geringste Absicht, sich von einem Baum aufhalten zu lassen. Obwohl der Regen jedes Geräusch dämpfte, glaubte sie hinter sich das Zuschlagen einer Autotür gehört zu haben. Der Nachmittag war in den Abend übergegangen, vielleicht wurde das Tageslicht auch nur vom Unwetter verdunkelt. Es spielte keine Rolle. Die Nacht sollte ihr recht sein. Die Dunkelheit verbarg sie vor ihrem Feind. Sie legte der Frau die Hand auf die dünne Schulter und zwang sie zu etwas schnelleren Schritten. Der Junge nahm das neue Tempo auf. Sie stapften durch Schlamm und Dornengestrüpp, holpernd schleifte sie die Säge hinter sich her. Aber sie ließ sie nicht los. Wenn es hart auf hart kam, würde sie Dantzler Archey die Beine samt seinen verfluchten Eiern absägen.

Jonah stand im strömenden Regen vor Lucille Longiers Hof. Er hatte noch nie ein Unwetter wie dieses erlebt, der Himmel war so dunkel, dass der Spätnachmittag zur Nacht geworden war. Es war, als wollte sich die ganze Welt in Regen auflösen. Alles in seinem Leben, das bislang so verlässlich und stabil gewesen war, fiel auseinander. Vor allem das Bild, das er sich von sich selbst gemacht hatte, war zertrümmert worden. Er war nicht der Mann, für den er sich immer gehalten hatte. Es war einzig und allein der göttlichen Vorsehung zuzuschreiben, dass seine Tochter noch am Leben war. Und jetzt, egal, was es ihn kosten würde, wollte er sich um ihr Wohlergehen kümmern. Selbst wenn das hieß, dass er wieder bei Lucille Longier angekrochen kam und sie um ihren Wagen anbettelte.

Das Problem war nur, dass der Wagen fort war.

Als Scheinwerferlichter über den Hof strichen, trat er zwischen die Büsche. Es war Lucilles Wagen, und sie selbst saß am Steuer. Und noch jemand war bei ihr vorn. Ein großer Mann.

Lucille hielt den Wagen an, stieg aus, ging herum und öffnete dem Mann die Tür. Er wankte und musste sich am Kotflügel festhalten. Lucille stützte ihn, als sie durch den Regen auf die Veranda gingen. Er ließ sich auf einem Schaukelstuhl nieder, und sie eilte ins Haus.

Jonah überlegte, was er tun sollte. Lucille würde ihm den Wagen nie überlassen, wenn er sie in Gegenwart eines Weißen darum bat. Wahrscheinlich würde sie ihm das Fahrzeug überhaupt nicht geben. Aber er musste Jade finden. Er hatte im Laden angerufen, aber niemand hatte abgenommen. Er hatte sogar versucht, bei Franks Haus anzurufen, aber dort schien es Probleme mit der Leitung zu geben. Sheriff Huey war nirgends zu finden, und Jade war spurlos verschwunden. Er brauchte den Wagen, wenn er sie finden wollte. Mit jeder Minute, die verstrich, wuchs seine Unruhe.

Der Mann auf der Veranda war nach vorn gesackt, als wäre er eingeschlafen oder ohnmächtig geworden. Jonah trat aus den Büschen und ging über den Hof. Das Regenwasser schwappte ihm bis über die Schuhe. Er hatte fast die Veranda erreicht, als Lucille aus dem Haus kam, in der Hand ein Glas mit einer bernsteinfarbenen Flüssigkeit. Als sie ihn erblickte, blieb sie stehen und griff sich mit der freien Hand an den Mund, als wollte sie ihre Überraschung verbergen.

»Was machst du hier?«, fragte sie in tadelndem Tonfall.

»Ich wollte mir Ihren Wagen ausleihen«, sagte er.

»Hast du jetzt ganz den Verstand verloren?«

Er schüttelte den Kopf. Der Mann auf der Veranda sah auf, schien aber keinerlei Interesse zu zeigen. Er war viel zu sehr mit sich selbst beschäftigt, um sich um andere zu kümmern.

»Nein, Ma'am. Jade ist verschwunden, und ich muss sie finden. Ich habe keinen Wagen, also bin ich hier, um mir Ihren zu leihen.«

»Du meinst, du kannst dir meinen Wagen leihen?« Sie klang amüsiert.

»Jade ist Ihre Tochter. Und ich werde Sie nicht bitten, ihn mir zu leihen, ich nehme ihn mir einfach.« Er ging zur Fahrerseite und sah nach, ob der Schlüssel steckte. Er befand sich im Zündschloss. »Ich werde ihn so schnell wie möglich zurückbringen.«

»Wenn du den Wagen nimmst, rufe ich die Polizei.«

»Nur zu. Mr. Frank und Mr. Huey sind nirgends zu finden. Hätte ich sie erreicht, hätte ich sie gebeten, nach Jade zu suchen.«

Er öffnete die Tür und stieg ein.

»Ich werde dich wegen Autodiebstahls anzeigen.«

Jonah sah durch die Scheibe. Was er erblickte, war die Hülle einer Frau, die er den Großteil seines Lebens geliebt hatte. Ihre guten Seiten, ihre Zärtlichkeit und Fürsorge, waren längst verschwunden.

»Tun Sie, was Sie nicht lassen können, Miss Lucille. Sobald Jade in Sicherheit ist, bringe ich den Wagen zurück.«

Er ließ den Motor an, setzte zurück und fuhr davon. Im Rückspiegel sah er noch, wie Lucille sich über den Mann beugte und ihm das Glas zu trinken gab. Erst als er um die Kurve bog und das Haus nicht mehr zu sehen war, fragte er sich, wer dieser Mann eigentlich war, um den sich Lucille so fürsorglich kümmerte.

31

Jade kauerte sich unter den Küchenschrank, in der Hand hielt sie das Fleischermesser. Junior war ins Haus eingedrungen. Sie hatte ihn im Wohnzimmer gehört, hatte seinen Schritten durch das Speisezimmer in die Küche gelauscht, wo er, laut keuchend, um den Tisch herumgegangen war.

Jetzt war er im ersten Stock, und sie musste sich zusammenreißen, um nicht aus ihrem Versteck zu kriechen und einfach davonzulaufen. Sie konnte Marlena nicht alleinlassen. Wenn Junior sie fand, würde er sie umbringen. Sie änderte ihre Stellung, ihre Beine und der Rücken schmerzten. Zusammengequetscht saß sie zwischen den Abflussrohren, dem einzigen Ort, an dem sie Marlena schützen konnte. Falls Junior versuchen sollte, in die Vorratskammer einzudringen, würde sie ihn töten.

Quälende Gedanken gingen ihr durch den Kopf. Sie hatte ihm in die Hände gespielt. Seine Einschüchterungsversuche im Krankenhaus hatten nur den Zweck gehabt, sie zu einer überstürzten Handlung zu zwingen. Und sie hatte genauso reagiert, wie er es sich gewünscht hatte. Sie hatte Marlena, die einzige Zeugin seiner brutalen Misshandlungen und der Entführung des Kindes, in ein abgelegenes Haus gebracht und jetzt, da das Telefon ausgefallen war, unmittelbarer Gefahr ausgeliefert. Wenn Marlena tot war, konnte niemand mehr gegen Junior aussagen.

Ein Donner krachte. Jade schien es, als würde das ganze Haus erzittern. Der Wind hatte gedreht und kam nun aus Süden. Der Regen schlug immer noch gegen die Fensterläden, hatte an Stärke aber etwas nachgelassen. Das Unwetter zog ab. Kurz stellte sie sich vor, aus dem Haus und zu ihrem Wagen zu laufen, durch die tiefen Pfützen auf der Straße zu rasen, während hinter ihr Dreckfontänen hochspritzten, bis sie in Sicherheit wäre.

Aber sie konnte Marlena nicht allein lassen. Irgendwann würde Junior sie finden und dann zu Ende bringen, was er drei Tage zuvor in den Wäldern begonnen hatte.

Die kleine Hoffnung, Suzanna könnte noch am Leben sein, hatte sie mittlerweile aufgegeben. Sie dachte an ihre Nichte, ein Kind, das niemals uneingeschränkte Liebe, das überhaupt sehr wenig Liebe erfahren hatte. Marlena hatte sich um das Kind gekümmert, ihre Unzulänglichkeiten aber nie verbergen können. Sie hatte von Lucille ja selbst kaum Zärtlichkeit und Fürsorge erfahren und besaß nichts, was sie an Suzanna hätte weitergeben können. Das Kind war mit dem Gefühl aufgewachsen, unerwünscht zu sein. Jade gestand sich ein, dass Suzanna tot war. Sie schloss die Augen und unterdrückte die Tränen. Sie würde später um ihre Nichte trauern, dann, wenn sie und Marlena in Sicherheit waren.

Vom oberen Stockwerk ertönte ein lautes Geräusch – als wäre etwas zerbrochen worden. Erneut dachte sie an Flucht. Wenn Junior den ersten und zweiten Stock durchsuchte, hätte sie vielleicht Zeit, in die Stadt zu fahren und Hilfe zu holen. Aber sobald sie den Motor anließ, würde er bemerken, dass sie floh. Dann würde er wissen, dass sich Marlena allein und hilflos im Haus befand. Nein. Sie konnte es nicht riskieren, sie hierzulassen. Aber sie sollte eine Stelle suchen, wo sie ihn überraschen konnte. Es würde nicht viel nützen, wenn sie einfach aus dem Schrank hinausstürzte. Sie konnte ihn dann vielleicht mit dem Messer an der Wade verwunden; nicht unbedingt ein tödlicher Stich, es sei denn, sie hatte so viel Glück und verletzte eine Arterie.

Vorsichtig öffnete sie die Schranktür, kroch mit dem Messer in der Hand hinaus und schlich in die Vorratskammer, wo Marlena zusammengekauert auf dem Stuhl saß. Jade berührte ihre Wange, die kaum noch Wärme ausstrahlte. Sie war am Leben, aber wie lange noch, wenn sie nicht bald medizinisch versorgt wurde? In der schmutzigen Wäsche fand Jade ein Laken, das sie über sie breitete. Nicht unbedingt die beste Tarnung, aber auf den ersten Blick sah sie jetzt wie ein Möbelstück aus.

Wieder überkam sie Panik, als sie auf der Treppe Schritte hörte. Junior kam leise nach unten. Sie schloss die Tür zur Vorratskammer und schlich auf Zehenspitzen ins Speisezimmer. Neben der Tür zum Wohnzimmer stand ein Sideboard. Sollte Junior durch die Wohnzimmertür kommen, hätte sie eine Chance. Kam er durch die Tür zum Flur, würde er sie sofort entdecken.

Über einen Stuhl am Esstisch stieg sie auf das Sideboard, stieß dann den Stuhl um, sodass er hart auf dem Holzboden aufschlug. Sie hörte, wie Junior stehen blieb. Er gluckste leise.

»Ich hab von diesem Versteckspiel genug. Seid brave Mädchen und kommt raus, und vielleicht tu ich euch dann nichts.«

Sie hörte das Blut in ihren Ohren, ein pochendes Geräusch, das alles andere übertönte. Die Hand, mit der sie das Messer umfasst hatte, war taub. Sie hielt den Atem an, wartete und lauschte auf die Schritte, die durch das Wohnzimmer kamen und sich ihr langsam näherten.

»Wo ist die Schlampe?«, fragte Junior. »Rück sie raus, und ich lass dich laufen.«

Jade wagte kaum zu atmen. Sie wartete, alle Sinne auf seine sich nähernden Schritte gerichtet.

Durch den Spalt in der Tür konnte sie seine dunkle Silhouette erkennen. Auf der Schwelle blieb er plötzlich stehen. Ein Blitz erhellte den Raum, und einen Augenblick lang glaubte sie, er würde sie direkt ansehen. Sie glaubte, ihr Herz hätte ausgesetzt.

Er machte einen weiteren Schritt.

Alles in Jade spannte sich. Einen Schritt noch, vielleicht zwei.

Junior ließ den Blick durch die Dunkelheit schweifen. Dann drehte er sich in ihre Richtung, als könnte er sie riechen. »Wenn ich euch finde, werde ich euch beiden schrecklich wehtun«, sagte er, während er den nächsten Schritt machte.

Frank war mit über siebzig Meilen die Stunde unterwegs, als er einem Buick begegnete und der hochschießende Wasserschwall, der sich über seine Windschutzscheibe ergoss, ihm kurzzeitig die Sicht raubte. Auch der Buick, den er als Lucille Longiers Wagen erkannte, war schnell dran. Er brachte den Streifenwagen zum Stehen, kehrte um und raste mit blinkendem Blaulicht dem Buick hinterher. Er hatte nicht erkennen können, wer am Steuer saß, aber sollte sich Hubbard in dem Fahrzeug befinden, würde er ihn sofort verhaften.

Der Buick hielt am Straßenrand an. Frank stieg aus und ging zur Fahrerseite. Überrascht stellte er fest, dass Jonah allein im Wagen saß.

»Mr. Frank, ich muss Jade finden.«

Frank beugte sich zum Fenster hinunter. »Sie wollte den Nachmittag doch mit Ihnen verbringen.«

»Irgendein Kerl hat ihr aufgelauert. Sie ist in die Stadt gefahren, um mit Ihnen zu reden.«

Frank rührte sich nicht. Der Regen prasselte auf ihn ein, Wassertropfen rannen ihm übers Gesicht und in den Mund. Er hörte den laufenden Motor des Buick, er sah Jonah, der ihn anstarrte, aber das alles nahm er nicht mehr richtig wahr. »Wann ist das passiert?«, fragte er.

»Am Nachmittag, so um ein Uhr. Sie ist zum Sheriffbüro gefahren und nicht zurückgekommen. Ich kann sie nirgends finden.«

»Hat sie den Mann erkannt, der ihr aufgelauert hat?«

Jonah schüttelte den Kopf. »Nein. Sie hatte große Angst.«

»Vielleicht ist sie bei Marlena. Waren Sie schon im Krankenhaus?«

»Nein. Ich wollte erst bei ihr zu Hause nachsehen und dann im Krankenhaus. Wo fahren Sie hin?«

Frank sah ihn an. »Vielleicht ist sie bei mir.«

Jonah wandte sich ab und starrte auf die Straße. »Wenn Sie dort ist, bringen Sie sie ins Krankenhaus.«

»Werde ich tun.«

Langsam fuhr Jonah an. Eine Weile noch stand Frank im Regen, bevor er in den Streifenwagen stieg. Als er hinter dem Steuer saß, drückte er das Gaspedal durch; Wasser spritzte zu beiden Seiten auf. Er überholte Jonah, bemerkte noch dessen besorgten Gesichtsausdruck, verlangsamte das Tempo aber nicht. Hubbard war jetzt nicht mehr wichtig. Nichts mehr war wichtig, außer Jade zu finden und sich zu vergewissern, dass ihr nichts zugestoßen war.

Kurz vor der Stadtgrenze von Drexel bog er vom Highway ab und raste über einen schmalen Feldweg, auf dem hoch das Wasser stand. Auf halber Strecke kam der Wagen ins Schlingern, er gab mehr Gas, lenkte dagegen, konnte den Wagen wieder unter Kontrolle bringen und bog dann auf den Highway 13 ein. Die Reifen schleuderten Schlammreste auf den Asphalt.

Mit viel zu hoher Geschwindigkeit bog er in seine Auffahrt und musste scharf abbremsen, um nicht einen Baum zu rammen. Im Scheinwerferlicht wirkten die Kamelienbüsche wie hoch aufragende, schwarze Wälle. Äste strichen in jeder Kurve über den Wagen. Das Haus, das schließlich in Sichtweite kam, lag in Dunkelheit. Abgebrochene Äste waren über den Hof verstreut, das Gebäude selbst sah im nachlassenden Regen ausgewaschen und matt aus. Er fuhr um das Haus herum nach hinten und entdeckte mit einem erleichterten Seufzer Jades Hudson. Leicht irritiert nahm er wahr, dass die Scheunentür offen stand, und als sie vom Wind weiter aufgeschlagen wurde, erkannte er in der Dunkelheit darin Dottys Wagen. Nun bekam er es mit der Angst zu tun. Er stellte den Motor ab und lief zum dunklen Haus.

Jonah saß im Wagen, die Scheibenwischer kratzten über die Windschutzscheibe. Im Scheinwerferlicht sah er den Stamm eines Amberbaums quer über der Straße liegen: ein großer Baum mit mindestens einem Meter Durchmesser, der nur mit einer Säge entfernt werden konnte. Aus irgendeinem Grund zögerte er, den Buick zu verlassen. Es war nicht der Regen, der ihn störte. Er wusste es nicht zu benennen, nur ein unbestimmtes Gefühl der Angst. Er musste herausfinden, ob Jade etwas zugestoßen war, und versuchte sich einzureden, dass sie versucht habe, nach Hause zu fahren, um dann feststellen zu müssen, dass der Weg durch den Baum blockiert war.

Er griff sich die Taschenlampe, die er im Handschuhfach aufbewahrte, und stieg aus. Regen schlug ihm ins Gesicht, als er über den Baum stieg und zu Jades Haus ging. Am Rand des Hofs blieb er stehen. Das Haus lag im Dunkeln, nichts war zu hören, nur der Regen strömte wie ein Wasserfall vom Blechdach. Er erinnerte sich daran, wie es sich drinnen anhört hatte, als er noch mit seiner Mutter und Mose hier gewohnt hatte. Jetzt ging von dem Haus etwas Bedrohliches aus.

Er packte die Taschenlampe wie einen Holzschläger und

ging auf die Veranda. Als er den Türknauf umdrehte, löste sich dieser. Sein Herzschlag beschleunigte sich. Er drückte die Tür auf und ging hinein. Wenn sein Mädchen hier war, vielleicht verletzt, musste er sie finden. Zunächst hörte er nur das Trommeln des Regens, dann aber, als sich sein Gehör darauf eingestellt hatte, nahm er ein weiteres Geräusch wahr: ein langsames, rhythmisches Knarren. Er lauschte in die Dunkelheit und versuchte das Geräusch, das ihm so vertraut vorkam, als wäre es ein Teil seines Körpers, einzuordnen. Und plötzlich fiel es ihm ein. Er schaltete die Taschenlampe an, fuhr herum und richtete den Schein in die Ecke des Zimmers. Pet Wilkinson saß auf dem alten Schaukelstuhl seiner Mutter, ein Grinsen im Gesicht und einen Mehlsack auf dem Schoß.

»Wo ist dein Mädchen?«, fragte Pet, fasste nach unten und hob einen schweren Holzprügel auf. Im Strahl der Taschenlampe wirkten seine Gesichtszüge kreidebleich, in seinen Augen ein grausamer Blick.

Jonah schaltete die Taschenlampe aus.

32

Dotty tauchte das Paddel ins Wasser und steuerte das Boot, wie der Junge es ihr gezeigt hatte. Nach unzähligen Meilen auf dem vom Regen angeschwollenen Fluss wusste sie, wie sie es als Ruder einsetzen musste. Paddeln war nicht notwendig; in der schnellen Strömung musste sie nur auf die Strudel achten, die das Boot erfassen und in die Tiefe ziehen konnten.

Der Regen hatte nachgelassen, aber noch immer schöpfte der Junge mit den bloßen Händen eingedrungenes Wasser aus. Entweder hatte das Boot ein Leck, oder es füllte sich vom Regen. Die Frau lag zusammengekauert auf dem Boden, hin und wieder erhellte ein Blitz ihr Gesicht. Der Junge hatte den Vorhang über sie gebreitet; Dotty konnte nicht sagen, ob sie noch am Leben war. Sie konnte nichts für die Frau tun. Sie musste sich auf das Paddel konzentrieren, auch wenn ihre Hände mittlerweile wund und offen waren. Kurz vor der Ankunft am Fluss war sie mit dem linken Bein auf einer Wurzel ausgerutscht, seitdem stand ihr kleiner Zeh ungewöhnlich ab und wurde nur noch von einem Hautstück gehalten. Wenn sie erst mal in der Stadt war, würde Dantzler Archey dafür büßen. Sie richtete das Gesicht in den Regen und ließ sich abkühlen. Sie würde das alles hier überleben, denn sie wollte dafür sorgen, dass er dafür bezahlte. Jedes Mal, wenn sie glaubte, sie könne das Paddel nicht mehr halten, wenn ihre

Schultern vor Anstrengung brannten und ihr Fuß vor Schmerzen pochte, stellte sie sich Archey vor, wie er nackt an den Boden gepflockt war, während sie Honig über seinen Penis träufeln ließ und darauf wartete, dass Ameisen ihn fanden.

»Nach links«, sagte der Junge mit seiner seltsamen Stimme.

Hätte sie nicht gesehen, wie er im Lichtschein eines Blitzes mit der Hand deutete, hätte sie ihn vielleicht gar nicht verstanden. Sie veränderte die Lage des Paddels und spürte, wie das kleine Holzboot sich zum linken Ufer richtete. Sie dachte nicht mehr darüber nach, wo sie sich befinden mochten. Der Flusslauf wand und bog sich, sie hatte jegliche Orientierung verloren und hoffte nur, dass es noch immer der Chickasawhay war. Der Junge hatte ihr gesagt, es gebe eine kleine Ansiedlung am Fluss, eine Ortschaft namens Merrill.

»Langsamer!«, rief der Junge.

Sie stemmte das Paddel gegen die Strömung, ruderte rückwärts und bemühte sich verzweifelt, das Boot abzubremsen. Wenn sie über die Landungsstelle hinausschossen, kämen sie gegen die Strömung nicht mehr an und fänden sich dann, vielleicht verhungert, im Mississippi-Delta wieder.

»Dort!« Der Junge wollte sich aufrichten und brachte dabei das Boot zum Schwanken.

»Setz dich auf deinen Arsch!«, rief sie und zwang das Boot zu einer halben Wendung. Dann sah sie es: weiße, ausgestreckte Arme, einen Rücken, der sanft auf den Wellen trieb. Nackt und schön. Die Leiche eines Kindes.

Sie manövrierte das Boot zu dem toten Körper und hörte, nachdem urplötzlich der Regen aussetzte, wie der Schädel leicht gegen den Rumpf schlug. Sie sollte den dunklen Haarfächer ergreifen, der wie Seide auf dem Wasser trieb, aber sie brachte es nicht über sich, ihn anzufassen.

»Mach schon«, sagte der Junge. Er kauerte im Bug, bereit zu ihr zu kriechen und ihr zu helfen.

Sie schüttelte den Kopf. »Nein«, sagte sie.

»Zieh ihn raus!«, sagte der Junge.

Sie konnte sich nicht überwinden, den Leichnam zu berühren. Erneut schüttelte sie den Kopf, obwohl der Junge sie nicht sehen konnte.

Wieder schwankte das Boot. Er kam nach hinten ins Heck. Sie protestierte nicht, sondern hielt nur das Paddel im Wasser und achtete darauf, das Boot neben der Leiche zu halten.

Der Junge beugte sich über die Seite, griff zu und bekam die Haare zu fassen. Er ächzte vor Anstrengung, während er den leblosen Körper ins Boot zog. Dotty packte einen Arm, dann ein Bein, und half ihm, das kalte, tote Ding über die Bootswand zu hieven, wo es neben der Mutter des Jungen zu liegen kam. Dotty empfand nichts. Es war die Leiche eines kleinen Wesens, eines Kindes, dessen Geschlecht in der Dunkelheit nicht zu erkennen war. Sie wollte es auch gar nicht wissen. Sie wartete, bis der Junge seinen Platz im Bug eingenommen hatte, und steuerte das Boot wieder in die Strömung.

»Sollte nicht mehr weit sein«, sagte der Junge mit leiser Stimme. Der Regen hatte aufgehört, Stille hatte sich über den Fluss gelegt. »Wir sind in der Nähe der Gabelung«, sagte er. »Nach links.«

Das Boot schien über das ruhige Wasser zu gleiten. Noch immer war die Strömung schnell, nachdem aber das Dröhnen des Regens verstummt war, schien es, als glitten sie über Glas. Wolken zogen über den Himmel, gelegentlich erhellte der Schein des Mondes die Wasseroberfläche, der dann wie ein silbriger Weg erschien, bevor die Wolken sich wieder davorschoben.

»Weiter nach links«, drängte der Junge.

Sie korrigierte den Kurs, sodass sie nur fünf Meter von

den überhängenden Ästen der Bäume am Ufer entfernt waren. Starker Südwind war aufgekommen, der gegen sie blies und ihre Fahrt erheblich verlangsamte. Die Wolken gaben den Mond frei, und plötzlich schimmerte der Fluss vor ihnen im Mondlicht. Sie sah zu dem Kind. Suzanna Bramlett ruhte neben der Mutter des Jungen. Die verrückte Frau hatte den Vorhang, ihren einzigen Schutz, ihre einzige Kleidung, über das tote Kind gelegt.

Dotty brach in Tränen aus. Ihr Wehklagen hallte vom Flussufer wider, an dem ein Holzsteg aus den Schatten ragte wie ein Hoffnungsschimmer.

Jade wartete. Als Junior am Sideboard vorbeiging, sprang sie ihm mit einem Schrei auf den Rücken und trieb ihm mit aller Gewalt das Messer in den Hals. Die Klinge traf das Schlüsselbein und glitt mit einem Ruck davon ab; sie glaubte, ihr Arm bis hinunter zum Ellbogen würde taub werden.

Junior brüllte vor Schmerz und Wut, wirbelte im Kreis herum, krachte gegen den Tisch und dann gegen das Sideboard, wobei Jades Unterschenkel und Knöchel mit solcher Wucht gegen das Möbelstück prallten, dass sie fast ihren Griff an seinem Hals lockerte. Er schüttelte sich wie ein Stier, aber sie hatte den Arm um seinen Hals geschlungen und die Knie gegen seine Hüften gepresst und krallte sich mit aller Kraft an ihn. Kurz bevor er sie gegen die Wand schleudern konnte, holte sie erneut mit dem Messer aus. Die Klinge schlitzte ihm die Wange auf und hinterließ eine klaffende Wunde, die sich vom Augenwinkel bis zu den Lippen zog.

»Ich bring dich um!«, wütete er und rannte mit ihr auf dem Rücken durch das Zimmer, um sie gegen den offenen Kamin zu rammen.

Erneut stach Jade zu und traf diesmal sein rechtes Auge. Sie spürte, wie er ins Torkeln kam. Er machte zwei weitere Schritte, dann ging er auf die Knie. Und während sie von ihm abrutschte, trieb sie ihm das Messer in den Rücken. Er sackte zu Boden und begann von ihr wegzukriechen.

Jade, völlig außer Atem, begann zu würgen. Sie hatte ihren Namen rufen hören und taumelte von Junior fort. Sie konnte ihn nicht umbringen. Sie konnte es nicht. Jetzt, da er für sie oder Marlena keine Bedrohung mehr darstellte, konnte sie ihn nicht erledigen.

»Jade!« Frank stürmte von der Küche ins Wohnzimmer. Das Unwetter hatte nachgelassen, im Mondlicht, das durch das Fenster fiel, sah er sie, wie sie keuchend und nach vorn gebeugt dastand und noch den bitteren Geschmack von Erbrochenem im Mund hatte.

»Jade!« Frank schloss sie in die Arme.

Junior auf dem Boden stöhnte.

»Er lebt noch«, sagte Jade. »Er ist immer noch am Leben.« Sie begann zu weinen. »Ich kann ihn nicht umbringen.«

Frank half ihr in die Küche, zog einen Stuhl heran und setzte sie darauf ab. Er legte ihr die Hände auf die Schultern, ging neben ihr in die Hocke und versuchte sie zu trösten.

Im Speisezimmer prallte Junior gegen einen Stuhl, der umkippte und hart auf dem Boden aufschlug. »Helft mir«, rief er mit zitternder Stimme.

Jade konnte ihr Schluchzen nicht mehr zurückhalten. Frank umarmte sie und zog sie an sich.

»Weine nur«, sagte er leise. »Das ist das Beste, was du tun kannst. Weine es dir einfach von der Seele.«

Während Junior durch das Speisezimmer taumelte und Möbel umwarf, streichelte Frank ihr über den Rücken und den Kopf. Seine Hände milderten die Schrecken der vergangenen Stunde. Junior Clements hatte sie und Marlena umbringen wollen. Sie hatte ihm mehrere Male das Messer in den Leib gestoßen, jetzt wand er sich, tödlich verletzt, auf dem Boden des Kimble-Hauses. Jade klammerte sich schluchzend an Frank.

Als sie sich einigermaßen beruhigt hatte, berührte Frank ihr Gesicht. »Ist mit Marlena alles in Ordnung?«

»Sie ist in der Vorratskammer«, sagte Jade.

Frank erhob sich, öffnete die Tür zur Vorratskammer und entdeckte den mit einem Laken zugedeckten Stuhl. Er enthüllte Marlenas schlafendes Gesicht und berührte sie, um zu sehen, ob sie noch am Leben war. Erfolglos versuchte er sie zu wecken. Er kehrte zu Jade zurück. »Du musst Marlena ins Krankenhaus bringen«, sagte er.

»Fahr du uns hin.« Sie klang schwach und ängstlich. »Junior ist noch am Leben. Ich höre ihn wimmern.«

»Du musst Marlena hinbringen. Sofort.« Er packte sie an den Schultern und zwang sie, ihn anzusehen. »Ich hab anderes zu tun.«

Im Speisezimmer zersplitterte Glas. Junior schien wieder auf den Beinen zu sein.

»Was hast du vor?«, fragte Jade.

Frank berührte ihre Wange. »Ganz ruhig. Du musst dir keine Sorgen mehr machen. Und jetzt hilf mir, Marlena in den Wagen zu schaffen, dann fährst du sie hin. Ruf Sheriff Huey an, wenn du im Krankenhaus bist, du musst ihn finden, wo immer er sein mag, und sag ihm, er soll hier rauskommen.« Er küsste sie auf die Wange. »Und such deinen Daddy. Er macht sich große Sorgen.«

Dotty spürte, wie Hände sie aus dem Boot hoben. Sie hatte keine Kraft mehr, um sich dagegen zu wehren. Als ihr Fuß gegen den Steg stieß, schrie sie auf.

»Heilige Scheiße«, hörte sie einen Mann sagen.

»Holt die andere Frau. Lebt die noch?«

»Keine Ahnung. Das Mädchen ist tot. Seit einiger Zeit schon.«

Dotty ließ sich von einem der Männer über die knarrenden Planken des Steges tragen. Seine lauten Schritte verstummten im Sand, sie legte den Kopf an seine Brust und überließ sich der Bewusstlosigkeit.

Als sie wieder zu sich kam, befand sie sich auf dem Rücksitz eines Wagens, vor ihr die Silhouette des Fahrers. Neben ihm, zu ihr nach hinten gewandt, saß eine Frau.

»Sie ist aufgewacht«, sagte die Frau und klopfte dem Mann auf die Schulter.

»Wer sind Sie?«, fragte Dotty.

»Ich bin Bill Fairly«, sagte der Mann und verringerte die Geschwindigkeit, damit er sich zu ihr umdrehen konnte. »Das ist meine Frau Emmy. Wir bringen Sie ins Krankenhaus nach Drexel.«

»Wo sind der Junge und die Frau?« Dotty versuchte sich aufzusetzen, aber die Frau legte ihr die Hand auf die Brust und drückte sie wieder nach unten.

»Rühren Sie sich nicht, bis wir im Krankenhaus sind«, sagte sie.

»Wo sind sie?«, fragte Dotty.

»Gleich hinter uns«, antwortete die Frau. »In einem anderen Wagen.« Sie wandte sich nach vorn, sodass Dotty ihr Profil sehen konnte, die scharfgeschnittene Nase, das ungeschminkte, von der Sonne gebräunte, faltige Gesicht. »Wer ist das tote Mädchen?«, fragte sie.

»Suzanna Bramlett«, sagte Dotty. »Lucas Bramletts Tochter. Wir haben sie im Fluss gefunden.«

»Das kleine Mädchen, das vermisst wird? Ich wusste, dass sie tot ist.«

»Wer sind die Frau und der Junge?«, fragte der Mann, dessen Stimme weniger mitfühlend klang.

»Ich weiß nicht, wie sie heißen«, sagte Dotty. »Sie haben mir bei der Flucht geholfen.«

»Flucht?«, kam es von der Frau, die ihrem Mann einen Blick zuwarf, der Dottys Geisteszustand infrage stellte. »Jemand hat Sie gefangen gehalten?«

Dotty lehnte sich zurück und ließ sich gegen ihren Willen von den Bewegungen des Wagens einlullen. Sie kannte diese Menschen nicht, wusste nicht, ob sie ihnen trauen konnte. Aber sie hatte keine Kraft mehr, weiter zu kämpfen. Sie war zu müde, um sich oder den Jungen noch zu schützen. Sie schloss die Augen und schlief ein.

Jonah hatte in zweifacher Hinsicht den Vorteil auf seiner Seite: Er kannte das Haus in- und auswendig, und er wollte überleben. Es hatte aufgehört zu regnen, eine geradezu unheimliche Stille hatte sich über das Haus gesenkt. Noch während er die Taschenlampe ausschaltete, huschte er nach rechts in das vordere Schlafzimmer, das Jade zum Nähzimmer umfunktioniert hatte. Er tastete sich an den Wänden entlang und mied die Dielen in der Mitte der Räume, die unter seinem Gewicht knarren würden.

»Dupree«, sagte Pet, »du kannst ruhig rauskommen. Ich geh erst, wenn ich dein Mädel gefunden hab. Du kannst es mir sagen, dann wird's einfacher für dich, oder wir machen es auf die harte Tour. Wie auch immer, ich muss wissen, wo sie steckt.«

Jonah gab keinen Laut von sich. Er glitt an der Wand entlang und um die Nähmaschine und die Chiffoniere herum.

»Ich hab nicht die ganze Nacht Zeit«, sagte Pet. »Jemand wartet auf mich.«

Das musste Junior sein, dachte Jonah. Pet mangelte es an eigenem Antrieb, um irgendetwas auszuhecken. Was er machte, geschah auf Juniors Anweisung hin.

»Das Unwetter ist vorbei, gleich wird es wieder Strom geben«, sagte Pet mit quengeliger Stimme. »Sag mir einfach, wo Jade ist, und ich bin wieder weg.«

Jonah umklammerte die Taschenlampe fester. Er hatte mittlerweile das vordere Schlafzimmer durchquert und befand sich in Jades Zimmer. Die Räume waren kreisförmig angelegt, ein Zimmer führte in das nächste. Er huschte ins Badezimmer und von dort aus in die Küche.

»Hör mir zu, Nigger. Sag mir lieber, was ich wissen will, oder es wird dir noch sehr leidtun.«

Jonah hoffte, er würde weiterreden. Es war für ihn die einzige Möglichkeit, Pet in der Dunkelheit auszumachen. Bislang hatte sich Pet nicht bewegt, wahrscheinlich saß er noch immer im Schaukelstuhl. Pet fehlte es bei allem an Tatkraft, selbst jetzt, wo es darum ging, einen anderen einzuschüchtern.

Jonah machte einen langen Schritt über eine alte Diele in die Küche, die immer ächzte, wenn jemand darauftrat. Er hatte sie sein Leben lang gemieden, vor allem, wenn er sich spätnachts ins Haus hatte schleichen müssen. Er eilte durch das Speisezimmer und stand in der Tür zum Wohnzimmer. Die Nacht war nach dem Ende des Regens so still, dass er sogar die Frösche in dem über eine Meile entfernten Teich hören konnte. Er lauschte auf das Knarren des Schaukelstuhls. Eine leise Bewegung war zu hören.

Er zögerte nicht. Mit erhobener Taschenlampe lief er ins Zimmer, holte zum Schlag aus und ließ die Lampe mit aller Kraft niedersausen. Etwas Hartes, Feuchtes schlug gegen den Boden. Pet Wilkinson gab ein leises Geräusch von sich, ein weiches Ausatmen, dann sackte er zu Boden. Jonah stand in der Dunkelheit, atmete schwer, sein Herz pochte. Als er schließlich wieder zu einer Bewegung fähig war, beugte er sich zu dem Körper hinunter. Er spürte keinen Puls mehr, kein Anzeichen von Leben. Er tastete ihn ab, bis zum Kopf, der blutverschmiert war. Er hatte Pet genau an der Schläfe getroffen. Perfekter hätte er ihn nicht erwischen können, selbst wenn er den Schlag gezielt ausgeführt hätte.

Er stand auf, wischte sich die Hand an der Hose ab und eilte zur Tür hinaus. Jade befand sich vielleicht im Krankenhaus, und Junior Clements war auf der Suche nach ihr.

Auf dem Weg in die Stadt musste er wieder an Lucille und ihren Wagen denken. Nun, wenn sie ihn verhaften lassen wollte, dann konnten sie ihn auch gleich noch wegen Mordes festnehmen. Er hatte Pet nicht töten wollen, aber genau das hatte er getan. Er bedauerte es nicht. Pet war gekommen, um Jade etwas anzutun; wahrscheinlich war er an der Misshandlung von Marlena beteiligt gewesen. Jetzt konnte er niemandem mehr Schaden zufügen.

33

Frank sah Jades Scheinwerferlichtern hinterher, die über den von Pfützen bedeckten Hof strichen. Sie lebte, aber unbeschadet hatte sie es nicht überstanden. Angst verändert die Menschen. Was geschehen war, würde sie immer mit sich herumtragen; dunkle Schatten in mondlosen Nächten. Jade würde nachts von Junior Clements und Suzanna besucht werden. Sie würde leiden, obwohl sie nichts Falsches getan hatte.

Als ihre Rückleuchten außer Sichtweite waren, kehrte er ins Speisezimmer zurück, wo Junior langsam verblutete. Sein Blut bedeckte den halben Raum, sickerte in den Holzboden und vermischte sich mit dem Blut der Vergangenheit. Rittlings setzte er sich auf ihn und lauschte auf das Gurgeln im Hals des anderen, wo sich Luft mit Blut vermischte.

»Wo ist Suzanna Bramlett?«, fragte er.

»Verpiss dich.« Junior brachte die Worte kaum heraus.

Frank nahm das von Jade fallen gelassene Messer, hielt ihm die Spitze unters Kinn und drückte sie einen halben Zentimeter tief in die weiche Haut.

»Ich werde dir durch das Kinn die Zunge aufschlitzen«, sagte er. »Wo ist Suzanna?«

Junior röchelte. Frank verstärkte den Druck auf die Klinge.

»Sie ist tot«, keuchte Junior.

Frank nahm das Messer weg. »Wie lange schon?«

»Von Anfang an. Sie hat mir in die Eier getreten. Ich wollte sie nicht umbringen, aber ich hab ihr den Hals gebrochen.«

Marlena hatte recht gehabt. Suzanna war kurz nach dem Überfall gestorben. Frank beugte sich näher an Juniors Gesicht. »Wer hat dir aufgetragen, Marlena zu überfallen?«

Juniors gurgelndes Röcheln wurde lauter. Er wollte sich wegdrehen, konnte aber den Kopf nicht mehr bewegen.

Frank zog seine Waffe aus dem Halfter, rutschte nach unten, sodass er auf Juniors Knien zu sitzen kam, und richtete die Waffe auf Juniors Hoden. »Suzanna hat dir in die Eier getreten, ich werde sie dir wegblasen, wenn du mir nicht sagst, wer dich dafür bezahlt hat.«

Er gab Junior Zeit zum Nachdenken. »Ich weiß, es war entweder Lucas oder Lucille. Welcher von beiden?«

Junior versuchte die Hand zu heben. Stöhnend ließ er es bleiben.

Frank wartete eine weitere halbe Minute, dann spannte er den Hahn. »Junior, du wirst sterben. Das kann ich dir jetzt schon sagen. Und es geschieht dir ganz recht für das, was du getan hast. Suzanna hatte keine Chance. Und Marlena auch nicht. Es wäre besser gewesen, wenn du sie umgebracht hättest. Aber ich versprech dir eines: Ich kann es schnell machen oder so, dass deine letzte halbe Stunde zu einer fürchterlichen Qual wird.«

»Es war Mrs. Longier. Sie wollte, dass wir … Marlena einschüchtern. Sie hat diesen Vertreter gevögelt.«

Frank verstand. Ihm wurde übel. Jetzt hatte er alles klar vor Augen. In der Mitte des Netzes saß die alte Spinne, die ihre eigenen Jungen fraß, nur um ihr Königreich zu retten.

»Sie hat euch geschickt, um Marlena Angst einzujagen. John Hubbard hat die Falle gestellt. Er hat sich mit Marlena verabredet, damit du und Pet sie einschüchtern konntet. Und dann ist alles aus dem Ruder gelaufen. Du hast Suzanna umgebracht und dann beschlossen, mit Marlena auch deinen Spaß zu haben.«

Er gab Junior die Möglichkeit, alles abzustreiten. Es kam nichts von ihm.

»Und dann seid ihr auf den Geschmack gekommen«, fuhr Frank fort. »Du hast deinen Wagen quer über den Highway gestellt und Sam Levert dazu gebracht, anzuhalten, und dann habt ihr ihn wegen seines Geldes erschlagen.«

»Ruf einen Krankenwagen«, flehte Junior. »Ich will nicht … sterben.«

Frank betrachtete Juniors Wunden. Der Schnitt am Auge würde sich vielleicht infizieren, an dem Stich in die Niere und die Eingeweide allerdings würde Junior unweigerlich sterben. Irgendwann. Solche Wunden waren immer die schlimmsten.

Frank konnte an den Verletzungen ablesen, was vorgefallen war. Er sah Jade vor sich, wie sie Junior auf den Rücken sprang und um ihr Leben und das ihrer Schwester kämpfte. Juniors Atem wurde schwächer. Er würde bald sterben. Noch nicht einmal die Wunder der modernen Medizin würden ihn retten können. Frank seufzte. »Du hast Marlena misshandelt und einen Mann auf dem Highway getötet, weil es dir gefallen hat, wie sich so was anfühlt. Aber du hast nicht mit Jade gerechnet, nicht wahr?«

»Hilf mir«, flüsterte Junior.

Und dann spürte Frank, dass noch jemand im Zimmer war. Als er aufsah, stand sein Großvater neben dem Tisch. Blut sickerte aus Gustavs Schläfe, aus dem von Pulverdampf geschwärzten Einschussloch. Er hielt die Waffe in der rechten Hand und nickte Frank zu.

Langsam erhob sich Frank. Er starrte Gustav an und verstand endlich, was sich an jenem weit zurückliegenden Tag abgespielt haben musste, als Anna und Alfred umgebracht worden waren und Gustav sich das Leben genommen hatte.

Gustav hatte seine Schwägerin nicht getötet. Er hatte weder den ersten noch den zweiten Schuss abgefeuert. Sondern Greta. Sie hatte ihre Schwägerin und dann ihren Schwager getötet. Gustav hatte nicht im Wahnsinn gehandelt, als er sich die Waffe an den Kopf hielt, sondern nur das beendet, was keine Zukunft mehr gehabt hätte. Er hatte die Schuld auf sich genommen und seiner Frau die Freiheit geschenkt, damit sie ihr gemeinsames Kind aufziehen konnte.

Das Mondlicht brach durch die Wolken und überflutete das Zimmer. Die Waffe schimmerte in Gustavs Hand. Erneut nickte er.

Frank griff sich seine Pistole und stellte sich über den am Boden liegenden, sterbenden Mann. Flehentlich sah Junior mit seinem einzig verbliebenen Auge zu ihm auf. Frank zielte mit seiner 357er auf Juniors Herz und drückte ab. Das Sheriffabzeichen würde ihn vor einer Mordanklage bewahren, falls es wirklich jemanden kümmern sollte, dass Junior tot war. Aber seine Tat würde Jade beschützen. Juniors Tod würde nichts mehr mit ihr zu tun haben, und das würde sie vor den Träumen bewahren, die sich manchmal mitten in der Nacht einstellten.

Er ging in den Hof hinaus, in dem das Mondlicht auf dem Laub der Bäume und dem dichten Grün der Kamelienblätter schimmerte. Ein leichter Windhauch mit dem Versprechen des nahenden Herbstes flüsterte in den Bäumen.

Jonah saß auf einem der beiden Stühle im Wartezimmer. Noch immer zitterte er am ganzen Leib, hatte den Kopf in beide Hände gelegt und stand nahe davor, sich zu übergeben, aber es kam nichts. Er müsste Ruth anrufen, traute allerdings seiner Stimme nicht und fürchtete, ihr damit nur Angst einzujagen. Ein einziges Bild nur ging ihm durch den Kopf, immer und immer wieder. Zwei Geräusche hallten in seinem

Kopf; das seiner Taschenlampe, die gegen den Schädel krachte, und der weiche Aufprall von Gehirnmasse auf dem Boden. Danach war alles um ihn still geworden. Selbst jetzt, im Krankenhaus, umgeben von den Schwestern und Dr. McMillan, der hin und her rannte, hörte er nichts.

Jade war in Sicherheit. Sie war mit einer Schwester in einem Behandlungszimmer. Sie war unverletzt. Zumindest körperlich. Er sah, dass sie zutiefst verängstigt war, dass sie unter Schock stand. Der Arzt hatte ihr ein Beruhigungsmittel gegeben. Marlena befand sich im zweiten Behandlungszimmer, und nach den Mienen der Schwestern zu urteilen stand es nicht gut um sie. Lucas ging mit leerem Blick im Gang auf und ab. Dem Ausdruck in seinem Gesicht war nichts zu entnehmen.

Dann ging die Tür der Notaufnahme auf. Jonah kannte den Mann nicht, der mit einer blonden Frau auf den Armen durch die Tür trat. Es dauerte eine Weile, bis er sie als Dotty Strickland erkannte. Sie sah aus, als wäre sie von einem Pick-up überfahren und anschließend gehäutet worden.

»Was zum Teufel ist hier los?«, rief Dr. McMillan, als er aus Marlenas Behandlungszimmer kam. »Bringt sie dort rein!« Er deutete auf die Tür zum Operationssaal und verschwand hinter dem Mann, der Dotty trug.

Erneut gingen die Doppeltüren des Eingangs auf. Jonah stand auf. Es kostete ihn einige Anstrengung, sich nichts anmerken zu lassen, als ein Junge erschien, dessen Gesicht so schlimme Narben aufwies, dass sie ihm etwas Unmenschliches verliehen. Ein weiterer Mann kam herein; er trug eine Frau, die kaum mehr als fünfunddreißig Kilo wiegen konnte und schwer misshandelt worden war. Sie war in ein Tuch gehüllt. Dann entdeckte er die Wunde an ihrem Knöchel, die aussah, als wäre die Frau angekettet gewesen.

Er wollte sich bereits wieder setzen, als ein dritter Mann mit einem Kind auf den Armen auftauchte. Dessen braunes, mittlerweile getrocknetes Haar umwehte seidig die Knie des Mannes. Kurz glaubte Jonah, das Mädchen sei noch am Leben, bis sein Blick auf das Gesicht fiel. Die bläuliche Haut, die leblosen Augen waren vom Tod gezeichnet.

»Suzanna!«, rief er und trat unwillkürlich vor. Der Mann erstarrte. Jonah spürte, wie er zur Seite geschoben wurde. Lucas drängte sich an ihm vorbei und starrte auf den Leichnam seiner Tochter. Er sagte nichts. Er betrachtete sein totes Kind, drehte sich um und ging. Seine Schritte hallten auf den Kacheln des Krankenhausflurs wider, bis sie nicht mehr zu hören waren.

34

D ie Augustsonne schien das Leben aus der Landschaft zu saugen, als Frank seinen Wagen vor dem auf dem Hügel gelegenen Haus mit der umlaufenden Veranda und den kühlen Schatten abstellte. Es war Montagvormittag. Eine Hühnerschar stob auseinander, während er zu den Stufen ging. Lucille war zu Hause. Er wusste es. Sie wollte nicht fort, weil sie Jonah gesagt hatte, er müsse den Wagen nicht zurückbringen.

Frank klopfte an die Eingangstür und wartete. Als niemand antwortete, ging er auf der Veranda zum Seiteneingang, der in die Küche führte. Lucille saß mit dem Rücken zur Tür am Tisch.

»Mrs. Longier«, sagte er und pochte an die Tür. Sie rührte sich nicht.

»Mrs. Longier«, wiederholte er und pochte stärker. Als sie sich noch immer nicht rührte, öffnete er die Gittertür und trat ein. Er stellte sich vor sie und sah sie an. Ihre blauen Augen starrten aus dem Küchenfenster in Richtung der alten Scheune. Sie schien etwas interessiert zu beobachten, aber als Frank durchs Fenster sah, bemerkte er lediglich den vom Wind aufgewühlten, über den Hof tanzenden Staub und einige Schmetterlinge, die über die letzten Blüten des Sommers torkelten.

Die Erde war getränkt vom Regen der vergangenen Nacht.

Mit der aufgehenden Sonne war die Hitze zurückgekehrt, sie hatte die Feuchtigkeit verdunsten lassen und einen schwülen Schleier über die Stadt gelegt. Frank wischte sich den Schweiß von der Stirn und drehte sich wieder der Frau zu, die die Misshandlung und Vergewaltigung ihrer Tochter und den Tod ihres Enkelkindes angeordnet hatte.

»Suzanna ist tot«, sagte er nur. »Und Sie tragen die Schuld daran.«

»Wie können Sie es wagen, so etwas zu behaupten?« Irgendwie hatte Lucille die Fassung wiedergewonnen. Ihre blauen Augen sprühten vor Kälte.

»Ich wage es zu behaupten, weil es stimmt. Sie haben Junior und Pet bezahlt, damit sie über Marlena herfielen. John Hubbard hat Ihnen dabei geholfen, sie in den Hinterhalt zu locken. Wo steckt Hubbard übrigens?«

»Ich habe keine Ahnung, wovon Sie reden.« Sie lächelte. »Ich würde Ihnen gern Kaffee anbieten, aber meine Bediensteten scheinen mich im Stich gelassen zu haben.«

Zuvor hatte sich Frank die Frage gestellt, ob er Mitleid mit Lucille haben sollte. Nein. Kein bisschen. Sie zeigte keine Reue. »Ich würde nicht darauf bauen, dass Ruth oder Jonah jemals zurückkommen. Außer um Ihnen Ihren Wagen zu bringen.«

»Ich möchte, dass Sie ihn verhaften. Er ist ein Dieb.«

»Reden wir lieber über das Geld, das Sie Junior gezahlt haben.«

Lucille verzog einen Mundwinkel. »Frank, Sie stammen aus einer Familie mit defekten Genen. Irrsinn ist vererbbar, wissen Sie?«

»Wie viel haben Sie ihm gezahlt?«

»Ihr Großvater hat seinen Bruder und seine Schwägerin umgebracht und dann die Waffe gegen sich selbst gerichtet. Und jetzt haben Sie Junior Clements getötet, als er verletzt auf dem Boden lag. Jeder in der Stadt weiß, dass Sie verrückt sind. Wer es gut mit Ihnen meint, spricht von Kriegsneurose. Aber jeder weiß, dass Sie schlicht und einfach wahnsinnig sind.«

»Haben Sie Junior und Pet gesagt, Sie sollen Marlena einschüchtern? War das der Plan? Oder wollten Sie sie nur aus dem Weg räumen, weil Sie Ihre gesellschaftliche Stellung gefährdet sahen?«

»In der Stadt geht das Gerücht um, Sie hätten zwei Ihrer eigenen Männer umgebracht, weil sie verwundet waren. Manche sagen, Sie wollten ihnen damit das Leiden ersparen. Andere sagen aber auch, dass Sie nur keine Lust hatten, Verletzte mit sich herumzuschleppen. Was war es denn nun, Frank?«

Er musterte sie. Sie war verdorben, durch und durch; sie würde alles tun, um sich zu schützen. Alles. Sie würde ihre Tochter opfern, ihr Enkelkind, jeden, der ihr in die Quere kam. Aber ihre Worte trafen ihn nicht. Sie konnte ihn nicht verletzen, nur jene, die sie liebten.

»Sie werden ins Gefängnis gehen, Lucille. Und dort sterben, wenn es nach mir ginge.«

Sie lachte. »Frank, Sie sind ein Narr. Wer soll denn gegen mich aussagen? Junior und Pet sind tot. Sie haben den einen, Jonah hat den anderen getötet.« Wieder lachte sie. »Huey hat mich angerufen und es mir erzählt. Er dachte, er würde mir einen Gefallen tun, weil er sich um eine alte Frau kümmert.« Sie stand auf. »Sie haben keinerlei Beweise, dass ich irgendetwas mit den Taten von Junior und Pet zu tun habe.«

Frank zeigte den Anflug eines Lächelns. »Wirklich?«

»Wirklich«, sagte sie und trat einen Schritt auf ihn zu.

»Sie haben John Hubbard vergessen.«

»Wen?« Spöttisch zog sie eine Augenbraue hoch.

»Marlenas Liebhaber. Der Mann, der das alles arrangiert hat. Der Mann, der vergangenen Abend hier im Haus war.« Frank grinste. »Sie gehen ins Gefängnis, Lucille.«

»Wo ist dieser Hubbard?« Lucille runzelte die Stirn und sah in jede Ecke des Zimmers. »Zeigen Sie ihn mir, Frank.«

Frank beschlich eine leise Besorgnis. Hubbard musste sich noch in der Gegend aufhalten. Sein Wagen stand noch immer vor dem Rathaus. Er hatte die Stadt nicht verlassen können.

»Wo ist er, Frank?«

»Wir werden ihn finden«, sagte Frank. Er legte den Daumen auf die Pistole in seinem Halfter.

»Ich glaube nicht, dass Sie ihn finden werden.« Lucille kam noch näher. »Nein, ich glaube nicht, dass Sie diesen John Hubbard finden werden. Falls es ihn denn überhaupt gegeben hat. Ich glaube nämlich, dass er fort ist.« Sie strich den Kragen ihres Kleides glatt. »Sie haben nichts, was mich mit dem allen in Verbindung bringen könnte.«

»Wir werden Hubbard finden, und dann wird er reden.«

»Nein, Frank, ich werde Ihnen sagen, was geschehen wird. Und darauf können Sie Gift nehmen. Lucas wird am Mittwoch Suzanna beerdigen. Am Donnerstag wird er die Scheidung einreichen. Am Freitag wird Huey einen Strafbefehl gegen Marlena wegen sträflicher Vernachlässigung ihrer Tochter ausstellen. Wenn sie eine Affäre hatte, hätte sie das Kind niemals in den Wald mitnehmen dürfen.«

»Das wird Huey nicht tun.« Frank klang nicht überzeugt. Ihm war bewusst, dass er sie anlog. Huey war kein schlechter Mensch, aber er war schwach, und wenn Lucas Bramlett etwas von ihm forderte, dann würde er es tun.

Lucille sah ihm in die Augen. »Das glauben Sie nicht?«

»Was ist mit Ihnen?«, fragte Frank. »Was werden Sie machen ohne die Unterstützung durch Lucas und sein Geld?«

»Wieso glauben Sie, ich würde kein Geld mehr haben?«

Frank spürte nur noch einen schalen Geschmack im Mund. Er würde alles tun, um Marlena zu schützen, aber es war viel zu wenig und kam zu spät. Mit der Erschießung von Junior hatte er auch Marlena zerstört. Er sah zu der alten Frau, die auf ihre kühle Art noch immer attraktiv war. »Wie lange, meinen Sie, wird Lucas seine ehemalige Schwiegermutter noch unterstützen wollen?« Mit Befriedigung registrierte er, wie seine Worte ihr zusetzten. »Er wird die Scheidung einreichen und Sie dann fallen lassen. Ich hoffe, Sie haben Junior nicht Ihr gesamtes Geld gegeben, denn es wird nicht lange dauern, bis Sie bettelnd auf der Straße sitzen.« Er wollte bereits gehen, sah dann aber noch mal zu ihr. »Ich werde nicht aufhören, nach Hubbard zu suchen. Und wenn ich ihn finde, tot oder lebendig, wandern Sie ins Gefängnis.«

Dotty saß auf der Gartenschaukel. Sie hielt einen Drink in der Hand, ein Fuß war bandagiert, mit dem anderen stieß sie sich vom Boden ab und schwang langsam vor und zurück. Die Hitze war unerträglich. Sie fürchtete, unter den weißen Verbänden könnte sich Wundbrand bilden, ihr den Fuß wegfressen und sich über das Bein nach oben ausbreiten.

»Scheiße«, sagte sie und nippte an ihrem Bourbon. »Ich werd mich doch jetzt nicht unterkriegen lassen.«

»Stimmt es, dass Zerty im Gefängnis ist?« Der Junge kam hinter dem Baum hervor. Er hieß Luke, wie sie mittlerweile erfahren hatte.

»Er ist im Gefängnis, und dort wird er verfaulen.« Wieder ein Schluck vom Bourbon. »Und wenn er jemals wieder rauskommen sollte, werde ich ihn an einem Ast aufhängen, ihn ausweiden und den Wespen überlassen.«

Luke strich sich mit der Hand über sein blindes Auge. »Das machst du wirklich?«

»Glaubst du es nicht?« Sie würde noch Schlimmeres machen, wenn Archey aus dem Kittchen kommen sollte. »Wo ist deine Ma?«

»Drinnen.« Der Junge verstummte.

»Sie wird wieder gesund werden«, sagte Dotty. Als der Junge darauf nicht reagierte, hielt sie die Schaukel an und berührte ihn an der Schulter. »Sie wird wieder gesund werden. Sie muss nur daran glauben, dass ihr keiner mehr was antun kann.«

»Muss sie weggeschickt werden?«

Dotty überlegte. Ein seltsames Band hatte sich zwischen ihnen dreien gebildet. Nur ungern überließ sie Katy den Ärzten in Mobile, auch wenn diese ihr versichert hatten, dass ein Aufenthalt in einem Sanatorium, mit angemessener Pflege, das Beste für Katy sei. »Wir werden es ausprobieren«, sagte sie. »Aber wenn es Katy nicht gut gehen sollte oder wenn sie unglücklich ist, dann holen wir sie wieder raus.«

»Versprochen?«

Dotty nickte. »Versprochen.« Sie stand auf. Luke reichte ihr eine Krücke. »Was ist mit dir?«, fragte sie. »Der Doktor hat gesagt, er könnte eine Hauttransplantation vornehmen. Lucas hat für dich und deine Mom einen Fonds eingerichtet, Geld ist also da.« Der Gedanke an Lucas weckte wieder ihren Zorn. Lucas hatte den Hilfsfonds erst ins Leben gerufen, als ihm gedroht wurde, man würde öffentlich verlauten lassen, dass Luke sein Sohn war. Frank hatte die heiklen Verhandlungen geführt. Mit einem Lächeln stellte sie sich vor, wie das Gespräch abgelaufen sein musste. »Was ist?«, fragte sie.

Der Junge schüttelte den Kopf. »Nein.«

»Was willst du machen?«, fragte Dotty.

»Was willst *du* machen?«, erwiderte er.

Sie lachte. »Das weiß ich noch nicht.«

»Kann ich hierbleiben?« Er sah zu Boden.

Dotty stiegen Tränen in die Augen. Die meisten schienen es nie erwarten zu können, sich von ihr wieder davonzumachen. Joe, ihr Mann, war vor einen Zug gelaufen, und manchmal glaubte sie, er hatte es absichtlich getan. Aber Luke war anders. Die Leute starrten ihn an, als wäre er eine Missgeburt, was sie so wütend machte, dass sie ihn verteidigte. Zum ersten Mal in ihrem Leben war sie dazu bereit, sich nicht nur für sich, sondern für jemand anderen einzusetzen. Luke gefiel es bei ihr, und es spielte für sie keine Rolle, wenn er nur deshalb bei ihr sein wollte, weil ihn sonst keiner haben wollte.

»Klar«, sagte sie. »Du kannst hierbleiben, solange du willst. Dann überlegen wir uns gemeinsam, was wir machen wollen.«

35

$\mathcal{J}$ade stand im kalten, gekachelten Balsamierraum des Rideout-Bestattungsinstituts. Die Tür war offen. Sie war die einzige Person, die sich in den hinteren Räumen aufhielt. Junior Clements war tot. Sein Leichnam war nach Laurel überführt worden, eine Belastung für die Verwandten und alle, die ihn gekannt hatten. Jade sah zu dem kleinen Leichnam unter dem Laken. Es war das Einzige, was sie für ihre Nichte noch tun konnte.

Sie holte tief Luft und blinzelte die Tränen fort. Suzanna war tot, Schmerz und Leid hatte sie für immer hinter sich gelassen. Jade stellte sich vor, wie sie im sonnenüberfluteten, blumenbestandenen Garten spielte, wie sie lachte, so sorglos, wie sie in Wirklichkeit niemals gewesen war.

Jade ging zum Tisch und zog das Laken zurück. Eine graue Blässe hatte sich über die Gesichtszüge des Kindes gelegt. Sie hatte zu lange im Wasser gelegen. Lucas hatte einen geschlossenen Sarg bestellt, was im Jebediah County nur selten vorkam. Die Gemeinde sollte sich nicht mehr an der Tragödie seines einzigen Kindes weiden. Jade öffnete ihr Schminkset und trug auf Suzannas Lippen sorgfältig ein glänzendes, leichtes Rosa auf. Sie legte den Kopf des Kindes auf einen Block und kämmte das lange kastanienbraune Haar, entwirrte die verfilzten Strähnen und flocht zwei Zöpfe. Aus ihrer Tasche nahm sie zwei leuchtend rote Schleifen, die sie an den Zöp-

331

fen befestigte. Ob ihre Nichte zu ihr sprechen würde? Sie wartete, aber alles blieb still. Schließlich nahm sie Suzannas kalte
Hand.

»Ich weiß, was geschehen wird.« Sie streichelte ihrer Nichte
über die Stirn. »Deine Mama wollte nie, dass dir was zustößt.
Aber sie wird trotzdem dafür büßen. Wenn sie nach Parchman muss, werde ich sie begleiten.« Sie schloss die Augen und
versuchte ihr Zittern unter Kontrolle zu halten. Frank hatte
nichts gesagt, als sie ihm von ihrem Vorhaben erzählt hatte.
Ihnen beiden war klar, dass Marlena verurteilt werden würde.
Es gab keine Geschworenen, die sich auf Marlenas Seite schlagen würden. Alle im Jebediah County hatten entweder Angst
vor Lucas oder schuldeten ihm Geld. Er würde das Urteil bekommen, das er wollte, und Marlena würde sterben, wenn
sie im Staatsgefängnis auf sich allein gestellt war. Jonah hatte
mit zusammengepressten Lippen Jades Entscheidung hinge-
nommen, Ruth hatte drei ihrer hochgeschätzten Tassen zerbrochen. Frank hatte ihr zugehört und dann genickt. Und ihr
Herz hatte einen Freudensprung vollführt angesichts dessen,
was sein Lächeln andeuten mochte.

Sie beugte sich näher an ihre Nichte. »Du sollst wissen,
dass ich deine Mama nicht alleinlassen werde. Sie hat dich
geliebt, Suzanna. Sie hat nur sich selbst nicht genügend geliebt.«

Jade küsste das tote Mädchen auf die kalte, glatte Stirn.
»Dein Leiden ist vorüber, Kind. Wenn ich an dich denke, dann
läufst du lachend durch das Sonnenlicht.« Sie zog das Laken
hoch, bedeckte Suzannas Gesicht und ging.

DANKSAGUNG

Bei jedem Buch gibt es einige, denen ich meinen Dank schulde. Die üblichen Verdächtigen sind die Mitglieder des Deep South Writers Salon: Renee Paul, Aleta Boudreaux, Stephanie Chisholm, Susan Tanner und Thomas Lakeman. Seit fünfzehn Jahren liest diese Gruppe meine ersten Entwürfe und steht mir mit Rat und konstruktiver Kritik zur Seite. Ihnen schulde ich großen Dank.

Meine Agentin Marian Young ist einfach unentbehrlich. Ich vertraue ihrem Urteil und ihrer Erfahrung und weiß ihre Freundschaft zu schätzen.

Besonderer Dank gilt Roscoe Sigler, der mir bei den technischen Einzelheiten im Bestattungsgewerbe geholfen hat. Als Kinder spielten wir auf dem Gelände des Beerdigungsinstituts seiner Eltern oft Verstecken, und vielleicht ist schon zu jener Zeit der Keim zu diesem Roman gelegt worden.

Und ein großer Dank geht an Kelley Ragland und die gesamte St.-Martin's-Gang. Es war mir eine große Freude, mit dieser dynamischen, enthusiastischen Gruppe zu arbeiten.